元史

明宋濂等撰

第七册

卷七八至卷八八（志）

中華書局

元史卷七十八

志第二十八

輿服一 儀衞附

若稽往古，黃帝、堯、舜垂衣裳而天下治，蓋取諸乾坤；服牛乘馬，引重致遠，蓋取諸大壯。冕服車輿之制，其來尚矣。虞書舜作十二章，五服以命有德，車服以賞有功。禮記虞鸞車，夏鉤車，商大輅。至周，損益前代，弁師掌王之五冕，巾車掌王之五輅，而儀文始備。然孔子論治天下之大法，於殷輅取其質而得中，周冕取其文而得中也。至秦併天下，兼收六國車旗服御，窮極侈靡，有大駕、法駕以及鹵簿。漢承秦後，多因其舊。由唐及宋，亦效秦法，以爲盛典。於文質適中之義，君子或得而議焉。

元初立國，庶事草創，冠服車輿，並從舊俗。世祖混一天下，近取金、宋，遠法漢、唐。至英宗親祀太廟，復置鹵簿。今考之當時，上而天子之冕服，皇太子冠服，天子之質孫，天子之五輅與腰輿、象轎，以及儀衞隊仗，下而百官祭服、朝服，與百官之質孫，以及於士庶人之服色，粲然其有章，秩然其有序。大抵參酌古今，隨時損益，兼存國制，用備儀文。於是朝廷之盛，宗廟之美，百官之富，有以成一代之制作矣。作輿服志，而儀衞附見于後云。

冕服

天子冕服：衮冕，制以漆紗，上覆曰綖，青表朱裏。綖之四周，匝以雲龍。冠之口圍，縈以珍珠。綖之前後，旒各十二，以珍珠爲之。綖之左右，繫黈纊二，繫以玄紞，承以玉瑱，纊色黃，絡以珠。冠之周圍，珠雲龍網結，通翠柳調珠。綖上橫天河帶一，左右至地。珠鈿窠網結，翠柳朱絲組二，屬諸笄，爲纓絡，以翠柳調珠。簪以玉爲之，橫貫於冠。

衮龍服，制以青羅，飾以生色銷金帝星一、日一、月一、昇龍四、複身龍四、山三十八、火四十八、華蟲四十八、虎蜼四十八。

裳，制以緋羅，其狀如裙，飾以文繡，凡一十六行。每行藻二、粉米一、黼二、黻二。

中單，制以白紗，絳緣，黃勒帛副之。

蔽膝，制以緋羅，有褾。緋絹爲裏，其形如襜，袍上着之，繡複身龍。

玉佩，珩一、琚一、瑀一、衝牙一、璜二。衝牙以繫璜，珩下有銀獸面，塗以黃金，雙璜夾之。次又有衡，下有衡牙。傍別施雙的以鳴，用玉。

大帶，制以緋白二色羅，合縫爲之。

玉環綬，制以納石失。（金錦也。）上有三小玉環，下有青絲織網。

紅羅韠，制以紅羅爲之，高勒。

履，制以納石失，有雙耳二，帶鉤，飾以珠。

韈，制以紅綾。

右按太常集禮，至元十二年十一月，博士議擬：冕天板長一尺六寸，廣八寸，前高八寸五分，後高九寸五分，身圍一尺八寸三分，幷納言，用青羅爲表，紅羅爲裏，周迴緣以黃金。天板下四面，珠網結子，花素墜子，前後共二十有四旒，以珍珠爲之。青碧線織天河帶，兩頭各有珍珠金翠旒三節，玉滴子節花全。紅線組帶二，上有珍珠金翠旒，玉滴子，下有金鐸二。梅紅繡款幔帶一，黈纊二，珍珠垂繫，上用金萼子二。簪窠款幔組帶鈿窠各二，內組帶窠四，並鏤玉爲之。玉簪一，頂面鏤雲龍。衮衣，用青羅夾製，五采間金，繪日、月、星辰、山、龍、華蟲、宗彝。〔一〕正面日一，月一，升龍四，山十二，上下襟華蟲、火各六對，虎蜼各闕對，〔二〕背星一，升龍四，山十二，華蟲、火各十二對，虎蜼各六對。中單，用白羅單製，羅領標襈。裳一，帶標襈全，紅羅八幅夾造。上繡藻、粉米、黼、黻，藻三十(三)〔二〕，〔三〕粉米十六，黼三十二，黻三十二。蔽膝一，帶褾襈，紅羅夾造八幅，上繡升龍二。綬一幅，六采織造，紅羅托裏。小綬三，色同大綬，銷金黃羅綬頭全，上間施三玉環，並碾雲龍。緋白大帶一，銷金黃帶頭，〔四〕鈿窠二十有四。紅羅勒帛一，青羅抹帶一。佩二，玉上、中、下璜各一，半月各二，並碾玉爲雲龍文。玉滴子各二，並珍珠穿造。金篦鈎，獸面，水葉環釘全。涼帶一，紅羅裏，鏤金爲之；上爲玉鵝七，撻尾束各一，金攀龍口，玳瑁襯釘。舄一，重底，紅羅面，白綾托裏，如意頭，銷金黃羅緣口，玉鼻，人飾以珍珠。金緋羅錦襪一兩。

大德十一年九月，博士議：唐制，天子袞冕，垂白珠十有二旒，以組爲纓，色如其綬，黈纊充耳，玉簪導。玄衣纁裳，凡十二章。八章在衣，日、月、星辰、山、龍、華蟲、火、宗彝；四章在裳，藻、粉米、黼、黻。褾領爲升龍，皆織成之。龍章以下，每章一行，每行十二。白紗中單，黼領，青褾襈裾，黻加龍、山、火三章。毳冕以上，火、山二章。繡冕，山一章。玄冕無章。革帶、大帶、玉佩、綬、襪，與上同。舄加金飾。享廟、謁廟及朝遣上將、征還飲至、踐阼加元服、納后、元日受朝及臨軒册拜王公則服之。又宋制，天子服有袞冕，廣尺二寸，長〔一尺〕四寸，〔五〕前後十有二旒，二纊，並貫珍珠。又有(珠)〔翠〕旒十二，碧鳳銜之，在珠旒外。〔六〕冕板，以龍鱗錦表，上綴玉爲七星，傍施琥珀(鉼)〔鉼〕、犀〔鉼〕各二十四，〔七〕周綴金絲網鈿，以珍珠雜寶玉，加紫雲白鶴錦裏。四柱飾以七寶，紅綾裏。金飾玉簪導，紅絲絛組帶。亦謂之平天冠。袞服青色，日、月、星、山、龍、雉、虎蜼七章。紅裙，藻、火、粉米、黼、黻五章。紅蔽膝，升龍二，並織成，間以雲彩，飾以金鈒花鈿窠，裝以珍珠、琥珀、雜寶玉。紅羅襦裙，繡五章，青褾襈裾。六采綬一，小綬三，結三，玉環三。素人帶，朱裏。青羅四(紳)〔神〕帶二，繡四(紳)〔神〕盤結。〔八〕綬帶飾並同袞服。白(帶)〔羅〕中單，〔九〕青羅(袜)〔抹〕帶，〔一〇〕紅羅勒帛，鹿盧玉具劍，玉(縹)〔鏢〕首鏤白玉雙佩，〔一一〕金飾，貫珍珠。金龍鳳革帶，紅襪赤舄，金鈒花，四神玉鼻。祭天地宗廟、受册尊號、元日受朝、册皇太子則服之。事未果行。

至延祐七年七月，英宗命禮儀院使八思吉斯傳旨，令省臣與太常禮儀院速製法服。八月，中書省會集翰林、集賢、太常禮儀院官講議，依祕書監所藏前代帝王袞冕法服圖本，命有司製如其式。

鎮圭，制以玉，長一尺二寸，有袋副之。

皇太子冠服：袞冕，玄衣，纁裳，中單，蔽膝，玉佩，大綬，朱韈，赤舄。

按太常集禮，至元十二年，博士擬袞冕制，用白珠九旒，紅絲組爲纓，青纊充耳，犀簪導。青衣、朱裳，九章。五章在衣，山、龍、華蟲、火、宗彝；四章在裳，藻、粉米、黼、黻。白紗中單，青褾襈裾。革帶，塗金銀鉤艓。蔽膝，隨裳色，爲火、山二章。瑜玉雙佩，四采織成大綬，間施玉環三。白韈朱舄，舄加金塗銀釦。

大德十一年九月，照擬前代制度。唐制，皇太子衮冕，垂白珠九旒，紅絲組爲纓，青纊充耳，犀簪導。玄衣、纁裳，九章。五章在衣，龍、山、華蟲、火、宗彝；四章在裳，藻、粉米、黼、黻，織成之，每行一章，黼、黻重以爲等，每行九。〔一〕白紗中單，黼領，青標襈裾。革帶，金鉤艓，大帶。蔽膝，隨裳色，火、山二章。玉具劍，金寶飾玉(縹)〔鏢〕首，瑜玉雙佩。朱組帶大綬，四采赤白縹紺，純朱質，長丈八尺，首廣九寸。小雙綬，長二尺六寸，色同大綬，而首半之，間施玉環三。朱韈赤舄，加金飾。侍從祭祀及謁廟、加元服、納妃服之。宋制，皇太子衮冕，垂白珠九旒，紅絲組爲纓，青纊充耳，犀簪導。青衣、朱裳，九章。五章在衣，山、龍、華蟲、火、宗彝；四章在裳，藻、粉米、黼、黻。白紗中單，青標襈裾。革帶，塗金銀鉤艓。蔽膝，隨裳(衣)〔色〕，〔二〕火、山二章。瑜玉雙佩，四采織成大綬，間施玉環三。白韈、朱舄，舄加塗金銀飾。加元服、從祀、受册、謁廟、朝會服之。已擬其制，未果造。

三獻官及司徒、大禮使祭服：籠巾貂蟬冠五，青羅服五，領、袖、襴俱用皂綾。紅羅裙五，皂綾爲襴。紅羅蔽膝五，其羅花樣俱係牡丹。白紗中單五，黃綾帶。紅組金綬紳五，紅組金譯語曰納石失，各佩玉環二。象笏五，銀束帶五，玉佩五，白羅方心曲領五，赤革履五對，白綾韈五對。

助奠以下諸執事官冠服：貂蟬冠、獬豸冠、七梁冠、六梁冠、五梁冠、四梁冠、三梁冠、二梁冠二百，青羅服二百，領、袖、襴俱用皂綾。紅綾裙二百，皂綾爲襴。紅羅蔽膝二百，紫羅公服二百，用梅花羅。白紗中單二百，黃綾帶。織金綬紳二百，紅一百九十八，青二，各佩銅環二。銅束帶二百，白羅方心曲領二百，銅佩二百，展角幞頭二百，塗金荔枝帶三十，烏角帶一百七十，皂鞾二百對，赤革履二百對，白綾韈二百對，象笏三十，銀杏木笏一百七十。

凡獻官諸執事行禮，俱衣法服。惟監察御史二，冠獬豸，服青綬。凡迎香、讀祝及祀日遇陰雨，俱衣紫羅公服。六品以下，皆得借紫。

都監庫、祠祭局、儀鸞局、神廚局頭目長行人等：交角幞頭五十，窄袖紫羅服五十，塗金束帶五十，皂鞾五十對。

初憲宗壬子年秋八月，祭天于日月山，用冕服自此始。成宗大德六年春三月，祭天子麗正門外丙地，命獻官以下諸執事，各具公服行禮。是時，大都未有郊壇，大禮用公服自此始。九年冬至祭享，用冠服，依宗廟見用者製。其後節次祭祀，或合祀天地，增配位從祀，獻攝職事，續置冠服，於法服庫收掌。〔四〕法服二百九十有九，公服二百八十，窄紫二百九十有五。至大間，太常博士李之紹、王天祐疏陳，親祀冕無旒，服大裘而加衮，裘以黑羔皮爲之。臣下從祀冠服，歷代所尚，其制不同。集議得依宗廟見用冠服制度。

社稷祭服：青羅袍一百二十三，白紗中單一百二十三，紅梅花羅裙一百二十三，藍織錦銅環綬紳二，紅織錦銅環綬紳一百一十七，紅織錦玉環綬紳四，紅梅花羅蔽膝一百二十三，革履一百二十三，白綾襪一百二十三，白羅方心曲領一百二十三，黃綾帶一百二十三，佩一百二十三，銅珩璜者一百一十九，玉珩璜者四，藍素紵絲帶一百二十三，銀帶四，銅帶一百一十九，冠一百二十三，水角簪金梁冠一百七，紗冠一十，獬豸冠二，籠巾紗冠四，木笏一百二十三，紫羅公服一百二十三，黑漆幞頭一百二十三，展角全二色羅插領一百二十三，鍍金銅荔枝帶一十，角帶一百一十三，象笏一十三枝，木笏一百一十枝，黃絹單包複一百二十三，紫紵絲抹口青氈襪一百二十三，皂鞾一百二十三，窄紫羅衫三十，黑漆幞頭三十，銅束帶三十，黃絹單包複三十，皂鞾三十，紫紵絲抹口青氈韈三十。

宣聖廟祭服：

獻官法服，七梁冠三，簪全。鴉青袍三，絨錦綬紳三，各帶青絨網并銅環二。方心曲領三，藍結帶三，銅佩三，紅羅裙三，白絹中單三，紅羅蔽膝三，革履三。白絹韈全。

執事儒服，軟角唐巾，白襴插領，黃鞓角帶，皂鞾，各九十有八。

曲阜祭服，連蟬冠四十有三，七梁冠三，五梁冠三十有六，三梁冠四，皂紵絲鞋三十有六緉，舒角幞頭二，軟角唐巾四十，角簪四十有三，冠纓四十有三副，凡八十有六條。象牙笏七，木笏三十有八，玉佩七，凡十有四繫。銅佩三十有六，凡七十有二繫。帶八十有五，藍鞓帶七，紅鞓帶三十有六，烏角帶二，黃鞓帶、烏角偏帶四十，大紅金綬結帶七，上用玉環十有四。青羅大袖夾衣七，紫羅公服二，褐羅大袖衣三十有六，白羅衫四十，白絹中單三十有六，白紗中單七，大紅羅夾蔽膝七，大紅夾裳、緋紅羅夾蔽膝三十有六，緋紅夾裳四，黃羅夾裳三十有六，黃羅大帶七，白羅方心曲領七，紅羅綬帶七，黃絹大帶三十有六，皂鞾、白羊毳襪各四十有二對，大紅羅鞋七緉，白絹夾襪四十有三緉。

質孫，漢言一色服也，內庭大宴則服之。冬夏之服不同，然無定制。凡勳戚大臣近侍，賜則服之。下至於樂工衞士，皆有其服。精粗之制，上下之別，雖不同，總謂之質孫云。

天子質孫，冬之服凡十有一等，服納石失、金錦也。怯綿里，翦茸也。則冠金錦暖帽。服大紅、桃紅、紫藍、綠寶里，寶里，服之有襴者也。則冠七寶重頂冠。服紅黃粉皮，則冠紅金答子暖帽。服白粉皮，則冠白金答子暖帽。服銀鼠，則冠銀鼠暖帽，其上並加銀鼠比肩。俗稱曰襻子答忽。夏之服凡十有五等，服答納都納石失，綴大珠於金錦。則冠寶頂金鳳鈸笠。服速不都納石失，綴小珠於金錦。則冠珠子捲雲冠。服納石失，則帽亦如之。服大紅珠寶里紅毛子答納，則冠珠緣邊鈸笠。服白毛子金絲寶里，則冠白藤寶貝帽。服駝褐毛子，則帽亦如之。服大紅、綠、藍、銀褐、棗褐、金繡龍五色羅，則冠金鳳頂笠，各隨其服之色。服金龍青羅，則冠金鳳頂漆紗冠。服珠子褐七寶珠龍答子，則冠黃牙忽寶貝珠子帶後簷帽。服青速夫金絲闌子，速夫，回回毛布之精者也。則冠七寶漆紗帶後簷帽。

百官質孫，冬之服凡九等，大紅納石失一，大紅怯綿里一，大紅官素一，桃紅、藍、綠官素各一，紫、黃、鴉青各一。夏之服凡十有四等，素納石失一，聚線寶里納石失一，棗褐渾金間絲蛤珠一，大紅官素帶寶里一，大紅明珠答子一，桃紅、藍、綠、銀褐各一，高麗鴉青雲袖羅一，駝褐、茜紅、白毛子各一，鴉青官素帶寶里一。

百官公服：

公服，制以羅，大袖，盤領，俱右衽。一品紫，大獨科花，徑五寸。二品小獨科花，徑三寸。三品散答花，徑二寸，無枝葉。四品、五品小雜花，徑一寸五分。六品、七品緋羅小雜花，徑一寸。八品、九品綠羅，無文。

幞頭，漆紗爲之，展其角。

笏，制以牙，上圓下方。或以銀杏木爲之。

偏帶，正從一品以玉，或花，或素。二品以花犀。三品、四品以黃金爲荔枝。五品以下以烏犀。並八胯，鞓用朱革。

鞾，以皂皮爲之。

儀衛服色：

交角幞頭，其制，巾後交折其角。

鳳翅幞頭，制如唐巾，兩角上曲，而作雲頭，兩旁覆以兩金鳳翅。

學士帽，制如唐巾，兩角如匙頭下垂。

唐巾，制如幞頭，而撱其角，兩角上曲作雲頭。

控鶴幞頭，制如交角，金縷其額。

花角幞頭，制如控鶴幞頭，兩角及額上，簇象生雜花。

錦帽，制以漆紗，後幅兩旁，前拱而高，中下，後畫連錢錦，前額作聚文。

平巾幘，黑漆革爲之，形如進賢冠之籠巾，或以青，或以白。

武弁，制以皮，加漆。

甲騎冠，制以皮，加黑漆，雌黃爲緣。

抹額，制以緋羅，繡寶花。

巾，制以絁，五色，畫寶相花。

兜鍪，制以皮，金塗五色，各隨其甲。

襯甲，制如雲肩，青錦質，緣以白錦，衷以氈，裹以白絹。

雲肩，制如四垂雲，青緣，黃羅五色，嵌金爲之。

裲襠，制如衫。

襯袍，制用緋錦，武士所以裼裲襠。

士卒袍，制以絹絁，繪寶相花。

窄袖袍，制以羅或絁。
辮線襖，制如窄袖衫，腰作辮線細摺。
控鶴襖，制以青緋二色錦，圓答寶相花。
窄袖襖，長行輿士所服，紺緅色。
樂工襖，制以緋錦，明珠琵琶窄袖，辮線細摺。
甲，覆膊、掩心、扞背、扞股，制以皮，或爲虎文、獅子文，或施金鎧鎖子文。
臂韝，制以錦，綠絹爲裏，有雙帶。
錦螣蛇，束麻長一丈一尺，裏以紅錦。
束帶，紅鞓雙獺尾，黃金塗銅胯，餘同腰帶而狹小。
條環，制以銅，黃金塗之。
汗胯，制以青錦，緣以銀褐錦，或繡撲獸，間以雲氣。
行縢，以絹爲之。
鞋，制以麻。
鞾鞋，制以皮爲履，而長其靿，縛於行縢之內。
雲頭鞾，制以皮，幫嵌雲朶，頭作雲象，鞾束于脛。

服色等第：仁宗延祐元年冬十有二月，定服色等第，詔曰：「比年以來，所在士民，靡麗相尚，尊卑混淆，僭禮費財，朕所不取。貴賤有章，益明國制，儉奢中節，可阜民財。」命中書省定立服色等第于後。

一，蒙古人不在禁限，及見當怯薛諸色人等，亦不在禁限，惟不許服龍鳳文。龍謂五爪二角者。

一，職官除龍鳳文外，一品、二品服渾金花，三品服金答子，四品、五品服雲袖帶襴，六品、七品服六花，八品、九品服四花。職事散官從一高。繫腰，五品以下許用銀，并減鐵。

一，命婦衣服，一品至三品服渾金，四品、五品服金答子，六品以下惟服銷金，并金紗答子。首飾，一品至三品許用金珠寶玉，四品、五品用金玉珍珠，六品以下用金，惟耳環用珠玉。同籍不限親疏，期親雖別籍，并出嫁同。

一，器皿，謂茶酒器。除鈒造龍鳳文不得使用外，一品至三品許用金玉，四品、五品惟臺盞用金，六品以下臺盞用鍍金，餘並用銀。

一，帳幕，除不得用赭黃龍鳳文外，一品至三品許用金花刺繡紗羅，四品、五品用刺繡紗羅，六品以下用素紗羅。

一，車輿，除不得用龍鳳文外，一品至三品許用間金粧飾銀螭頭、繡帶、青幔，四品、五品用素獅頭、繡帶、青幔，六品至九品用素雲頭、素帶、青幔。

一，鞍轡，一品許飾以金玉，二品、三品飾以金，四品、五品飾以銀，六品以下並飾以鍮石銅鐵。

一，內外有出身，考滿應入流，見役人員服用，與九品同。

一，授各投下令旨、鈞旨，有印信，見任勾當人員，亦與九品同。

一，庶人除不得服赭黃，惟許服暗花紵絲紬綾羅毛毳，帽笠不許飾用金玉，鞾不得裁制花樣。首飾許用翠花，并金釵鍕各一事，惟耳環用金珠碧甸，餘並用銀。酒器許用銀壺瓶臺盞盂鏇，餘並禁止。帳幕用紗絹，不得赭黃，車輿黑油，齊頭平頂皂幔。

一，諸色目人，除行營帳外，其餘並與庶人同。

一，諸職官致仕，與見任同。解降者，依應得品級。不敍者，與庶人同。

一，父祖有官，既沒年深，非犯除名不敍之限，其命婦及子孫與見任同。

一，諸樂藝人等服用，與庶人同。凡承應粧扮之物，不拘上例。

一，皂隸公使人，惟許服紬絹。

一，娼家出入，止服皂褙子，不得乘坐車馬，餘依舊例。

一，今後漢人、高麗、南人等投充怯薛者，並在禁限。

一，服色等第，上得兼下，下不得僭上。違者，職官解見任，期年後降一等敍，餘人決五十七下。違禁之物，付告捉人充賞。有司禁治不嚴，從監察御史、廉訪司究治。

御賜之物，不在禁限。

輿輅

玉輅。青質，金裝，青綠藻井，栲栳輪蓋。外施金裝雕木雲龍，內盤碾玉褔海圓龍一，頂上匝以金塗鍮石耀葉八十一。上圍九者二，中圍九者三，下圍九者四。頂輪衣三重，上二重青繡雲龍瑞草，下一重無文。輪衣內黃屋一，黃素紵絲瀝水，下周垂朱絲結網，青紵絲繡小帶四十八，帶頭綴金塗小銅鈴，〔三〕青紵絲繡絡帶二。頂輪平素面夾用青紵絲。蓋四周垂流蘇八，飾以五色茸線結網五重，金塗銅鈸五，金塗木珠二十有五。又繫玉雜佩八，珩璜衝瑀全，金塗鍮石鉤掛十六，黃茸貫頂天心直下十字繩二，各長三丈。蓋下立朱漆柱四。柱下直平盤，虛櫃，中檽三十，下外桄二。漆繪犀、象、鸚鵡、錦雉、孔雀，隔窠嵌裝花板。櫃周朱漆勾闌，雲拱地霞葉百七十有九，下垂牙護泥虛板，幷朱漆畫瑞草。勾闌上玉行龍十，碾玉蹲龍十，孔雀羽臺九，水精面火珠七，金圈焰銅照八。輿下周垂朱絲結網，飾以金塗鍮石鐸三百，綵畫鍮石梅萼嵌網眼中。輿之長轅三，上下龍頭六。前轅引手玉螭頭三，並繫以蹲龍。後轅方罨頭三，桄頭十六，絟以蹲龍三。轅頭衡一，兩端玉龍頭二，上列金塗銅鳳十二，含以金塗銅鈴。輿之軸一，輪二。軸之挐羅二，明轄蹲龍絟，並青漆。輪之輻各二十四，轂首壓貼金塗銅轂葉八十一，金塗鍮石擎耳巒攀四。櫃之前，朱漆金裝雲龍輅牌一，牌字以玉裝綴。輅之箱，四壁雕鏤漆畫墳心隔窠龜文華板。上層左畫青龍，右畫白虎，前畫朱雀，後畫玄武。輅之前額，玉行龍二，奉一水精珠，後額如之。前兩柱青茸鈴索五，貼金鸞和大響銅鈴十，金塗鍮石雙魚五。下朱漆軾櫃一，櫃上金香毬、金香寶、金香合、銀灰盤各一，並黃絲綬帶。〔一六〕輅之後，朱漆後轓一，金塗曲戌，黃紵絲銷金雲龍門簾一，緋紵絲繡雲龍帶二。輅之中，金塗鍮石較碾玉龍椅一，靠背上金塗圈焰玉明珠一。左建太常旂，十有二斿，青羅繡日、月、五星、升龍。右建闟戟一，九斿，青羅繡雲龍。中央黃羅繡青黑黼文兩旗，綢杠，並青羅，旗首金塗鍮石龍頭二，金塗銅鈴二，金塗鍮石鈸青纓緌十二重，金塗木珠流蘇十二重。龍椅上，方坐一，綠褥一，皆錦。銷金黃羅夾帕一，方輿地褥二，勾闌內褥八，皆用雜錦綺。青漆金塗鍮石鉸葉踏道一，小褥五重。青漆雕木塗金龍頭行馬一，小青漆梯一，青漆柄金塗長托叉二，短托叉二，金塗首青漆推竿一，青茸引輅索二，各長六丈餘，金塗銅環二，黃茸〔執〕綏一。〔一七〕輅馬、誕馬，並青色。鞍轡鞦勒纓拂鞘，並青韋，金飾。誕馬青織金紵絲屜四〔副〕。〔一八〕青羅銷金絹裹籠鞍六。蓋輅黃絹大蒙帕一，黃油絹帕一。駕士平巾大袖，並青繪紵絲爲之。

至治元年，英宗親祀太廟，詔中書及太常禮儀院、禮部定擬制鹵簿五輅。以平章政事張珪、留守王伯勝、將作院使明里董阿、侍儀使乙剌徒滿董其事。是年，玉輅成。明年，親祀御之。後復命造四輅，工未成而罷。

金輅。赤質，金粧，青綠藻井，栲栳輪蓋。外施金粧雕木雲龍，內盤眞金福海圓龍一，頂上匝以金塗鍮石耀葉八十一。上圍九者二，中圍九者三，下圍九者四。頂輪衣三重，上二重大紅繡雲龍瑞草，下一重無文。輪衣內黃屋一，黃素紵絲瀝水，下垂朱絲結網一周，大紅紵絲繡小帶四十八，帶頭綴金塗小銅鈴三百，大紅紵絲繡絡帶二。頂輪平素面夾用緋紵絲。蓋之四周垂流蘇八，飾以五色茸線結網五重，〔一九〕金塗鍮石雜佩八，珩璜衝瑀全，金塗鍮石鈎掛十有六，黃絨貫頂天心直下十字繩二。蓋下立朱漆柱四，柱下直平盤，虛櫃，中櫺三十，其下外桄二，漆繪犀、象、鸂鶒、錦雉、孔雀，隔窠嵌粧花板。櫃上周遭朱漆勾闌，雲拱地霞葉一百七十有九，下垂牙護泥虛板，並朱漆畫瑞草。勾闌上金塗鍮石行龍十二，〔二〇〕金塗鍮石蹲龍十，孔雀羽臺九，水精面火珠七，金圈焰銅照八。輿下垂朱絲結網一遭，飾以金塗鍮石鐸子三百，綵畫鍮石梅萼嵌網眼中。輿之長轅三，界轅勾心各三，上下龍頭六。前轅引手金塗鍮石螭頭三，並繫以蹲龍。後轅方罨頭三，桄頭十六，繫以蹲龍三。轅頭衡一，兩端金塗鍮石龍頭二，上列金塗銅鳳十二，含以金塗銅鈴。輿之軸一，輪二。軸之挙羅二，明轄蹲龍絟，並漆以赤。輪之輻各二十有四，轂首壓貼金塗銅轂葉八十有二，金塗鍮石攀耳戀攀四。櫃之前，朱漆金粧雲龍輅牌一，金塗鐵曲戌。輅之箱，四壁雕鏤漆畫填心隔窠龜文花板，上層左畫青龍，右畫白虎，前畫朱雀，後畫玄武。輅之前額，金行龍二，奉一水精珠，後額亦如之。前兩柱緋絨鈴索五，貼金鸞和大響銅鈴十，金塗鍮石雙魚五。下朱漆軾櫃一，櫃上金香毬一，金香寶一，金香合，銀灰盤一，並黃紵絲綬帶。輅之後，朱漆後轛一，金塗曲戌，黃紵絲銷金雲龍門簾一，緋紵絲繡雲龍帶二。輅之中，黃金粧鉸龍椅一，靠背上金塗圈焰玉明珠一。左建太常旂，十有二斿，緋羅繡日、月、五星、升龍。右建闟戟一，九斿，緋羅繡雲龍。中央黃羅繡青黑黼文兩旗，(禂)〔綢〕杠，〔三〕並大紅羅。旗首金塗鍮石龍頭二，金塗銅鈴二，金塗鍮石鈸朱纓綏十二重，金塗木珠流蘇十二重。龍椅上，金錦方坐子一，綠可貼金錦也。褥一，銷金黃羅夾帕一，方輿地金錦褥一，綠可貼褥一。勾闌內，可貼條褥四，藍紵絲條褥四，朱漆金塗鍮石鉸葉踏道一，小可貼條褥五重。朱漆雕木塗金龍頭行馬一，小朱漆梯一，朱漆柄金塗長托叉二，短托叉二，金塗首朱漆推竿一，紅絨引輅索二，金塗銅環二，黃絨執綏一。輅馬、誕馬，並赤色。鞍轡鞦勒纓拂套項，並赤韋，金粧。誕馬紅織金紵絲屜四副，紅羅銷金紅絹裏籠鞍六。蓋輅黃絹大蒙帕一，黃油絹帕一。駕士平巾大袖，並緋繡紵絲爲之。

象輅。黃質，金粧，靑綠藻井，栲栳輪蓋。外施金粧雕木雲龍，內盤描金象牙雕福海圓龍一，頂上匝以金塗鍮石耀葉八十有一。上圍九者二，中圍九者三，下圍九者四。頂輪衣三重，上二重黃繡雲龍瑞草，下一重無文。輪衣內黃屋一，黃素紵絲瀝水，下垂朱絲結網一遭，黃紵絲繡小帶四十有八，帶頭綴金塗小銅鈴三百，黃紵絲繡絡帶二。頂輪平素面夾用黃紵絲。蓋之四周垂流蘇八，飾以五色茸線結網五重，金塗銅鈸五，金塗木珠二十有五。又繫金塗鍮石雜佩八，珩璜衝瑀全，金塗鍮石鈎掛十有六，黃絨貫頂天心直下十字繩二。蓋下立朱漆柱四，柱下直平盤，虛櫃，中檽三十，下外桄二，漆繪犀、象、鸚鵡、錦雉、孔雀，隔窠嵌粧花板。櫃上周遭朱漆勾闌，雲拱地霞葉百七十有九，下垂牙護泥虛板，並朱漆畫瑞草。勾闌上描金象牙雕行龍十，蹲龍十，孔雀羽臺九，水精面火珠七，金圈焰銅照八。輿下垂朱絲結網一遭，飾以金塗鍮石鐸子三百，采畫鍮石梅萼嵌網眼中。輿之長轅三，界轅勾心各三，上下龍頭六。前轅引手描金象牙雕螭頭三，並繫以蹲龍。後轅方罨頭三，桄頭十有六，繫以蹲龍三。轅頭衡一，兩端描金象牙雕龍頭二，上列金塗銅鳳十二，含以金塗銅鈴。輿之軸一，輪二。軸之峯羅二，明轄蹲龍絟，並漆以黃。輪之輻各二十有四，轂首壓貼金塗銅轂葉八十有一，金塗鍮石擎耳戀攀四。櫃之前，朱漆金粧雲龍輅牌一，金塗鐵曲戍。輅之箱，四傍雕鏤漆畫塡心隔窠龜文花板，上層左畫青龍，右畫白虎，前畫朱雀，後畫玄武。輅之前額，描金象牙雕行龍二，奉一水精珠，後額如之。前兩柱黃絨鈴索五，貼金鸞和大響銅鈴十，金塗鍮石雙魚五。下朱漆軾櫃一，櫃上金香毬一，金香寶一，金香合一，銀灰盤一，並黃紵絲綬帶。輅之後，朱漆後䡞一，金塗曲戍，黃紵絲銷金雲龍門簾一，緋紵絲繡雲龍帶二。輅之中，黃金粧鉸描金象牙雕龍椅一，靠背上金塗圈焰玉明珠一。左建太常旂一，十有二斿，黃羅繡日、月、五星、升龍。右建闟戟一，九斿，黃羅繡雲龍。中央黃羅繡青黑黼文兩旗，綢杠，並黃羅。旗首金塗鍮石龍頭二，金塗銅鈴二，金塗鍮石鈸黃纓綏十二重，金塗木珠流蘇十二重。龍椅上，金錦方坐一，綠可貼褥一。勾闌內，可貼條褥四，藍紵絲條褥四，黃漆金塗鍮石鉸葉踏道一，小可貼條褥五重。黃漆木塗金龍頭行馬一，小黃漆梯一，黃漆柄金塗長托叉二，短托叉二，金塗首黃漆推竿一，黃絨引輅索二，金塗銅環二，黃絨執綏一。輅馬、誕馬，皆黃色。鞍轡鞦勒纓拂套項，並金粧，黃韋。誕馬銀褐織金紵絲屜四副，黃羅銷金黃絹裏籠鞍六。蓋輅黃絹大蒙帕一，黃油絹帕一。駕士平巾大袖，並黃繡紵絲爲之。

革輅。白質，金粧，青綠藻井，栲栳輪蓋。外施金粧雕木雲龍，內盤描金白檀雕福海圓龍一，頂上匝以金塗鍮石耀葉八十有一。上圍九者二，中圍九者三，下圍九者四。頂輪衣三重，上二重素白繡雲龍瑞草，下一重無文。輪衣內黃屋一，黃素（地）紵絲瀝水，〔二〕下垂朱絲結網一遭，素白紵絲繡小帶四十有八，帶頭綴金塗小銅鈴三百，素白紵絲繡絡帶二。頂輪平素面夾用白素紵絲。蓋之四周垂流蘇八，飾以五色絨線結網五重，金塗銅鈸五，金塗木珠二十有五。又繫金塗鍮石雜佩八，珩璜衝瑀全，金塗鍮石鈎掛十有六，黃絨貫頂天心直下十字繩二。蓋下立朱漆柱四，柱下直平盤，虛櫃，中檽三十，下外桄二，漆繪革輓犀、象、鸚鵡、錦雉、孔雀，隔窠嵌粧花板。櫃上周遭朱漆勾闌，雲拱地霞葉百七十有九，下垂牙護泥虛板，並朱漆畫瑞草。勾闌上描金白檀行龍十，擺白蹲龍十，孔雀羽臺九，水精面火珠七，金圈焰銅照八。輿下垂朱絲結網一遭，飾以金塗鍮石鐸子三百，綵畫鍮石梅萼嵌網眼中。輿之長轅三，界轅勾心各三，上下龍頭六。前轅引手擺白螭頭三，並繫以蹲龍。後轅方罨頭三，桄頭十有六，繫以蹲龍三。轅頭衡一，兩端擺白龍頭二，上列金塗銅鳳十二，含以金塗銅鈴。輿之軸一，輪二。軸之竿羅二，明鎋蹲龍絟，皆漆以白。其輪之輻各二十有四，轂首壓貼金塗銅轂葉八十有一，金塗鍮石擎耳巒攀四。櫃之前，朱漆金粧雲龍輅牌一，金塗鐵曲戌。輅箱之四傍，雕鏤革輓漆畫塡心，隔窠龜文花板，上層左畫青龍，右畫白虎，前畫朱雀，後畫玄武。輅之前額，白檀行龍二，奉一水精珠，後額如之。前兩柱素白絨鈴索五，貼金鸞和大響銅鈴十，金塗鍮石雙魚五。下朱漆革鞔軾櫃一，櫃上金香毬一，金香寶一，金香合一，銀灰盤一，皆黄紵絲緌帶。輅之後，朱漆革鞔後轛一，金塗曲戍，黄紵絲銷金雲龍門簾一，緋紵絲繡雲龍帶二。輅之中，金粧鉸白檀雕龍椅一，靠背上金塗圈焰玉明珠一。左建太常旂一，十有二斿，白羅繡日、月、五星、升龍。右建闟戟一，九斿，素白羅繡雲龍。中央黄羅繡青黑黼文兩旗，綢杠，並素白羅，旗首金塗鍮石龍頭二，金塗銅鈴二，金塗鍮石鈸素白纓綏十有二重，金塗木珠流穌十有二重。龍椅上，金錦方座一，綠可貼褥一，銷金黄羅夾帕一，方輿地金錦褥一，綠可貼褥一。勾闌内，可貼條褥五重。素白漆雕木塗金龍頭行馬二，小白漆梯一，白漆柄金塗長托叉二，短托叉二，金塗首白漆推竿一，白絨引輅索二，金塗銅環二，黄絨執綏一。輅馬、誕馬，皆白色。鞍轡鞦勒纓拂套項，皆白韋，金粧。誕馬白織金紵絲屜四副，白羅銷金白絹裏籠鞍六。蓋輅黄絹大蒙帕一，黄油絹帕一。駕士平巾大袖，皆白繡紵絲爲之。

木輅。黑質，金粧，青綠藻井，栲栳輪蓋。外施金粧雕木雲龍，内盤描金紫檀雕福海圓龍一，頂上匝以金塗鍮石耀葉八十有一。上圍九者二，中圍九者三，下圍九者四。頂輪衣三重，上二重皂繡雲龍瑞草，下一重無文。輪衣内黄屋一，黄素紵絲瀝水，下垂朱絲結網一遭，皂紵絲繡小帶四十有八，帶頭綴金塗小銅鈴三百，皂紵絲繡絡帶二。頂輪平素面夾用檀褐紵絲。蓋之四周垂流蘇八，飾以五色絨線結網五重，金塗銅鈒五，金塗木珠二十五。又繫金塗鍮石雜佩八，珩璜衝瑀全，金塗鍮石掛鉤十有六，〔三〕黃絨貫頂天心直下十字繩一。蓋下立朱漆柱四，柱下直平盤，虛櫃，中櫺三十，下外桄二，漆繪犀、象、鸚鵡、錦雉、孔雀，隔窠嵌粧花板，櫃上周遭朱漆勾闌，雲拱地霞葉百七十有九，下垂牙護泥虛板，皆朱漆畫瑞草。勾闌上金嵌鑌鐵行龍十，蹲龍十，孔雀羽臺九，水精面火珠七，金圈焰銅照八。輿下垂朱絲結網一遭，飾以金塗鍮石鐸子三百，綵畫鍮石梅萼嵌網眼中。輿之長轅三，界轅勾心各三，上下龍頭六。前轅引手金嵌鑌鐵螭頭三，皆絟以蹲龍。後轅方罨頭三，桄頭十有六，繫以蹲龍三。轅頭衡一，兩端金嵌鑌鐵龍頭二，上列金塗銅鳳十二，含以金塗銅鈴。輿之軸一，輪二。軸之挲羅二，明轄蹲龍絟，並漆以黑。輪之輻各二十有四，轂首壓貼金塗銅轂葉八十有一，金塗鍮石轚耳戀攀四。櫃之前，朱漆金粧雲龍輅牌一，金塗鐵曲戌。輅之箱，四傍雕鏤漆畫嵿心，隔窠龜文花板，上層左畫青龍，右畫白虎，前畫朱雀，後畫玄武。輅之前額，金嵌鑌鐵行龍二，奉一水精珠，後額如之。前兩柱皂絨鈴索五，貼金鸞和大響銅鈴十，金塗鍮石雙魚五。下朱漆軾櫃一，櫃上金香毬一，金香寶一，金香合一，銀灰盤一，皆黃紵絲綬帶。輅之後，朱漆後轛一，金塗曲戌，黃紵絲銷金雲龍門簾一，緋紵絲繡雲龍帶二。輅之中，金粧烏木雕龍椅一，靠背上金塗圈焰玉明珠一。左建太常旂一，十有二斿，皂羅繡日、月、五星、升龍。右建闟戟一，九斿，皂羅繡雲龍。中央黃羅繡青黑黼文兩旗，綢杠，並皂羅，旗首金塗鍮石鈒紫纓緌十有二重，金塗流蘇十有二重。龍椅上，金錦方座一，綠可貼褥一，銷金黃羅夾帕一，方輿地金錦褥一，綠可貼褥一。勾闌內，可貼條褥四，藍紵絲條褥四，黑漆金塗鍮石鉸葉踏道一，小可貼條褥五重。黑漆雕木塗金龍頭行馬一，小黑漆梯一，黑漆柄金塗長托叉二，短托叉二，金塗首黑漆推竿一，皂絨引輅索二，金塗銅環二，黃絨執綏一。輅馬、誕馬，並黑色。鞍轡鞦勒纓拂套項，皆以淺黑韋，金粧。誕馬紫織金紵絲屜四副，紫羅銷金紫絹裏籠鞍六。蓋輅黃絹大蒙帕一，黃油絹帕一。駕士平巾大袖，皆紫繡紵絲爲之。

腰輿。制以香木。後背作山字牙，嵌七寶粧雲龍屏風，上施金圈焰明珠，兩傍引手。屏風下施雕鏤雲龍牀。坐前有踏牀，可貼錦褥一。坐上貂鼠緣金錦條褥，綠可貼方坐。

象轎。駕以象，凡巡幸則御之。

校勘記

〔一〕繪日月星辰山龍華蟲宗彝　新唐書卷二四車服志云「八章在衣」，金、元皆上承唐制，而此僅七章，且下文明言「上下襟華蟲、火各六對」，此處「華蟲」之下當有「火」字。

〔二〕虎蜼各闕對　按王圻續通考作「虎蜼各六對」。大金集禮、金史卷四三輿服志所記金制均作「六對」。此處闕文疑爲「六」字。

〔三〕藻三十(三)〔二〕　從道光本改。王圻續通考作「藻三十二」，大金集禮、金史卷四三輿服志所記金制均作「藻三十二」。

〔四〕緋白大帶一銷金黃帶頭　按志文言服飾均說明其材料，此只言黃帶頭，未言材料，疑有脫文。元制多襲金制，金史卷四三輿服志述金制稱「銷金黃羅帶頭」。「黃」「帶」二字之間疑脫「羅」字。

〔五〕廣尺二寸長〔二尺〕四寸　按太常因革禮卷二三、永樂大典卷一九七八五祕府書林、宋史卷一五一輿服志所記宋制均作「長二尺四寸」，據補。

〔六〕又有(珠)〔翠〕旒十二碧鳳銜之在珠旒外　從道光本改。太常因革禮卷二三及宋史卷一五一輿服志所言宋制均作「又有翠旒十二，碧鳳銜之，在珠旒外」。

〔七〕傍施琥珀(餅)〔缾〕犀〔缾〕各二十四　按此亦宋制。「缾」誤作「餅」，「犀」字下脫一「缾」字。據太常因革禮卷二三、宋史卷一五一輿服志改、補。

〔八〕青羅四(紳)〔神〕帶二繡四(紳)〔神〕盤結　從道光本改。此言宋制，太常因革禮卷二三述宋制稱：「青羅四神帶二，繡四神盤結。」宋史卷一五一輿服志同。四神，古時指青龍、白虎、朱雀、玄武，常見於各種裝飾中。

〔九〕白(帶)〔羅〕中單　從道光本改。此亦言宋制，太常因革禮卷二三、宋史卷一五一輿服志述宋制均作「白羅中單」。中單爲一種內衣，用羅、紗一類絲織物製成。

〔一〇〕青羅(袜)〔抹〕帶　按宋史卷一五一輿服志記宋制，本志上文記元制，均作「青羅抹帶」，據改。

〔一一〕鹿盧玉具劍玉(縹)〔鏢〕首鏤白玉雙佩　從道光本改。「鏢」，言刀劍鞘下飾，不能用青白色之絲織品「縹」。下同。

〔一二〕四章在裳藻粉米黼黻織成之每行一章黼黻重以爲等每行九　按此言章飾、每章行數與每行章數。志文「每行」重出，而未言章之行數，顯有舛誤。由上文唐代皇帝衮服之制凡十二章，「每章一行，每行十二」，可推知此「每行一章」之「章」「行」二字誤倒，應作「每章一行」。

〔一三〕蔽膝隨裳(衣)〔色〕　從道光本改。按「隨裳衣」，不通。上文言宋皇帝衮服，「蔽膝，隨裳色」；言唐太子衮服，亦同。

〔一四〕於法服庫收掌　按本書卷八五、卷九〇百官志，「法服庫」當作「法物庫」。疑「服」誤。

〔一五〕帶頭綴金塗小銅鈴　按下文所記金輅、象輅、革輅、木輅之帶頭綴金塗小銅鈴下均有「三百」二字。此處「銅鈴」下當有脫文。王圻續通考有「三百」二字。

〔一六〕並黃絲綬帶　按下文金輅、象輅、革輅、木輅皆作「並黃紵絲綬帶」，此處「黃」下當脫「紵」字。

〔一七〕黄茸〔執〕綏一　據下文金輅、象輅、革輅、木輅所見補。

〔一八〕誕馬青織金紵絲屜四〔副〕　據下文金輅、象輅、革輅、木輅所見補。

〔一九〕蓋之四周垂流蘇八飾以五色茸線結網五重　按玉、象、革、木四輅在「五重」二字下均有「金塗銅鈒五，金塗木珠二十有五」。此處疑脫此十三字。

〔二〇〕勾闌上金塗鍮石行龍十二　按玉、象、革、木四輅皆作「行龍十」，疑此處「二」字衍。

〔二一〕中央黄羅繡青黑黼文兩旗(𦆠)〔綢〕杠　從道光本改。

〔二二〕黄素(地)紵絲瀝水　按玉、金、象、木四輅均作「黄素紵絲瀝水」，「地」字衍，今删。

〔二三〕金塗鍮石掛鈎十有六　按玉、金、象、革四輅皆作「金塗鍮石鈎掛十有六」。疑「掛鈎」二字誤倒。

元史卷七十九

志第二十九

輿服二

儀仗

皂纛，國語讀如禿。建纓于素漆竿。凡行幸，則先驅建纛，夾以馬鼓。居則置纛于月華門西之隅室。

絳麾，金塗竿，上施圓盤朱絲拂，三層，紫羅袋韜之。

金節，制如麾，八層，韜以黃羅雲龍袋。又引導節，金塗龍頭朱漆竿，懸五色拂，上施銅鈸。

朱雀幢，制如節而五層，韜以紅繡朱雀袋。

青龍幢，制如前，韜以碧繡青龍袋。

白虎幢，制如前，韜以素繡白虎袋。

玄武幢，制如前，韜以皂繡玄武袋。

犦矟，制如節，頂刻犦牛首，有袋，上加碧油。

絳引旛，四角，朱綠蓋，每角垂羅文雜佩，繫于金銅鈎竿，竿以朱飾，懸五色間暈羅，下有橫木板，作碾玉文。

告止旛，緋帛錯綵爲告止字，承以雙鳳，立仗者紅羅銷金升龍，餘如絳引。

傳教旛，制如告止旛，錯綵爲傳教字，承以雙白虎，立仗者白羅繪雲龍。

信旛，制如傳教旛，錯綵爲信字，承以雙龍，立仗者繪飛鳳。

黃麾旛，制如信旛，錯綵爲黃麾篆。

龍頭竿繡氅，竿如戟，無鈎，下有小橫木，刻龍頭，垂朱綠蓋，每角綴珠佩一帶，帶末有金銅鈴。

圍子，制以金塗攢竹杖，首貫銅錢，而以紫絹冒之。

副竿，制以木，朱漆之。

火輪竿，制以白鐵，爲小車輪，建于白鐵竿首。輪及竿皆金塗之，上書西天呪語，帝師所制。常行爲親衞中道，正行在劈正斧之前，以法佛衞，以祛邪僻，以鎮轟雷焉。蓋辟惡車之意也。

豹尾竿，制如戟，繫豹尾，朱漆竿。

寶（輿）〔輿〕方案，〔一〕緋羅銷金雲龍案衣，緋羅銷金蒙襯複，案傍有金塗鐵鞨四，龍頭竿結綬二副之。

香（蹬）〔鐙〕朱漆案，〔二〕黃羅銷金雲龍案衣，上設金塗香爐一、燭臺二，案旁金塗鐵鞨四，龍頭竿結綬二副之。

香案朱漆案，緋羅銷金雲龍案衣，上設金香爐、合各一，餘同香（蹬）〔鐙〕，殿庭陳設，則除龍頭竿結綬。

詔案，制如香案。

册案，制如前。

寶案，制如前。

表案，制如香案，上加矮闌，金塗鐵鞨四，竿二副之，緋羅銷金蒙複。

禮物案，制如表案。

交椅，銀飾之，塗以黃金。

杌子，四脚小床，銀飾之，塗以黃金。

鳴鞭，綠柄，鞭以梅紅絲爲之，梢用黄茸而漬以蠟。

鞭桶，制以紫絁表，白絹裏，皮緣兩末。

蒙鞍，青錦緣，緋錦複。

水瓶，制如湯瓶，有蓋，有提，有觜，銀爲之，塗以黄金。

鹿盧，制如乂字，兩頭卷，塗金粧鈒，朱絲繩副之。

水盆，黄金塗銀粧鈒爲之。

淨巾，緋羅銷金雲龍，有裏。

香毬，制以銀，爲座上插蓮花爐，爐上罩以圓毬，鏤絪緼旋轉文于上，黄金塗之。

香合，制以銀，徑七寸，塗黄金鈒雲龍於上。

金拂，紅犛牛尾爲之，黄金塗龍頭柄。

唾壺，制以銀，寬緣，虛腹，有蓋，黄金塗之。

唾盂，制以銀，形圓如缶，有蓋，黄金塗之。

外辦牌，制以象牙，書國字，背書漢字，填以金。

外備牌，制如前。

中嚴牌，制如前。

時牌，制同外備而小。

版位，制以木，長一尺二寸，闊一尺，厚六分，白髹黑字。

大繖，赤質，正方，四角銅螭首，塗以黃金，紫羅表，緋絹裏。諸繖蓋，宋以前皆平頂，今加金浮屠。

紫方繖，制如大繖而表以紫羅。

紅方繖，制如大繖而表以緋羅。

華蓋，制如繖而圓頂隆起，赤質，繡雜花雲龍，上施金浮屠。

曲蓋，制如華蓋，緋瀝水，繡瑞草，曲柄，上施金浮屠。

導蓋，制如曲蓋，緋羅瀝水，繡龍，朱漆直柄。

朱繖，制如導蓋而無文。

黃繖，制如朱繖而色黃。

葆蓋，金塗龍頭竿，懸以纓絡，銷金圓裙，六角葆蓋。

孔雀蓋，朱漆，竿首建小蓋，蓋頂以孔雀毛，徑尺許，下垂孔雀尾，簷下以青黃紅瀝水圍之，上施金浮屠，蓋居竿三之一，竿塗以黃金，書西天呪語，與火輪竿義同。

朱團扇，緋羅繡盤龍，朱漆柄，金銅飾，導駕團扇，蹙金線。

大雉扇，制稍長，下方而上擶，緋羅繡象雉尾，中有雙孔雀，間以雜花，下施朱漆橫木連柄，金銅裝。

中雉扇，制如大雉扇而減小。

小雉扇，制如中雉扇而減小。

青瀝水扇，制圓而青色，四周瀝水以青絹。

罼，朱縢結網，二螭首，銜紅絲拂，中有獸面，朱漆柄，金銅裝。

罕，制形如扇，朱縢網，中有獸面，朱漆柄，金銅裝。

旗、扇錡，卽坐也。旗錡，制十字木于下，上四枝交拱，置竅于其上以樹旗。扇錡，制如梔，形小，六木拱于上，而制作精于旗錡，並漆以朱。

風伯旗，青質，赤火焰脚，畫神人，犬首，朱髮，鬼形，豹汗胯，朱袴，負風囊，立雲氣中。

雨師旗，青質，赤火焰脚，畫神人，冠五梁冠，朱衣，黃袍，黑襴，黃帶，白袴，皂舄，右手杖劍，左手捧鐘。

雷公旗，青質，赤火焰脚，畫神人，犬首，鬼形，白擁項，朱犢鼻，黃帶，右手持斧，左手持鑿，運連鼓于火中。

電母旗，青質，赤火焰脚，畫神人爲女子形，纁衣，朱裳，白袴，兩手運光。

金星旗，素質，赤火焰脚，畫神人，冠五梁冠，素衣，皂襴，朱裳，秉圭。
水星旗，黑質，赤火焰脚，畫神人，冠五梁冠，皂衣，皂襴，緑裳，秉圭。
木星旗，青質，赤火焰脚，畫神人，冠五梁冠，青衣，皂襴，朱裳，秉圭。
火星旗，赤質，青火焰脚，畫神人，冠五梁冠，朱衣，皂襴，緑裳，秉圭。
土星旗，黄質，赤火焰脚，畫神人，冠五梁冠，黄衣，皂襴，緑裳，秉圭。
攝提旗，赤質，赤火焰脚，畫神人，冠五梁冠，素中單，黄衣，朱蔽膝，緑裳，杖劍。
北斗旗，黑質，赤火焰脚，畫七星。
角宿旗，青質，赤火焰脚，畫神人爲女子形，露髮，朱袍，黑襴，立雲氣中，持蓮荷，外仗角、亢以下七旗，並青質，青火焰脚。角宿繪二星，下繪蛟。
亢宿旗，青質，赤火焰脚，畫神人，冠五梁冠，素衣，朱袍，皂襴，皂帶，黄裳，持黑笏子外仗繪四星，下繪龍。
氐宿旗，青質，赤火焰脚，畫神人，冠小冠，衣金甲，朱衣，緑包肚，朱擁項，白袴，左手杖劍，乘一驚。外仗繪四星，下繪貉。
房宿旗，青質，赤火焰脚，畫神人，烏巾，白中單，碧袍，黑襴，朱蔽膝，黄帶，黄裙，朱舃，左手杖劍。外仗繪四星，下繪兎。

心宿旗，青質，赤火焰脚，畫神人，冠五梁冠，朱袍，皂襴，右手持杖。外仗繪三星，下繪狐。

尾宿旗，青質，赤火焰脚，畫神人，冠束髮冠，素衣，黄袍，朱裳，青帶，右手杖劍，左手持弓。外仗繪九星，下繪虎。

箕宿旗，青質，赤火焰脚，畫神人，烏巾，衣淺朱袍，皂襴，杖劍，乘白馬于火中。外仗繪四星，下繪豹。

斗宿旗，青質，赤火焰脚，畫神人，被髮，素腰裙，朱帶，左手持杖。外仗斗牛以下七旗，並黑質，黑火焰脚。斗宿繪六星，下繪獬。

牛宿旗，青質，赤火焰脚，畫神人，牛首，皂襴，黄裳，皂舄。外仗繪六星，下繪牛。

女宿旗，青質，赤火焰脚，畫神人，烏牛首，衣朱服，皂襴，黄帶，烏鞾，左手持蓮。外仗繪四星，下繪鼉。

虚宿旗，青質，赤火焰脚，畫神人，被髮裸形，坐于甕中，右手持一珠。外仗繪二星，下繪鼠。

危宿旗，青質，赤火焰脚，畫神人，虎首，金甲，衣朱服，貔皮汗胯，青帶，烏鞾。外仗上繪三星，下繪燕。

室宿旗，青質，赤火焰脚，畫神人，丫髮，朱服，乘舟水中。外仗繪二星，下繪猪。

壁宿旗，青質，赤火焰脚，繪神人爲女子形，被髮，朱服，皂襴，綠帶，白裳，烏舄。外仗繪二星，下繪㺄。

奎宿旗，青質，赤火焰脚，繪神人，狼首，朱服，金甲，綠包肚，白汗胯，黃帶，烏鞾，杖劍。外仗奎、婁以下七旗，並素質，素火焰脚。奎宿繪十六星，下繪狼。

婁宿旗，青質，赤火焰脚，繪神人，烏巾，素衣，皂袍，朱蔽膝，黃帶，綠裳，烏舄，左手持烏牛角，右手杖劍。外仗繪三星，下繪狗。

胃宿旗，青質，赤火焰脚，繪神人，被髮，裸形，披豹皮白腰裙，黃帶，右手杖劍。外仗繪三星，下繪雉。

昴宿旗，青質，赤火焰脚，繪神人，黃牛首，朱服，皂襴，黃裳，朱舄，左手持如意。外仗繪七星，下繪鷄。

畢宿旗，青質，赤火焰脚，繪神人，作鬼形，朱裩，持黑杖，乘赤馬，行于火中。外仗上繪八星，下繪烏。

觜宿旗，青質，赤火焰脚，繪神人，冠緇布冠，朱服，皂襴，綠裳，持一蓮，坐于雲氣中。外仗繪三星，下繪猴。

參宿旗，青質，赤火焰脚，繪神人，被髮，衣黄袍，綠裳，朱帶，朱舄，左手持珠。外仗上繪十星，下繪猿。

井宿旗，青質，赤火焰脚，繪神人，烏巾，素衣，朱袍，皂襴，坐于雲氣中，左手持蓮。外仗井、鬼以下七旗，並赤質，赤火焰脚。井宿繪八星，下繪犴。

鬼宿旗，青質，赤火焰脚，繪神人作女子形，被髮，素衣，朱袍，黄帶，黄裳，烏舄，右手持杖。外仗繪五星，下繪羊。

柳宿旗，青質，赤火焰脚，繪神人作女子形，露髻，朱衣，黑襴，黄裳，皂舄，撫一青龍。外仗繪八星，下繪麞。

星宿旗，青質，赤火焰脚，繪神人，冠五梁冠，淺朱袍，皂襴，青帶，黄裳，烏舄，持黄稱。外仗繪七星，下繪馬。

張宿旗，青質，赤火焰脚，繪神人，衣豹皮，朱帶，素韠，右手杖劍，坐于雲氣中。外仗繪六星，下繪鹿。

翼宿旗，青質，赤火焰脚，繪神人，冠道冠，皂袍，黄裳，朱蔽膝，杖劍，履火于雲氣中。外仗繪二十二星，下繪蛇。

軫宿旗，青質，赤火焰脚，繪神人，冠道冠，衣朱袍，黄帶，黄裳，左手持書。外仗繪四星，下繪蚓。

日旗，青質，赤火焰脚，繪日于上，奉以雲氣。

月旗，青質，赤火焰脚，繪月于上，奉以雲氣。

祥雲旗，青質，赤火焰脚，繪五色雲氣。

合璧旗，青質，赤火焰脚，繪雲氣日月。

連珠旗，青質，赤火焰脚，繪五星。

東嶽旗，青質，赤火焰脚，繪神人，冠七梁冠，黄襴，青袍，綠裳，白中單，素蔽膝，執圭。

南嶽旗，赤質，青火焰脚，繪神人，冠七梁冠，黑襴，緋袍，綠裳，黄中單，朱蔽膝，執圭。

中嶽旗，黄質，赤火焰脚，繪神人，冠七梁冠，皂襴，黄袍，綠裳，白中單，朱蔽膝，執圭。

西嶽旗，白質，赤火焰脚，繪神人，冠七梁冠，青襴，白袍，緋裳，白中單，素蔽膝，執圭。

北嶽旗，黑質，赤火焰脚，繪神人，冠七梁冠，紅襴，皂袍，綠裳，白中單，素蔽膝，執圭。

江瀆旗，赤質，青火焰脚，繪神人，冠七梁冠，青襴，朱袍，跨赤龍。

河瀆旗，黑質，赤火焰脚，繪神人，冠七梁冠，皂襴，黄袍，跨青龍。

淮瀆旗，素質，赤火焰脚，繪神人，冠七梁冠，皂襴，素袍，乘青鯉。

濟瀆旗，青質，赤火焰脚，繪神人，冠七梁冠，皂襴，青袍，乘一鱉。

天下太平旗，赤質，青火焰脚，錯采爲字。

皇帝萬歲旗，赤質，青火焰脚，錯采爲字。

吏兵旗，黑質，赤火焰脚，繪神人，具甲兜鍪、綠臂鞲，杖劍。

力士旗，白質，赤火焰脚，繪神人，武士冠，緋袍，金甲，汗胯，皂履，執戈盾。

東天王旗，青質，赤火焰脚，繪神人，武士冠，衣金甲，緋裲襠，右手執戟，左手捧塔，履石。

南天王旗，赤質，青火焰脚，繪神人，冠服同前。

西天王旗，白質，赤火焰脚，繪神人，冠服同前。

北天王旗，黑質，赤火焰脚，繪神人，冠服同前。

大神旗，黃質，黃火焰脚，詳見牙門旗下。

牙門旗，赤質，赤火焰脚，繪神人，冠武士冠，鎧甲，裲襠，襯肩，包脚，汗胯，束帶，長帶，大口袴，執戈戟。

金鼓旗，黃質，黃火焰脚，書金鼓字。

朱雀旗，赤質，赤火焰脚，繪朱雀，其形如鸞。

玄武旗，黑質，黑火焰脚，繪龜蛇。

青龍旗，青質，赤火焰脚，繪蹲龍。

白虎旗，白質，赤火焰脚，繪蹲虎。

龍君旗，青質，赤火焰脚，繪神人，冠通眞冠，服青繡衣，白裙，朱履，執戟，引青龍。

虎君旗，白質，赤火焰脚，繪神人，冠流精冠，服素羅繡衣，朱裙，朱履，執斬蛇劍，引白虎。

大黃龍負圖旗，青質，青火焰脚，繡複身黃龍，背八卦。

小黃龍負圖旗，赤質，青火焰脚，繪複身黃龍，背八卦。

五色龍旗，五色質，五色直脚，無火焰。

大四色龍旗，青赤黃白四色質，具火焰脚。

小四色龍旗，制同大四色，直脚，無火焰脚。

應龍旗，赤質，赤火焰脚，繪飛龍。

金鸞旗，赤質，火焰脚，〔三〕繪鸞而金色。

鸞旗，制同前，而繪以五采。

金鳳旗，赤質，青火焰脚，繪鳳而金色。

鳳旗，制同前，而繪以五采。

五色鳳旗，五色質，五色直脚，無火焰。

大四色鳳旗，青赤黄白四色質，火焰脚，色隨其質，繪鳳。

小四色鳳旗，制同前，直脚，無火焰。

玉馬旗，赤質，青火焰脚，繪白馬，兩膊有火焰。

駃騠旗，赤質，青火焰脚，繪白馬。

飛黄旗，赤質，赤火焰脚，形如馬，色黄，有兩翼。

騼騶旗，青質，青火焰脚，繪獸形如馬，白首，虎文，赤尾。

龍馬旗，赤質，青火焰脚，繪龍馬。

麟旗，赤質，青火焰脚，繪麒麟。

飛麟旗，赤質，青火焰脚，繪飛麟，其形五色身，朱翼，兩角，長爪。

黄鹿旗，赤質，青火焰脚，繪獸如鹿，而色深黄。

兕旗，赤質，青火焰脚，繪獸似牛，一角，青色。

犀牛旗，赤質，青火焰脚，繪犀牛。

金牛旗，赤質，青火焰脚，繪獸形如牛，金色。

白狼旗，赤質，青火焰脚，繪白狼。

辟邪旗，赤質，赤火焰脚，繪獸形似鹿，長尾，二角。
赤熊旗，赤質，赤火焰脚，繪獸如熊，色黄。
三角獸旗，赤質，赤火焰脚，繪獸，其首類白澤，綠髮，三角，青質，白腹，跋尾綠色。
角端旗，赤質，赤火焰脚，繪獸如羊而小尾，頂有獨角。
騶牙旗，赤質，青火焰脚，繪獸形似麋，齒前後一齊。
太平旗，赤質，青火焰脚，金描蓮花四，上金書天下太平字。
鵕鸃旗，赤質，青火焰脚，繪鳥似山鷄而小，冠背黄，腹赤，項綠，尾紅。
蒼烏旗，赤質，青火焰脚，繪烏如烏而色蒼。
白澤旗，赤質，赤火焰脚，繪獸虎首朱髮而有角，龍身。
東方神旗，綠質，赤火焰脚，繪神人，金兜牟，金鎧甲，杖劍。已下四旗，所繪神同。
西方神旗，白質，赤火焰脚。
中央神旗，黄質，赤火焰脚。
南方神旗，赤質，青火焰脚。
北方神旗，黑質，赤火焰脚。
凡立仗諸旗，各火焰脚三條，色與質同，長一丈五尺，杠長二丈一尺。牙門　太平、萬歲，質長一丈，橫闊五尺。日、月、龍君、虎君，橫竪並八尺。餘旗並竪長八尺，橫闊六尺。

車輻，朱漆，八稜，施以銅釘，形如柯舒。

吾杖，朱漆，金飾兩末。

鐙杖，朱漆棒首，標以金塗馬鐙。

殳，制如矟而短，黑飾兩末，中畫雲氣，上綴朱絲拂。

骨朶，朱漆棒首，貫以金塗銅鎚。

列絲骨朶，制如骨朶，加紐絲文。

臥瓜，制形如瓜，塗以黃金，臥置，朱漆棒首。

立瓜，制形如瓜，塗以黃金，立置，朱漆棒首。

長刀，長丈有奇，闊上窄下，單刃。

儀刀，制以銀，飾紫絲紛錔。

橫刀，制如儀刀而曲，鞘以沙魚皮，飾脩革紛錔。

千牛刀，制如長刀。

劍，班鞘，飾以沙魚皮，劍口兩刃。

班劍，制劍，〔四〕鞘黃質，紫班文，金銅裝，紫絲紛錔。

刀盾之刀，制如長刀而柄短，木爲之，青質有環，紫絲帉錔。

刀盾之盾，制以木，赤質，畫異獸，執人右刀左盾。

朱縢絡盾，制同而朱其質。

綠縢絡盾，制同而綠其質。

戟，制以木，有枝，塗以黃金，竿以朱漆。

小戟飛龍掌，制如戟，畫雲氣，上綴飛掌，垂五色帶，末有銅鈴，掌下方而上兩角微揃，繪龍於其上。

鈒戟，制如戟，無飛掌而有橫木。

矟，制以木，黑質，畫雲氣，上刻刃，塗以青，五色矟並同而質異。

穳，制如戟，鋒兩旁微起，下有鐏鋭。

叉，制如戟而短，青飾兩末，中白，畫雲氣，上綴紅絲拂。

斧，雙刃，斧貫于朱漆竿首。

鉞，金塗鐵鉞，單刃，腦後繫朱拂，朱漆竿。

劈正斧，制以玉，單刃，金塗柄，銀鐏。

儀鍠斧，制如斧，刻木爲之，柄以朱，上綴小錦旛，五色帶。

弓矢。

弩，制如弓而有臂。

服，制以虎豹皮，或暴綠文，金銅裝。

韣，制以黑革。

韊，弩矢室。

象轎鞍，五采裝明金木蓮花座，緋繡攀鞍條，紫繡襜襦紅錦屜，鍮石蓮花跋塵，錦緣氈盤，紅犛牛尾纓拂，并胸攀鞦。攀上各帶紅犛牛尾纓拂，鍮石胡桃鈸子，杏葉鉸具，緋皮轡頭鉸具。蓮花座上，金塗銀香爐一。元初，既定占城、交趾、真（獵）〔臘〕，〔五〕歲貢象，育于析津坊海子之陽。行幸則蕃官騎引，以導大駕，以駕巨輦。

駝鼓，設金裝鉸具，花闌鞍褥橐篋，前峯樹皂纛，或施采旗，後峯樹小旗，絡腦、當胸、後鞦，並以毛組爲轡勒，五色瓘玉，毛結纓絡，周綴銅鐸小鏡，上施一面有底銅捫小鼓，一人乘之，繫以毛繩。凡行幸，先鳴鼓于駝，以威振遠邇，亦以試橋梁伏水而次象焉。

騾鼓，制似駝而小。

馬鼓，轡勒、後勒、當胸，皆綴紅纓拂銅鈴，杏葉鉸具，金塗鈚，上插雉尾，上負四足小架，上施以革鼓一面，一人前引。凡行幸，負鼓于馬以先馳，與纛並行。

誕馬，纓轡緋涼鋏。

御馬，鞍轡纓複全。

珂馬，銅面，雉尾鼻拂，胸上綴銅杏葉、紅絲拂，又胸前腹下，皆有攀，綴銅鈴，後有跋塵，錦包尾。

崇天鹵簿

中道。

頓遞隊：象六，飾以金裝蓮座，香寶鞍韂鞦轡罽勒，犛牛尾拂，跋塵，鉸具。導者六人，馭者南越軍六人，皆弓花角唐帽，緋絁銷金袂衫，鍍金束帶，烏鞾，橫列而前行。次駝鼓九，飾以鍍金鉸具，轡飾罽籠旗鼓纓槍。馭者九人，服同馭象者，中道相次而行。次舍人二人，四品服，騎分左右，夾駝而行。次青衣二人，武弁，青絁衫，青勒帛，青鞾，執青杖。次清道官四人，本品服，騎。次信旛二，執者二人，引護者四人，武弁，黃絁生色寶相花袍，黃勒帛，黃鞾。次騾鼓六，飾騾以鍍金鉸具，轡罽籠旗鼓纓槍。馭者六人，服同馭駝者。次告止旛二，執者二人，引護者四人，武弁，緋絁生色寶相花袍，紅勒帛，紅鞾。次傳敎旛二，執者二人，引護者四人，武弁，黃絁生色寶相花袍，黃勒帛，黃鞾，並分左右。次橋道頓遞使一人，本品服，騎。中道，舍人、淸道官、橋道頓遞使從者凡七人，錦帽，紫䙌衫，小銀束帶，行縢鞋韈。後凡從者之服，皆同此。

纛矟隊：金吾將軍二人，交角幞頭，緋羅繡抹額，紫羅繡辟邪裲襠，紅錦襯袍，錦縢蛇，金帶，烏鞾，橫刀，佩符，騎，分左右。次弩而騎者五人，錦帽，靑絁生色寶相花袍，銅帶，綠雲鞾。次矟而騎者五人，錦帽，緋絁生色寶相花袍，銅帶，朱雲鞾。次纛一，執者一人，夾者四人，護者二人，皆錦帽，紫生色寶相花袍，鍍金帶，紫雲鞾。押纛官二人，皆騎，本品服。次馬鼓四，飾如騾鼓，馭者四人，服同御騾。次佩弓矢而騎者五人，服同執弩者。押衙四人，騎而佩劍，錦帽，紫絁生色寶相花袍，鍍金帶，雲頭鞾。𥚃矟者四人，騎，錦帽，緋絁生色寶相花袍，銅帶，朱鞾。控馬八人，錦帽，紫衫，銀帶，烏鞾。次矟而騎者五人，服佩同執弩者。金吾將軍、押纛官從者四人，服同前隊。

朱雀隊：舍人一人，四品服，騎而前。次朱雀旗一，執者一人，引護者四人，錦帽，緋絁生色鳳花袍，銅帶，朱雲鞾，皆佩劍而騎，護者加弓矢。次金吾折衝一人，交角幞頭，緋絁繡抹額，紫羅繡辟邪裲襠，紅錦襯袍，金帶，錦縢蛇，烏鞾，橫刀，佩弓矢而騎，帥甲騎凡二十有五，弩五人，次弓五人，次矟五人，次弓五人，次矟五人，皆冠甲騎冠，朱畫甲，靑勒甲絛，鍍金環，白繡汗胯，束帶，紅鞾，帶弓箭器仗，馬皆朱甲、具裝珂飾全。舍人、金吾折衝從者凡二人，服同前隊。

十二旗隊：舍人一人，四品服，騎而前。金吾果毅二人，交角幞頭，緋羅繡抹額，紫羅繡辟邪裲襠，紅錦襯袍，金帶，錦螣蛇，烏鞾，橫刀，佩弓矢，騎分左右。帥引旗騎士五，皆錦帽，黃生色寶相花袍，銀帶，烏鞾。次風伯旗左，雨師旗右，雷公旗左，電母旗右，執者四人，騎，青甲騎冠，綠甲，青勒甲條，鍍金環，白繡汗胯，束帶，青雲鞾，馬皆青甲珂飾。次五星旗五，執者五人，甲騎冠，五色畫甲，青勒甲條，鍍金環，白繡汗胯，束帶，五色鞾，馬甲如其甲之色，珂飾。次北斗旗一，執者一人，甲騎冠，紫畫甲，青勒甲條，鍍金環，白繡汗胯，束帶，紫雲鞾，馬甲隨其甲之色，珂飾。左右攝提旗二，執者二人，甲騎冠，朱畫甲，青勒甲條，鍍金環，白繡汗胯，束帶，紅雲鞾，馬朱甲，珂飾。執副竿者二人，騎，錦帽，黃生色寶相花袍，銀帶，烏鞾。執矟而護者五人，騎，服同執副竿者。舍人、金吾果毅從者凡三人，服同前隊。

門旗隊：舍人二人，四品服。監門將軍二人，皆交角幞頭，緋絁繡抹額，紫羅繡師子裲襠，紅錦襯袍，金帶，烏鞾，橫刀，佩弓矢，騎，馬甲、珂飾全。次門旗二，執者二人，錦帽，緋絁生色師子文袍，銅革帶，紅雲鞾，劍而騎。引護者四人，服佩同執人，而加弓矢，騎。次監門校尉二人，騎，服佩同監門將軍，分左右行。次纛旗一，執者一人，引護者四人，錦帽，五色絁生色瑞鸞花袍，束帶，五色雲鞾，佩劍，護人加弓矢，皆騎。舍人、監門將軍、監門校尉從者凡六人，服同前隊。

雲和樂：雲和署令二人，朝服，騎，分左右。引前行，凡十有六人，戲竹二，排簫四，簫管二，龍笛二，板二，歌工四，皆展角花幞頭，紫絁生色雲花袍，鍍金帶，紫鞾。次琵琶二十，箏十有六，箜篌十有六，綦十有六，方響八，頭管二十有八，龍笛二十有八，已上工百三十有二人，皆花幞頭，緋絁生色雲花袍，鍍金帶，朱鞾。次杖鼓三十，工人花幞頭，黃生色花襖，紅生色花袍，錦臂韝，鍍金帶，烏鞾。次板八，工人服色同琵琶工人。次大鼓二，工十人，服色同杖鼓工人。雲和署令從者二人，服同前隊。

殿中黃麾隊：舍人二人，四品服。殿中侍御史二人，本品服，皆騎。次黃麾一，執者一人，夾者二人，騎，武弁，緋絁生色寶相花袍，紅勒帛，紅雲鞾。舍人、殿中侍御史從者凡四人，服同前隊。

太史鉦鼓隊：太史一人，本品服，騎。引交龍㧕鼓左，金鉦右，舁四人，工二人，皆武弁，緋絁生色寶相花袍，紅勒帛，紅鞾。次司辰郎一人，左，典事一人，右，並四品服，騎。太史、司辰郎、典事從者三人，服同前隊。

武衞鈒戟隊：武衞將軍一人，交角幞頭，緋羅繡抹額，紫羅繡瑞鷹裲襠，紅錦襯袍，錦縢蛇，金帶，橫刀，騎。領五色繡旛一，金節八，罕右，畢左，朱雀、青龍、白虎幢三，橫布導蓋一，中道叉四。武衞果毅二人，服佩同武衞將軍。鈒二十，戟二十，徒五十有九人，武弁，緋絁生色寶相花袍，紅勒帛，紅鞾。武衞將軍、武衞果毅從者凡三人，服同前隊。

龍墀旗隊：舍人二人，四品服。中郎將二人，服佩同鈒戟隊武衞將軍，騎，分左右。帥騎士凡二十有四人。執旗者八人。天下太平旗，中道，中嶽帝旗左，中央神旗右。次日旗左，月旗右。次祥雲旗二，分左右。次皇帝萬歲旗，中道。執人皆黃絁巾，黃絁生色寶相花袍，黃勒帛，黃雲鞾，橫刀。引者八人，青絁巾，青絁生色寶相花袍，青勒帛，青雲鞾，橫刀，執弓矢。護者八人，緋絁巾，緋絁生色寶相花袍，紅勒帛，紅雲鞾，橫刀，執弓矢。舍人、中郎將從者凡四人，服同前隊。

御馬隊：舍人二人，四品服。引左右衞將軍二人，緋羅繡抹額，紫羅繡瑞馬裲襠，紅錦襯袍，錦縢蛇，金帶，烏鞾，橫刀，皆騎，分左右行。御馬十有二匹，分左右，飾以纓轡鞍複。馭士控鶴二十有四人，交角金花幞頭，紅錦控鶴襖，金束帶，𩊱鞋。次尙乘奉御二人，四品服，騎，分左右行。舍人、左右衞將軍從者四人，服同前隊。

拱衞控鶴第一隊：拱衞指揮使二人，本品服，騎，分左右。帥步士凡二百五十有二人，負劍者三十人，次執吾杖者五十人，次執斧者五十人，次執鐙杖者六十人，次執列絲骨朶者三十人，皆分左右。次携金水瓶者一人，左，金盆者一人，右。次執列絲骨朶者三十人，皆分左右，皆金縷額交角幞頭，青質孫控鶴襖，塗金荔枝束帶，䩺鞋。拱衞指揮使從者二人，服同前隊。

安和樂：安和署令二人，本品服，騎，分左右行。領押職二人，弓角鳳翅金花幞頭，紅質孫加襴袍，金束帶，花鞾。次扎鼓八，爲二重，次和鼓一，中道，次板二，次龍笛四，次頭管二，次羌笛二，次笙二，次纂二，左右行，次雲璈一，中道，工二十有四人，皆弓角鳳翅金花幞頭，紅錦質孫襖，金荔枝束帶，花鞾。從者二人，服同前隊。

金吾援寶隊：舍人二人，四品服。引金吾將軍二人，交角幞頭，緋羅繡抹額，紫羅繡辟邪裲襠，紅錦襯袍，錦縢蛇，横刀，佩弓矢，皆騎，分左右。前引駕十二重，甲士一十二騎，弩四，次弓四，次矟四，爲三重。次香案二，金爐、合各一，分左右，舁士十有六人，侍香二人，騎而從。次典瑞使二人，本品服，騎而左右引八寶。受命寶左，傳國寶右，次天子之寶左，皇帝之寶右，次天子行寶左，皇帝行寶右，次天子信寶左，皇帝信寶右。每輿寶盝，銷金蒙複，襯複，案輿紅銷金衣，龍頭竿，結綬，舁士八人，朱團扇四人，凡九十有六人，皆交角金花幞頭，青紅錦質孫襖，每輿前青後紅，金束帶，䩺鞋。援寶三十人，交角金花幞頭，窄紫衫，銷金紅汗胯，金束帶，烏鞋，執金縷黑杖。次符寶郎二人，四品服，騎，分左右。次金吾果毅二人，服佩同金吾將軍，騎，分左右。次矟四人，次弓四人，次弩四人，爲三重。舍人、金吾將軍、侍香、典瑞使、符寶郎、金吾果毅從者凡十有二人，服同前隊。

殿中繖扇隊：舍人二人，四品服，騎，分左右。領騎而執旗者四人，日月合璧旗左，五星連珠旗右，次金龍旗左，金鳳旗右，黃絁巾，黃絁生色寶相花袍，黃勒帛，黃鞾，佩劍。騎而引旗者四人，青絁巾，青絁生色寶相花袍，青勒帛，青鞾，佩劍，執弓矢。騎而護旗者四人，紅絁巾，紅絁生色寶相花袍，紅勒帛，紅鞾，佩劍，執弓矢。次朱團扇十有六，次小雉扇八，次中雉扇八，次大雉扇八，爲十重，重四人。次曲蓋二，紅方繖二，次紫方繖二，次華蓋二，次大繖二，執者五十人，武弁，紅絁生色寶相花袍，紅勒帛，紅鞾。舍人從者二人，服同前隊。

控鶴圍子隊：圍子頭一人，執骨朶，由中道，交角幞頭，緋錦質孫襖，鍍金荔枝帶，鞾鞋。領執圍子十有六人，分左右，交角金花幞頭，白襯肩，青錦質孫襖，鍍金荔枝帶，鞾鞋。次朱繖，中道，次金脚踏左，金椅右，服如圍子頭。拱衞指揮使一人，本品服，騎，中道。控鶴二十人，服同上。拱衞指揮使從者二人，服同前隊。

天樂一部：天樂署令二人，本品服，騎，分左右。領押職二人，弓角鳳翅金花幞頭，紅錦質孫襖，加襴，金束帶，花鞾。次琵琶二，箜篌二，火不思二，板二，箏二，胡琴二，笙二，頭管二，龍笛二，響鐵一，工十有八人，〔六〕徒二人，皆弓角鳳翅金花幞頭，紅錦質孫襖，鍍金束帶，花鞾。

控鶴第二隊：僉拱衞司事二人，本品服，騎，分左右。帥步士凡七十有四人，執立瓜者三十有六人，分左右，次捧金杌一人左，鞭桶一人右，次蒙鞍一人左，繖手一人右，次執立瓜者三十有四人，分左右，皆交角金花幞頭，緋錦質孫襖，鍍金荔枝帶，鞓鞋。僉拱衞司事從者二人，服同前隊。

殿中導從隊：舍人二人，四品服，騎，左右。引香鐙案一，黃銷金盤龍衣，金爐合，結綬，龍頭竿，舁者十有二人，交角金花幞頭，紅錦質孫控鶴襖，鍍金束帶，鞓鞋。侍香二人，騎，分左右。次警蹕三人，交角幞頭，紫窄袖衫，鍍金束帶，烏鞾。次舍人二人，四品服，騎。引天武官二人，執金鉞，金鳳翅兜牟，金鎖甲，青勒甲絛，金環繡汗胯，金束帶，馬珂飾。次金骨朶二，次幢二，次節二，分左右。次金水盆左，金椅右，次蒙複左，副執椅右，次金水瓶、鹿盧左，銷金淨巾右。次金香毬二，金香合二，分左右。次金唾壺左，金唾盂右。金拂四，扇十，分左右。次黃繖，中道，繖衣從。凡騎士三十人，服如警蹕，加白繡汗胯。步卒四人，執椅二人，蒙複一人，繖衣一人。服如舁香鐙徒。舍人、天武官從者凡六人，服同前隊。

控鶴第三隊：拱衞直鈐轄二人，本品服，騎。引執臥瓜八十人，服如第二隊。

導駕官：引進使二人，分左右前行。次給事中一人左，起居注一人右，侍御史一人左，殿中侍御史一人右，次翰林學士一人左，集賢學士一人右，次御史中丞一人左，同知樞密院事一人右，次御史大夫一人左，知樞密院事一人右。次侍儀使四人，中書侍郎二人，黃門侍郎二人，侍中二人，皆分左右。次儀仗使一人左，鹵簿使一人右。次禮儀使二人，分左右。持劈正斧一人，中道。次大禮使一人左，太尉一人右，皆本品服，騎。從者三十人，惟執劈正斧官從者二人，服同前隊。

羽林宿衞：舍人二人，四品服，前行。次羽林將軍二人，交角幞頭，緋羅繡抹額，紫羅繡瑞鷹裲襠，紅錦襯袍，錦螣蛇，金帶，烏鞾，橫刀，佩弓矢，皆騎，分左右。領宿衞騎士二十人，執骨朶六人，次執短戟六人，次執斧八人，皆弓角金鳳翅幞頭，紫袖細摺辮線襖，束帶，烏鞾，橫刀。舍人、羽林將軍從者凡四人，服同前隊。

檢校官：分布中道之外，外仗之內。頓遞隊，監察御史二人，本品服。次纛矟隊，循仗檢校官二人。次朱雀隊，金吾中郎將二人，皆交角幞頭，緋羅繡抹額，紫羅繡辟邪裲襠，紅錦襯袍，錦螣蛇，金帶，烏鞾，佩儀刀，加弓矢。次十二旗隊，兵部侍郎二人，本品服。次門旗隊，糾察儀仗官二人，本品服。次雲和樂部，金吾將軍二人，服佩如金吾中郎將。知隊仗官二人，本品服。次武衞鈒戟隊，監察御史二人，本品服。次外道左右牙門巡仗，監門中郎將二人，交角幞頭，緋羅繡抹額，紫羅繡獅子裲襠，紅錦襯袍，錦螣蛇，金帶，烏鞾，佩儀刀，弓矢。次金吾援寶隊，兵部尚書二人，次循仗檢校官二人。次殿中繖扇隊，監察御史二人，次禮部尚書二人，皆本品服。次圍子隊，知隊仗官二人。次金吾大將軍二人，服同金吾將軍，各幞䩞從。次殿中導從隊，糾察儀仗官二人。次循仗檢校官二人。次羽林宿衞隊，左點檢一人左，右點檢一人右，紫羅繡瑞麟裲襠，餘同金吾大將軍。領大黃龍負圖旗二，執者二人，夾者八人，騎，錦帽，五色絁巾，五色絁生色雲龍袍，塗金束帶，五色雲鞾，佩劍，夾者加弓矢，並行中道。控鶴外，外仗內，前後檢校，仗內知班六人，展角幞頭，紫窄衫，塗金束帶，烏鞾。承奉班都知一人，太常博士一人，皆朝服，騎，同檢校官。前後巡察宿直將軍八人，服佩同左右點檢，夾輅檢校三衞。

陪輅隊：誕馬二匹，珂飾，纓轡，青屜。乘黃令二人，本品服，分左右。次殿前將軍二人，交角幞頭，緋羅繡抹額，紫羅繡辟邪裲襠，紅錦襯袍，錦䏲蛇，金帶，烏鞾，橫刀，騎。玉輅，太僕卿馭，本品服。千牛大將軍驂乘，交角幞頭，紅抹額，繡瑞牛裲襠，紅錦襯袍，錦䏲蛇，金帶，烏鞾，橫刀。左右衞將軍，服如千牛大將軍，惟裲襠繡瑞虎文。陪輅輅馬六匹，珂飾，纓轡，青屜，牽套鞶帶。步卒凡八十有二人，馭士四人，駕士六十有四人，行馬二人，踏道八人，推竿二人，托叉一人，梯一人，皆平巾，青幘，青繡雲龍花袍，塗金束帶，青鞾。教馬官二人，進輅職長二人，〔七〕皆本品服。夾輅將軍二人，金鳳翅兜牟，金鎖甲，絛環，繡汗胯，金束帶，綠雲花鞾。青瀝水扇二。次千牛備身二人，皆分左右，交角幞頭，緋羅繡抹額，紫羅繡瑞牛裲襠，紅錦襯袍，金帶，烏鞾，橫刀，佩弓矢。獻官二人，殿中監六人，內侍十人，皆本品朝服，騎，分左右。千牛備身後，騎而執弓矢者十人，尙衣奉御四人，尙食奉御二人，尙藥奉御二人，皆騎，本品服。次腰輿，黃紵絲銷金雲龍蒙複，步卒凡十有三人，舁八人，道扇四人，黃繖一人，皆交角金花幞頭，紅質孫控鶴襖，金束帶，鞾鞋。尙舍奉御二人，騎〔左〕，尙輦奉御二人，騎右，〔八〕皆朝服。從者三十有四人，服同前隊。

大神牙門旗隊：都點檢一人，騎，交角幞頭，緋羅繡抹額，紫羅繡瑞麟裲襠，紅錦襯袍。次監門大將軍二人，分左右，騎，服如都點檢，惟裲襠紫繡獅文。門凡三重。親衛郎將帥甲士，分左右，夾輅而陣，繞出輅後，合執髦者二，爲第一門。翊衛郎將帥護尉，夾親衛而陣，繞出輅後，合爲第二門，監門校尉二人，騎。左右衛大將軍帥甲士，執五色龍鳳旗，夾護尉而陣，繞出輅後，合牙門旗二，爲第三門，監門校尉二人主之。服色詳見外仗。

雲和樂後部：雲和署丞二人，本品服，騎，分左右。領前行，戲竹二，排簫二，簫管二，歌工二，凡十人，皆騎，花幞頭，紫絁生色花袍，塗金帶，烏鞾。次琵琶四，箏四，箜篌四，蓁四，頭管六，方響二，龍笛六，杖鼓十，工四十人，皆騎，服同上，惟絁色紅。從者二人，服同前隊。

後黄麾隊：玄武幢一，絳麾二，徒三人，皆武弁，紫絁生色龜雲花袍，紫羅勒帛，紫鞾。次黄麾，執者一人，夾者二人，皆騎。豹尾一，執者一人，夾者二人，皆騎，武弁，紫生色寶相花袍，紫勒帛，紫鞾。

玄武黑甲掩後隊：金吾將軍一人，騎，中道，交角幞頭，緋羅繡抹額，紫羅繡辟邪裲襠，紅錦襯袍，金帶，錦螣蛇，烏鞾，佩刀。後衞指揮使二人，騎，分左右，服同各衞指揮使，帥甲騎五十有七人。玄武旗一，執者一人，夾者二人。小金龍鳳黑旗二，執者二人，皆黑兜牟，金飾，黑甲條環，汗胯，束帶，鞾，帶弓矢器仗，馬黑金色獅子甲，珂飾。稍四十人，弩十人，黑兜牟，黑甲條環，汗胯，束帶，鞾，帶弓矢器仗，馬黑甲，珂飾。執衞司爆稍二人，錦帽，紫生色辟邪文袍，鍍金帶，烏鞾。從者三人，服同前隊。

外仗

金鼓隊：金鼓旗二，執者二人，引護者八人，皆五色絁巾，生色寶相花五色袍，五色勒帛，鞾，佩劍，引護者加弓矢，分左右。次折衝都尉二人，交角幞頭，緋羅繡抹額，紫羅繡辟邪裲襠，紅錦襯袍，金帶，錦螣蛇，騎。帥步士凡百二十人，鼓二十四人，鉦二十四人，並黄絁巾，黄絁生色寶相花袍，黄勒帛，黄鞾。角二十四人，紅絁巾，紅絁生色寶相花袍，紅勒帛，紅韉。車輻棒二十四人，長刀二十四人，並金飾青兜牟，青甲條環，白繡汗胯，束帶，青雲韉。

清游隊：舍人二人，四品服，騎導。金吾折衝二人，交角幞頭，緋羅繡抹額，紫羅繡辟邪裲襠，紅錦襯袍，金帶，錦螣蛇，橫刀，佩弓矢，騎，分左右，帥步士凡百有十人。白澤旗二，執者二人，引護者八人。次執弩二十人，次執矟二十人，次執弓二十人，次執矟二十人，次執弓二十人，皆甲騎冠，金飾，綠畫甲條環，白繡汗胯，束帶，綠雲韉，佩弓矢器仗，馬金飾朱畫甲，珂飾，分左右。

佽飛隊：鐵甲佽飛，執矟者十有二人，甲騎冠，鐵甲，佩弓矢器仗，馬鐵甲，珂飾。次金吾果毅二人，交角幞頭，緋絁繡抹額，紫羅繡辟邪裲襠，紅錦襯袍，金帶，錦螣蛇，橫刀，弓矢，騎。次虞候佽飛，執弩二十人，錦帽，紅生色寶相花袍，塗金帶，烏韉。

殳仗〔前〕隊：〔九〕領軍將軍二人，交角幞頭，緋絁繡抹額，紫羅繡白澤裲襠，紅錦襯袍，金帶，錦螣蛇，烏韉，橫刀，騎。帥步士五十人，執殳二十五人，執叉二十五人，錯分左右，皆五色絁生色巾，寶相花五色袍，五色勒帛，五色雲頭韉。領軍將軍從者二人，錦帽，紫襖衫，小銀束帶，行縢，鞋韈。

諸衞馬前隊：舍人二人，四品服，騎導。左右衞郎將二人，交角幞頭，緋絁繡抹額，紫繡瑞馬裲襠，〔一〇〕紅錦襯袍，金帶，錦縢蛇，烏鞾，橫刀，佩弓矢，騎，分左右，帥騎士百五十有六人。前辟邪旗左，應龍旗右，次玉馬旗左，三角旗右，次黃龍負圖旗左，黃鹿旗右，次飛麟旗左，駃騠旗右，次鸞旗左，鳳旗右，次飛黃旗左，麒麟旗右。執旗十有二人，生色黃袍，巾，勒帛，鞾。引旗十有二人，服同執人，惟袍色青。護旗十有二人，生色紅袍，巾，勒帛，鞾。執弓六十人，錦帽，青生色寶相花袍，塗金帶，烏鞾。執矟六十人，服如執弓者，惟袍色紅。每旗，弓五，矟五。從者四人，服同前隊。

二十八宿前隊：舍人二人，四品服，騎導。領軍將軍二人，紫羅繡白澤裲襠，餘如前隊。左右衞郎將皆騎，帥步士百十有二人。前井宿旗左，參宿旗右，各五盾從。次鬼宿旗左，觜宿旗右，各五弓從。次柳宿旗左，畢宿旗右，各五盾從。次星宿旗左，昴宿旗右，各五盾從。次張宿旗左，胃宿旗右，各五弓從。次翼宿旗左，婁宿旗右，各五矟從。次軫宿旗左，奎宿旗右，各五盾從。執旗十有四人，生色黃袍，巾，勒帛，鞾。引旗十有四人，服如執人，惟袍巾色青。護旗十有四人，服如執人，惟袍巾色紅。執刀盾者三十人，弓矢者二十人，矟者二十人，皆五色兜牟，甲，絛環，白繡汗胯，束帶，五色雲鞾。舍人、領軍將軍從者四人，服同前隊。

〔左右〕領軍黃麾仗前隊：〔一一〕舍人二人，四品服，騎導。領軍將軍二人，服佩如二十八宿旗隊領軍將軍，騎，分左右，帥步士凡一百五十人。絳引旛十，次龍頭竿繡氅十，皆分左右。次江瀆旗左，濟瀆旗右。次小戟十，次弓十，皆分左右。次南方神旗左，西方神旗右。次鍠十，次綠縢絡盾加刀十，皆分左右。次南嶽帝旗左，西嶽帝旗右。次龍頭竿氅十，次朱縢絡盾加刀十，皆分左右。次南天王旗左，西天王旗右。次小戟十，次弓十，皆分左右。次龍君旗左，虎君旗右。次鍠十，次綠縢絡盾加刀十，皆分左右。執人一百三十人，武弁，五色生色寶相花袍，勒帛，韈。引旗十人，青生色寶相花袍，巾，勒帛，韈。護旗十人，服同，惟袍巾色紅。

殳仗後隊：領軍將軍二人，騎，帥步士凡五十人。殳二十有五，叉二十有五，錯分左右，服佩同前隊。

左右牙門旗隊：監門將軍二人，騎，紫繡獅子裲襠，餘如殳仗隊領軍將軍之服佩。次牙門旗四，每旗執者一人，引夾者二人，並黃絁巾，黃絁生色寶相花袍，黃勒帛，黃雲韈，皆騎。次監門校尉二人，騎，服佩同監門將軍。從者四人，服同前隊。

左右青龍白虎隊：舍人二人，四品服，騎導。領軍將軍二人，服佩同殳仗隊之領軍將軍，騎，分左右，帥甲士凡五十有六人，騎。青龍旗左，執者一人，夾者二人，從以執弩五人，弓十人，矟十人，皆冠青甲騎冠，青鐵甲，青條金環，束帶，白繡汗胯，青雲韈。白虎旗右，執者一人，夾者二人，從以執弩五人，弓十人，矟十人，皆冠白甲騎冠，白鐵甲，青條金環，束帶，白繡汗胯，白雲韡。舍人、領軍將軍從者四人，服同前隊。

二十八宿後隊：舍人二人，四品服，騎導。領軍將軍二人，騎，分左右，帥步士百十有二人。角宿旗左，壁宿旗右，〔各〕從以執弓者五人。〔三〕次亢宿旗左，室宿旗右，各從以執矟者五人。次氐宿旗左，危宿旗右，各從以執盾者五人。次房宿旗左，虛宿旗右，各從以執弓者五人。次心宿旗左，女宿旗右，各從以執矟者五人。次尾宿旗左，牛宿旗右，各從以執盾者五人。次箕宿旗左，斗宿旗右，各從以執弓者五人。舍人、領軍將軍從者四人，執夾、引從服佩，皆同前隊。

諸衞馬後隊：舍人二人，四品服，騎導。左右衞果毅都尉二人，騎，分左右，帥衞士百五十有六人。角端旗左，赤熊旗右，次兕旗左，太平旗右，次騼騳旗左，騶牙旗右，次犀牛旗左，鵕鸃旗右，次蒼烏旗左，白狼旗右，次龍馬旗左，金牛旗右。舍人、左右衞果毅都尉從者四人，執夾、引從服佩，同前隊。

左右領軍黃麾後隊：舍人二人，四品服，騎導。領軍將軍二人，騎，分左右，帥步士百六十人。龍頭竿十，次朱縢絡盾加刀十，皆分左右。次吏兵旗左，力士旗右。次小戟十，次弓十，皆分左右。次東天王旗左，北天王旗右。次鍠十，次綠縢絡盾加刀十，皆分左右。次東嶽帝旗左，北嶽帝旗右。次龍頭竿氅十，次朱縢絡盾加刀十，皆分左右。次東方神旗左，北方神旗右。次小戟十，次弓十，皆分左右。淮瀆旗左，河瀆旗右。次鍠十，次綠縢絡盾加刀十，皆分左右。次絳引旛十，分左右，殿後。舍人、領軍將軍從者四人，執夾服佩，並同前隊。

左右衛儀刀班劍隊：舍人二人，四品服，騎導。左右衛中郎將二人，交角幞頭，緋羅繡抹額，紫羅繡瑞馬褊襠，紅錦襯袍，錦螣蛇，金帶，烏鞾，騎，分左右。帥步士凡四十人，班劍二十人，儀刀二十人，並錦帽，紅生色寶相花袍，塗金束帶，烏鞾。舍人、左右衛中郎將從者四人，服同前隊。

供奉宿衛步士隊：供奉中郎將二，交角幞頭，緋絁繡抹額，紫羅繡瑞馬褊襠，紅錦襯袍，錦螣蛇，金帶，烏鞾，橫刀，佩弓矢，騎，分左右，帥步士凡五十有二人，執短戟十有二人，次執列絲十有二人，次叉戟十有二人，次斧十有六人，分左右，夾玉輅行。皆弓角金鳳翅幞頭，紫細摺辮線襖，塗金束帶，烏鞾。

親衛步甲隊：親衛郎將二人，服同供奉中郎將，騎，分左右，帥步士凡百四十有八人。執龍頭竿氅四人，次小戟十人，次氅二人，次儀鍠十人，次氅二人，次小戟十人，次氅二人，次儀鍠十人，次氅二人，次小戟十人，次氅二人，次儀鍠十人，次氅二人，次小戟十人，次氅二人，次儀鍠十人，次氅二人，次小戟十人，皆分左右，夾供奉宿衞隊。次氅二人，次儀鍠十人，次氅二人，次小戟十人，次氅二人，次儀鍠十人，次氅二人，折繞宿衞隊後，而合其端爲門。〔一三〕士皆金兜牟，甲，青勒甲條，金環，綠雲韡。

翊衞護尉隊：翊衞郎將二人，服同親衞郎將，騎。帥護尉騎士百有二人，皆交角金花幞頭，窄袖紫衫，紅銷金汗胯，塗金束帶，烏韡。執金裝骨朶，分左右，夾親衞隊行，折繞隊後，而合其端爲第二門。

左右衞甲騎隊：左右衞大將軍二人，服如翊衞郎將，帥騎士百人。執青龍旗五人左，青鳳旗五人右。次赤龍旗五人左，赤鳳旗五人右。次黃龍旗五人左，黃鳳旗五人右。次白龍旗五人左，白鳳旗五人右。次黑龍旗五人左，黑鳳旗五人右。次五色鳳旗二十五居左，五色龍旗二十五居右，曲繞輅後，合牙門旗爲第三門。士皆冠甲騎冠，金飾，朱畫甲，青勒甲條，鍍金環，白繡汗胯，紅韡，佩弓矢器仗，馬青金毛獅子甲，珂飾。

左衞青甲隊：左衞指揮使二人，騎，服紫羅繡雕虎裲襠，餘同左右衞大將軍，帥騎士三十有八人。執大青龍旗一人左，大青鳳旗一人右，次小青龍旗一人左，小青鳳旗一人右，次大青鳳旗一人左，大青龍旗一人右，每旗從以持青矟者四人。次小青鳳旗一人左，小青龍旗一人右，皆從以持青矟者三人。皆青兜牟，金飾青畫甲，青條，塗金環，汗胯，束帶，韡，佩弓矢器仗，馬青金毛獅子甲，珂飾。折繞陪門。

前衞赤甲隊：前衞指揮使二人，騎，服佩同左衞指揮使，帥騎士凡四十有八人。執大赤鳳旗一人左，大赤龍旗一人右。次小赤鳳旗一人左，小赤龍旗一人右，次大赤龍旗一人左，大赤鳳旗一人右，次小赤龍旗一人左，小赤鳳旗一人右，每旗從以持朱稍者四人。次執大赤鳳旗一人左，大赤龍旗一人右，皆從以持朱稍者三人。皆朱兜牟，金飾朱畫甲，條環，汗胯，束帶，韡，佩弓矢器仗，馬朱甲，珂飾。從者二人，服同前隊。折繞陪門。

中衞黃甲隊：中衞指揮使二人，騎，服同前衞指揮使，帥騎士凡五十有八人。執大黃龍旗一人左，大黃鳳旗一人右，次小黃龍旗一人左，小黃鳳旗一人右，次大黃鳳旗一人左，大黃龍旗一人右，次小黃鳳旗一人左，小黃龍旗一人右，次大黃龍旗一人左，大黃鳳旗一人右，每旗從以持黃稍者四人。次小黃龍旗一人左，小黃鳳旗一人右，皆從以持黃稍者三人。皆黃兜牟，金飾黃甲，條環，汗胯，束帶，韡，佩弓矢器仗，馬〔黃〕甲，〔四〕珂飾。從者二人，服同前隊。折繞陪門。

右衞白甲隊：右衞指揮使二人，騎，服同中衞指揮使，帥騎士凡七十有四人。執大白鳳旗一人左，大白龍旗一人右，次小白鳳旗一人左，小白龍旗一人右，次大白龍旗一人左，大白鳳旗一人右，次小白龍旗一人左，小白鳳旗一人右，次大白鳳旗一人左，大白龍旗一人右，每旗從以持白稍者四人。次小白鳳旗一人左，小白龍旗一人右，次大白龍旗一人左，大白鳳旗一人右，皆從以持白稍者五人。皆兜牟，金飾白甲，條環，汗胯，束帶，鞾，佩弓矢器仗，馬白甲，珂飾。從者二人，服同前隊。折繞陪門。

牙門四：監門中郎將二人，服佩同各衞指揮使，騎，分左右。次左衞，次前衞，次中衞，次右衞。牙門旗各二，色並赤。監門校尉各二人，騎，服佩同各衞之執旗者。從者十人，服同前隊。

校勘記

〔一〕寶（輿）〔輿〕方案　從道光本改。

〔二〕香（蹬）〔鐙〕朱漆案　從道光本改。下同。

〔三〕金鸞旗赤質火焰脚　按上下文例，凡言「火焰脚」，皆著明其色，此無，當有脫文。王圻續通考作「赤火焰脚」，道光本作「青火焰脚」。

〔四〕班劍制劍　疑「制劍」二字之間脫「如」字，應作「制如劍」，如下文「制如長刀」、「制如戟」、「制如斧」等。

〔五〕眞（獵）〔臘〕　從道光本改。

〔六〕次琵琶二箜篌二火不思二板二箏二胡琴二笙二頭管二龍笛二響鐵一工十有八人　按志文所記樂工細數相加，總數爲十九人，與「工十有八人」不符。道光本作「龍笛一」。

〔七〕進輅職長二人　按宋史卷一四六、大金集禮卷二七、金史卷四一皆作「進輅職掌二人」。疑作「職掌」是。

〔八〕尚舍奉御二人騎〔左〕尚輦奉御二人騎右　從北監本補。

〔九〕殳仗〔前〕隊　從道光本補。按後文作「前隊」。

〔一〇〕紫繡瑞馬裲襠　按王圻續通考「紫」下有「羅」字，疑是。

〔一一〕〔左右〕領軍黃麾仗前隊　從道光本補。按下文有「左右領軍黃麾後隊」。

〔一二〕角宿旗左壁宿旗右〔各〕從以執弓者五人　從道光本補。

〔一三〕而合其端爲門　「爲門」，北監本作「爲第一門」。按下文有「爲第二門」、「爲第三門」，作「爲第一門」是。

〔一四〕馬〔黃〕甲　從北監本補。

元史卷八十

志第三十

輿服三

儀衞

殿上執事

挈壺郎二人，掌直漏刻。冠學士帽，服紫羅窄袖衫，塗金束帶，烏鞾。漏刻直御榻南。

司香二人，掌侍香，以主服御者國語曰速古兒赤。攝之。冠服同挈壺。香案二，在漏刻東西稍南。司香侍案側，東西相向立。

酒人，凡六十人，主酒國語曰答剌赤。二十人，主湩國語曰部剌赤。二十人，主膳國語曰博兒赤。二十人。冠唐帽，服同司香。酒海直漏南，酒人北面立酒海南。

護尉四十人，以質子在宿衞者攝之。質子，國語曰覩魯花。冠交角幞頭，紫梅花羅窄袖衫，塗金束帶，白錦汗胯，帶弓矢，佩刀，執骨朶，分立東西宇下。

警蹕三人，以控鶴衞士爲之。冠交角幞頭，服紫羅窄袖衫，塗金束帶，烏靴，捧立于露階。每乘輿出入，則鳴其鞭以警衆。

殿下執事

司香二人，亦以主服御者攝之。冠服同殿上司香。香案直露階南，司香東西相向立。

護尉，凡四十人，以戶郎國語曰玉典赤。二十人、質子二十人攝之。服同宇下護尉，夾立階戺。

右階之下，伍長凡六人，都點檢一人，右點檢一人，左點檢一人。凡宿衞之人及諸門者、戶者，皆屬焉。如怯薛歹、八剌哈赤、玉典赤之類是也。殿內將軍一人，凡殿內佩弓矢者、佩刀者、諸司禦者皆屬焉。如火兒赤、溫都赤之類是也。殿外將軍一人，宇下護尉屬焉。宿直將軍一人，黃麾立仗及殿下護尉屬焉。右無常官，凡朝會，則以近侍重臣攝之。服白帽，白衲襖，行縢，履襪，或服其品之公服，恭事則侍立。舍人授以骨朶而易笏，都點檢以玉，右點檢以瑪瑙，左點檢以水精，殿內將軍以瑪瑙，殿外將軍以水精，宿直將軍以金。

左階之下，伍長凡三人，殿內將軍一人，殿外將軍一人，宿直將軍一人，冠服同右，恭事則侍立。舍人授以骨朵而易笏，殿內將軍以瑪瑙，殿外將軍以水精，宿直將軍以金。司辰郎二人，一人立左樓上，服視六品，候時，北面而雞唱；一人立樓下，服視八品，候時，捧牙牌趨丹墀跪報。露階之下，左黃麾仗內，設表案一，禮物案一，輿士凡八人，每案四人。前二人冠縷金額交角幞頭，緋錦寶相花窄袖襖，塗金束帶，行縢，鞋襪。後二人冠服同前，惟襖色青。

圉人十人，國語曰阿塔赤。冠唐巾，紫羅窄袖衫，青錦緣白錦汗胯，銅束帶，烏靴，馭立仗馬十，覆以青錦緣緋錦鞍復，分左右，立黃麾仗南。

侍儀使二人，引進使一人，通班舍人一人，尚引舍人一人，閱仗舍人一人，奉引舍人一人，先輿舍人一人。糾儀官凡四人，尚書一人，侍郎一人，監察御史二人。知班三人，視班內失儀者，白糾儀官而行罰焉。皆東向，立右仗之東，以北爲上。

侍儀使二人，引進使一人，承奉班都知一人，宣表目舍人一人，宣表修撰一人，宣禮物舍人一人，奉表舍人一人，奉幣舍人一人，尚引舍人一人，閱仗舍人一人，奉引舍人一人，先輿舍人一人。押禮物官凡二人，工部侍郎一人，禮部侍郎一人。糾儀官凡四人，尚書一人，侍郎一人，監察御史二人。知班三人，視班內如左右輦路。宣贊舍人一人，通贊舍人一人，戶郎二人，承傳贊席前，皆西向，立左仗之西，以北爲上。凡侍儀使、引進使、尚書、侍郎、御史，各服其本品之服。承奉班都知、舍人，借四品服。知班，冠展角幞頭，服紫羅窄袖衫，塗金束帶，烏靴。

護尉三十人，以質子在宿衞者攝之，立大明門闌外，冠服同宇下護尉。

承傳二人，控鶴衞士爲之，立大明門楹間，以承傳于外仗。冠服同警蹕，執金柄小骨朶。

殿下黃麾仗　黃麾仗凡四百四十有八人，分布于丹墀左右，各五行。

右前列，執大蓋二人，執華蓋二人，執紫方蓋二人，執紅方蓋二人，執曲蓋二人，冠展角幞頭，服緋絁生色寶相花袍，勒帛，烏靴。

次二列，執朱團扇八人，執大雉扇八人，執中雉扇八人，執小雉扇八人，執朱團扇八人，冠武弁，服同前執蓋者。

次三列，執黃麾幡十人，武弁，青絁生色寶相花袍，青勒帛，烏靴。執絳引幡十人，武弁，緋絁生色寶相花袍，緋勒帛，烏靴。執信幡十人，冠服同上，其色黃。執傳敎幡十人，冠服同上，其色白。執告止幡十人，冠服同上，其色紫。

次四列以下，執葆蓋四十人，(服緋)〔武弁〕，服緋絁生色寶相花袍，〔二〕勒帛，烏靴。執儀鍠斧四十人，冠服同上，其色黃。執小戟蛟龍掌四十人，冠服同上，其色青。左列亦如之。皆以北爲上。押仗四人，行視仗內而檢校之，冠服同警蹕者。

〔殿下旗仗〕〔三〕旗仗執護引屏，凡五百二〔十〕有八人，〔三〕分左右以列。

左前列，建天下太平旗第一，牙門旗第二，每旗執者一人，護者四人，皆五色緋巾，五色絁生色寶相花袍，勒帛，雲頭靴，執人佩劍，護人加弓矢；後屏五人，執矟，朱兜鍪，朱甲，雲頭靴。

左二列，日旗第三，龍君旗第四，每旗執者一人，護者四人，後屏五人，巾服執佩同前列。

右前列，建皇帝萬歲旗第一，牙門旗第二，每旗執者一人，護者四人，後屏五人，巾服執佩同左前列。

右二列，月旗第三，虎君旗第四，每旗執者一人，護者四人，後屏五人，巾服執佩同前列。

左次三列，青龍旗第五，執者一人，黃絁巾，黃絁生色寶相花袍，勒帛，花靴，佩劍；護者二人，朱白二色絁巾，二色絁生色寶相花袍，勒帛，花靴，佩劍，加弓矢。天王旗第六，執者一人，巾服同上；護者二人，青白二色絁巾，二色生色寶相花袍，〔四〕勒帛，花靴，佩劍，加弓矢。後屏五人，執矟，朱兜鍪，朱甲，雲頭靴。風伯旗第七，執者一人，護者二人，後屏五人，巾服佩執同青龍旗。雨師旗第八，執者一人，護者二人，後屏五人，巾服佩執同天王旗。雷公旗第九，執者一人，巾服佩同上；護者二人，青紫二色絁巾，二色絁生色寶相花袍，勒帛，花靴，佩劍，加弓矢；後屏五人，執矟，白兜鍪，白甲，雲頭靴。電母旗第十，執者一人，護者二人，後屏五人，巾服執佩同風伯旗。吏兵旗第十一，執者一人，護者二人，巾服佩同雷公旗；後屏五人，執矟，黃兜鍪，黃甲，雲頭靴。

右次三列，白虎旗第五，執者一人，黃絁巾，黃絁生色寶相花袍，勒帛，花靴，佩劍；護者二人，青朱二色絁巾，二色絁生色寶相花袍，勒帛，花靴，佩劍，加弓矢；後屏五人，執矟，朱兜鍪，朱甲，雲頭靴。江瀆旗第七，〔五〕執者一人，護者二人，後屏五人，巾服執佩同天王旗。河瀆旗第八，執者一人，巾服佩同上；護者二人，青紫二色絁巾，二色絁生色寶相花袍，勒帛，花靴，佩劍，加弓矢；後屏五人，執矟，黃兜鍪，黃甲，雲頭靴。淮瀆旗第九，執者一人，巾服佩同上；護者二人，青朱〔二色絁巾〕，二色絁生色寶相花袍，〔六〕勒帛，花靴，佩劍，加弓矢；後屏五人，巾服執佩同白虎旗。濟瀆旗第十，執者一人，巾服佩同上；護者二人，朱白二色絁巾，二色絁生色寶相花袍，勒帛，花靴，佩劍，加弓矢；後屏五人，執矟，青兜鍪，青甲，雲頭靴。力士旗第十一，執者一人，護者二人，後屏五人，巾服佩執同河瀆旗。二十二旗內，拱衞直指揮使二人，分左右立，服本品朝服，執玉斧。次臥瓜一列，次立瓜一列，次列絲一列，冠縷金額交角幞頭，緋錦寶相花窄袖襖，塗金荔枝束帶，行縢，履襪。次鐙仗一列，次吾仗一列，次班劍一列，並分左右立，冠縷金額交角幞頭，青錦寶相花窄袖襖，塗金荔枝束帶，行縢，履襪。

左次四列，朱雀旗第十二，執者一人，黃絁巾，黃絁生色寶相花袍，勒帛，花靴，佩劍；護者二人，青白二色絁巾，二色絁生色寶相花袍，勒帛，花靴，佩劍，加弓矢；後屏五人，執矟，朱兜鍪，朱甲，雲頭靴。木星旗第十三，執者一人，巾服佩同上；護者二人，青朱二色絁巾，二色絁生色寶相花袍，勒帛，花靴，佩劍，加弓矢；後屏五人，執矟，青兜鍪，青甲，雲頭靴。熒惑旗第十四，執者一人，巾服佩同上，護者二人，青紫二色絁巾，二色絁生色寶相花袍，勒帛，花靴，佩劍，加弓矢；後屏五人，巾服執佩同朱雀旗。土星旗第十五，執者一人，護者二人，巾服佩同熒惑旗；後屏五人，執矟，黃兜鍪，黃甲，雲頭靴。太白旗第十六，執者一人，護者二人，巾服佩同木星旗；後屏五人，執矟，白兜鍪，白甲，雲頭靴。水星旗第十七，執者一人，護者二人，〔巾〕服佩同太白旗；〔七〕後屏五人，執矟，紫兜鍪，紫甲，雲頭靴。鸞旗第十八，執者一人，巾服佩同上；護者二人，朱白二色絁巾，二色絁生色寶相花袍，勒帛，花靴，佩劍，加弓矢；後屏五人，巾服執同木星旗。

右次四列，玄武旗第十二，執者一人，黃絁巾，黃絁生色寶相花袍，勒帛，花靴，佩劍；護者二人，朱白二色絁巾，二色絁生色寶相花袍，勒帛，花靴，佩劍，加弓矢；後屏五人，紫兜鍪，紫甲，雲頭靴，執矟。東嶽旗第十三，執者一人，護者二人，巾服佩同玄武旗；後屏五人，執矟，青兜鍪，青甲，雲頭靴。南嶽旗第十四，執者一人，巾服佩同上；護者二人，青白二色絁巾，二色絁生色寶相花袍，勒帛，花靴，佩劍，加弓矢；後屏五人，執矟，朱兜鍪，朱甲。中嶽旗第十五，執者一人，巾服佩同上；護者二人，紫青二色絁巾，二色絁生色寶相花袍，勒帛，花靴，佩劍，加弓矢；後屏五人，執矟，黃兜鍪，黃甲，雲頭靴。西嶽旗第十六，執者一人，巾服佩同上；護者二人，朱青二色絁巾，二色絁生色寶相花袍，勒帛，花靴，佩劍，加弓矢；後屏五人，執矟，白兜鍪，白甲。北嶽旗第十七，執者一人，護者二人，巾服佩同南嶽旗；後屏五人，巾服執同玄武旗。麟旗第十八，執者一人，護者二人，後屏五人，巾服執佩同西嶽旗。

左次五列，角宿旗第十九，亢宿旗第二十，氐宿旗第二十一，房宿旗第二十二，心宿旗第二十三，尾宿旗第二十四，箕宿旗第二十五。每旗，執者一人，黃絁巾，黃絁生色寶相花袍，勒帛，花靴，佩劍；護者二人，青朱二色絁巾，二色絁生色寶相花袍，勒帛，花靴，佩劍，加弓矢；後屏五人，青兜鍪，青甲，執矟。

右次五列，奎宿旗第十九，婁宿旗第二十，胃宿旗第二十一，昴宿旗第二十二，畢宿旗第二十三，觜宿旗第二十四，參宿旗第二十五。每旗，執者一人，黃絁巾，黃絁生色寶相花袍，勒帛，花靴，佩劍；護者二人，青朱二色絁巾，二色絁生色寶相花袍，勒帛，花靴，佩劍，加弓矢；後屏五人，執矟，白兜鍪，白甲。

左次六列，斗宿旗第二十六，牛宿旗第二十七，女宿旗第二十八，虛宿旗第二十九，危宿旗第三十，室宿旗第三十一，壁宿旗第三十二。每旗，執者一人，黃絁巾，黃絁生色寶相花袍，勒帛，花靴，佩劍；護者二人，朱白二色絁巾，二色絁生色寶相花袍，勒帛，花靴，佩劍，加弓矢；後屏五人，執矟，紫兜鍪，紫甲。

右次六列，井宿旗第二十六，鬼宿旗第二十七，柳宿旗第二十八，星宿旗第二十九，張宿旗第三十，翼宿旗第三十一，軫宿旗第三十二。每旗，執者一人，黃絁巾，黃絁生色寶相花袍，勒帛，花靴，佩劍；護者二人，朱白二色絁巾，二色絁生色寶相花袍，勒帛，花靴，佩劍，加弓矢；後屏五人，執矟，朱兜鍪，朱甲。

宮內導從

警蹕三人，以控鶴衞士爲之，並列而前行，掌鳴其鞭以警衆。服見前。

天武二人，執金鉞，分左右行，金兜鍪，金甲，蹙金素汗胯，金束帶，綠雲靴。

舍人二人，服䙵四品。

主服御者凡三十人，速古兒赤也。執骨朶二人，執幢二人，執節二人，皆分左右行。攜金盆一人，由左；負金椅一人，由右。攜金水瓶、鹿盧一人，由左；執巾一人，由右。捧金香毬二人，捧金香合二人，皆分左右行。捧金唾壺一人，由左；捧金唾盂一人，由右。執金拂四人，執升龍扇十人，皆分左右行。冠交角幞頭，服紫羅窄袖衫，塗金束帶，烏靴。

劈正斧官一人，由中道，近侍重臣攝之。侍儀使四人，分左右行。

佩弓矢十人，國語曰火兒赤。分左右，由外道行，服如主服御者。

佩寶刀十人，國語曰溫都赤。分左右行，冠鳳翅唐巾，服紫羅辮線襖，金束帶，烏鞾。

中宮導從

舍人二人，引進使二人，中政院判二人，同僉中政院事二人，僉中政院事二人，中政院副使二人，同知中政院事二人，中政院使二人，皆分左右行，各服其本品公服。內侍二人，分左右行，服䙵四品。

押直二人，冠交角幞頭，紫羅窄袖衫，塗金束帶，烏鞾。小內侍凡九人，執骨朶二人，執葆蓋四人，皆分左右行，執繖一人，由中道行；擕金盆一人由左，負金椅一人由右。服紫羅團花窄袖衫，冠、帶、鞾如押直。

中政使一人，由中道，捧外辦象牌，服本品朝服。

宮人，凡二十〔二〕人。〔八〕擕水瓶、金鹿盧一人，由右；執銷金淨巾一人，由左。捧金香毬二人，捧金香合二人，分左右。捧金唾壺一人，由左；捧金唾盂一人，由右。執金拂四人，執雉扇十人，各分左右行。冠鳳翅縷金帽，銷金緋羅襖，銷金緋羅結子，銷金緋羅繫腰，紫羅衫，五色嵌金黃雲扇，璀玉束帶。

進發册寶

清道官二人，警蹕二人，並分左右，皆攝官，服本品朝服。

雲和樂一部，署令二人，分左右。次前行戲竹二，次排簫四，次簫管四，次板二，次歌四，並分左右。前行內琵琶二十，次箏十六，次箜篌十六，次纂十六，次方響八，次頭管二十八，次龍笛二十八，爲三十三重。重四人。次杖鼓三十，爲八重。次板八，爲四重。板內大鼓二，工二人，舁八人。樂工服並與鹵簿同。法物庫使二人，服本品服。次朱團扇八，爲二重。次小雉扇八，次中雉扇八，次大雉扇八，分左右，爲十二重。次朱團扇八，爲二重。

次大繖二，次華蓋二，次紫方繖二，次紅方繖二，次曲蓋二，並分左右。執繖扇所服，並同立仗。

圍子頭一人，中道。次圍子八人，分左右。服與鹵簿內同。

安和樂一部，署令二人，服本品服。札鼓六，爲二重，前四，後二。次和鼓一，中道。次板二，分左右。次龍笛四，次頭管四，並爲二重。次羌管二，次笙二，並分左右。次雲璈一，中道。次簫二，分左右。樂工服與鹵簿內同。

繖一，中道，椅左，踏右，執人皂巾，大團花緋錦襖，金塗銅束帶，行縢，鞋襪。

拱衞使一人，服本品服。

舍人二人，次引寶官二人，並分左右，服四品服。

香案，中道，輿士控鶴八人，服同立仗內表案輿士。侍香二人，分左右，服四品服。

寶案，中道，輿士控鶴十有六人，服同香案輿士。方輿官三十人，夾香案寶案，分左右而趨，至殿門，則控鶴退，方輿官舁案以陞。唐巾，紫羅窄袖衫，金塗銅束帶，烏靴。

引册二人，四品服。

香案，中道，輿士控鶴八人，服同寶案輿士。侍香二人，分左右，服四品服。

册案，中道，輿士控鶴十有六人，服同寶案輿士。方輿官三十人，夾香案册案，分左右而趨，至殿門，則控鶴退，方輿官舁案以陞。巾服與寶案方輿官同。

葆蓋四十人，次閱仗舍人二人，服四品服。次小戟四十人，次儀鍠四十人，夾雲和樂繖扇，分左右行，服同立仗。

拱衞使二人，服本品朝服。次班劍十，次（梧）〔吾〕杖十二，〔九〕次斧十二，次鐙仗二十，次列絲十，皆分左右。次水瓶左，金盆右。次列絲十，次立瓜十。次金杌左，鞭桶右；蒙鞍左，繖手右。次立瓜十，次臥瓜三十。並夾葆蓋、小戟、儀鍠，分左右行。服並同鹵簿內。

拱衞外舍人二人，服四品服，引導册諸官。次從九品以上，次從七品以上，次從五品以上，並本品朝服。

金吾折衝二人，牙門旗二，每旗引執五人。次青矟四十人，赤矟四十人，黃矟四十人，白矟四十人，紫矟四十人，並兜鍪甲靴，各隨矟之色，行導册官外。

册案後，舍人二人，服四品服。次太尉右，司徒左。次禮儀使二人，分左右。次舉册官四人右，舉寶官四人左；次讀册官二人右，讀寶官二人左。次閤門使四人，分左右。並本品服。

知班六人，分左右，服同立仗，往來視諸官之失儀者而行罰焉。

冊寶攝官

上尊號冊寶，凡攝官二百〔五〕十有六人，〔一〇〕奉冊官四人，奉寶官四人，捧冊官二人，捧寶官二人，讀冊官二人，讀寶官二人，引冊官五人，引寶官五人，典瑞官三人，糾儀官四人，殿中侍御史二人，監察御史四人，閤門使三人，清道官四人，點試儀衞五人，司香四人，備顧問七人，代禮三十人，拱衞使二人，押仗二人，方輿一百六十人。

上皇太后冊寶，凡攝官〔二〕百五十人，〔一一〕攝太尉一人，攝司徒一人，禮儀使四人，奉冊官二人，奉寶官二人，引冊官二人，引寶官二人，舉冊官二人，舉寶官二人，讀冊官二人，讀寶官二人，捧冊官二人，捧寶官二人，奏中嚴一人，主當內侍十人，閤門使六人，充內臣十三人，糾儀官四人，代禮官四十二人，掌謁四人，司香十二人，折衝都尉二人，拱衞使二人，清道官四人，警蹕官四人，方輿官百二十人。

太皇太后冊寶，攝官同前。

授皇后冊寶，凡攝官百八十人，攝太尉一人，攝司徒一人，主節官二人，禮儀使四人，奉冊官二人，奉寶官二人，引冊官二人，引寶官二人，舉冊官二人，舉寶官二人，讀冊官二人，讀寶官二人，內臣職掌十人，宣徽使二人，閤門使（二）〔四〕人，〔一二〕代禮官三十七人，侍香二人，清道官四人，折衝都尉二人，警蹕官四人，中宮內臣九人，糾儀官四人，接册內臣二人，接寶內臣二人，方輿官七十四人。

授皇太子册，凡攝官四十有九人，攝太尉一人，奉册官二人，持節官一人，捧册官二人，讀册官二人，引册官二人，攝禮儀使二人，主當內侍六人，副持節官五人，侍從官十一人，〔一三〕代禮官十六人。

班序

先期，侍儀使糾庀陳設。

殿內兩楹北，香案二。

殿門內，殿內將軍版位二。其外，殿外將軍版位二。宇下，斜界護尉版位二。軒溜前斜外出畫白蓮六，右點檢版位三，左宣徽版位三。蓮南一步，横列鳴鞭版位三。左右階南兩隅，天武版位二。宇下左右第二第三重，斜界導從版位二。

殿東門兩礩斜界出導從二道三層，各圈十五，先扇錡各五，寶蓋錡各二。

殿東階下各圈十，直至東門階下，爲回倒導從位。

正階下二十四甓，香案一。護尉席內各弝迤內第四螭首取直，邊北，左右護尉第五席相向布席，北二席宿直。次殿中，次典瑞，次起居，每席函丈五尺。設殿前版位八，各以左右戺道內邊丹墀迆內第五甓縱直，北空路五丈五尺，東西走路各違四丈九尺，中布席四十，席函九尺，設護尉版位二。

輦路東西各五道，袤二丈一仞五寸。南北兩道，廣丈有奇。北至道當中，第一北三南一，自兩端各函六丈。第二北起十一，各函丈咫，南起九，各函丈三尺。第三北起十三，各函丈五尺，南起十二，各函丈五寸。第四北起十六，各函丈二尺，南起十四，各函九尺。第五北起，同上南起，各函八尺，北頭曲尺路內，各函九尺，設黃麾仗錡二百二十。仗南畫闌約丈許，左右同，中央置席，設尙廐版位二。仗內丹墀橫界一十八道，道函五尺，縱引橫引三丈，中設九品版位一十八。尙廐南左右縱畫各一十八道，道函仞，左右向，設起居旁折版位三十六，以內爲上。

大明門中兩楹外，斜界二道，護尉版位二，外設管旗版位二。門下左右闕邊各六丈，南北各畫一道，廣一引七丈一仞六寸，空各二丈一仞，內橫二引二丈五寸，空各三丈五尺。每錡後丈五尺屏風渠一道，長五尺，坐各違四壁丈五尺，設牙旗錡七十四。闕下兩觀內各六丈，縱各界一十八道，道違仞，左右設外序班版位三十六。自序班北入闕左右門邊兩外仗往北折，西至月華門，東至日精門，道中央入至起居旁折界一道導引。

校勘記

〔一〕次四列以下執葆蓋四十人（服緋）〔武弁〕服緋絁生色寶相花袍　按「服緋」二字重出，從道光本改。

〔二〕〔殿下旗仗〕　從北監本補。

〔三〕凡五百二〔十〕有八人　從北監本補。

〔四〕護者二人青白二色絁巾二色生色寶相花袍　按上下文例，「生色」上當脫「絁」字。

〔五〕江瀆旗第七　按此句以上缺第六旗。左右列旗數當對稱。左三列有第六旗，卽天王旗，此右三列不能無第六旗，志文有脫漏。

〔六〕青朱〔二色絁巾〕二色絁生色寶相花袍　從北監本補。按此言袍不及巾，不合上下文例。

〔七〕護者二人〔巾〕服佩同太白旗　從北監本補。

〔八〕宮人凡二十〔二〕人　從道光本補。其考證云：「原本訛二十人，與下文人數不合。謹據經世大典元中宮導從圖改。」

〔九〕次（梧）〔吾〕杖十二　從北監本改。按吾杖爲儀仗器物之一，見本書卷七九輿服志。

〔一〇〕凡攝官二百〔五〕十有六人　按總計下列攝官細數爲二百五十六，此脫「五」字。王圻續通考作

「二百五十六」，從改。

〔一二〕凡攝官〔二〕百五十人　見卷六七校勘記〔七〕。

〔一三〕授皇后册寶凡攝官百八十人至閤門使〔二〕〔四〕人　據本書卷六七禮樂志改。按作「二人」則攝官細數之總合爲百七十八人，不足百八十人之數。

〔一四〕侍從官十一人　見卷六七校勘記〔八〕。

元史卷八十一

志第三十一

選舉一

選舉之法尚矣。成周庠序學校，以鄉三物敎萬民而賓興之，舉於鄉，升於司徒、司馬論定，而後官之。兩漢有賢良方正、孝弟力田等科，或奉對詔策，事猶近古。隋、唐有秀才、明經、進士、明法、明算等科，或兼用詩賦，士始有棄本而逐末者。宋大興文治，專尚科目，雖當時得人爲盛，而其弊遂至文體卑弱，士習委靡，識者病焉。遼、金居北方，俗尚弓馬。遼景宗、道宗亦行貢試，金太宗、世宗屢闢科場，亦粗稱得士。

元初，太宗始得中原，輒用耶律楚材言，以科舉選士。世祖既定天下，王鶚獻計，許衡立法，事未果行。至仁宗延祐間，始斟酌舊制而行之，取士以德行爲本，試藝以經術爲先，士褎然舉首應上所求者，皆彬彬輩出矣。

然當時仕進有多岐，銓衡無定制，其出身於學校者，有國子監學，有蒙古字學、回回國學，有醫學，有陰陽學。其策名於薦舉者，有遺逸，有茂異，有求言，有進書，有童子。其出於宿衞、勳臣之家者，待以不次。其用於宣徽、中政之屬者，重爲內官。（文）〔又〕廕敍有循常之格，〔一〕而超擢有選用之科。由直省、侍儀等入官者，亦名淸望。以倉庾、賦稅任事者，例視冗職。捕盜者以功敍，入粟者以貲進，至工匠皆入班資，而輿隸亦躋流品。諸王、公主，寵以投下，俾之保任。遠夷、外徼，授以長官，俾之世襲。凡若此類，殆所謂吏道雜而多端者歟。矧夫儒有歲貢之名，吏有補用之法。曰掾史、令史，曰書寫、銓寫，曰書吏、典吏，所設之名，未易枚舉。曰省、臺、院、部，曰路、府、州、縣，所入之途，難以指計。雖名卿大夫，亦往往由是躋要官，受顯爵；而刀筆下吏，遂致竊權勢，舞文法矣。故其銓選之備，考覈之精，曰隨朝、外任，曰省選、部選，曰文官、武官，曰考數，曰資格，一毫不可越。而或援例，或借資，或優陞，或回降，其縱情破律，以公濟私，非至明者不能察焉。是皆文繁吏弊之所致也。

今採摭舊編，載於簡牘，或詳或略，條分類聚，殆有不勝其紀述者，姑存一代之制，作選舉志。

科目

太宗始取中原，中書令耶律楚材請用儒術選士，從之。九年秋八月，下詔命斷事官朮忽䚟與山西東路課稅所長官劉中，歷諸路考試。以論及經義、詞賦分爲三科，作三日程，專治一科，能兼者聽，但以不失文義爲中選。其中選者，復其賦役，令與各處長官同署公事。得東平楊（英）〔奐〕等凡若干人，〔二〕皆一時名士，而當世或以爲非便，事復中止。

世祖至元初年，有旨命丞相史天澤條具當行大事，嘗及科舉，而未果行。四年九月，翰林學士承旨王鶚等，請行選舉法，遠述周制，次及漢、隋、唐取士科目，近舉遼、金選舉用人，與本朝太宗得人之效，以爲「貢舉法廢，士無入仕之階，或習刀筆以爲吏胥，或執僕役以事官僚，或作技巧販鬻以爲工匠商賈。以今論之，惟科舉取士，最爲切務，矧先朝故典，尤宜追述」。奏上，帝曰：「此良法也，其行之。」中書左三部與翰林學士議立程式，又請「依前代立國學，選蒙古人諸職官子孫百人，專命師儒教習經書，俟其藝成，然後試用，庶幾勳舊之家，人材輩出，以備超擢」。十一年十一月，裕宗在東宮時，省臣復啓，謂「去年奉旨行科舉，今將翰林老臣等所議程式以聞」。奉令旨，准蒙古進士科及漢人進士科，參酌時宜，以立制度。事未施行。至二十一年九月，丞相火魯火孫與留夢炎等言，十一月中書省臣奏，皆以為天下習儒者少，而由刀筆吏得官者多。帝曰：「將若之何？」對曰：「惟貢舉取士為便。凡蒙古之士及儒吏、陰陽、醫術，皆令試舉，則用心為學矣。」帝可其奏。繼而許衡亦議學校科舉之法，罷詩賦，重經學，定為新制。事雖未及行，而選舉之制已立。

至仁宗皇慶二年十月，中書省臣奏：「科舉事，世祖、裕宗累嘗命行，成宗、武宗尋亦有旨，今不以聞，恐或有沮其事者。夫取士之法，經學實修己治人之道，詞賦乃摛章繪句之學，自隋、唐以來，取人專尚詞賦，故士習浮華。今臣等所擬將律賦省題詩小義皆不用，專立德行明經科，以此取士，庶可得人。」帝然之。十一月，乃下詔曰：

惟我祖宗以神武定天下，世祖皇帝設官分職，徵用儒雅，崇學校為育材之地，議科舉為取士之方，規模宏遠矣。朕以眇躬，獲承丕祚，繼志述事，祖訓是式。若稽三代以來，取士各有科目，要其本末，舉人宜以德行為首，試藝則以經術為先，詞章次之。浮華過實，朕所不取。爰命中書，參酌古今，定其條制。其以皇慶三年八月，天下郡縣，興其賢者能者，充賦有司，次年二月會試京師，中選者朕將親策焉。具合行事宜于後：

科場，每三歲一次開試。舉人從本貫官司於諸色戶內推舉，〔三〕年及二十五以上，鄉黨稱其孝悌，朋友服其信義，經明行修之士，結罪保舉，以禮敦遣，（資）〔貢〕諸路府。〔四〕其或徇私濫舉，并應舉而不舉者，監察御史、肅政廉訪司體察究治。

考試程式：蒙古、色目人，第一場經問五條，大學、論語、孟子、中庸內設問，用朱氏章句集註。其義理精明，文辭典雅者爲中選。第二場策一道，以時務出題，限五百字以上。漢人、南人，第一場明經經疑二問，大學、論語、孟子、中庸內出題，並用朱氏章句集註，復以己意結之，限三百字以上；經義一道，各治一經，詩以朱氏爲主，尚書以蔡氏爲主，周易以程氏、朱氏爲主，已上三經，兼用古註疏，春秋許用三傳及胡氏傳，禮記用古註疏，限五百字以上，不拘格律。第二場古賦詔誥章表內科一道，古賦詔誥用古體，章表四六，參用古體。第三場策一道，經史時務內出題，不矜浮藻，惟務直述，限一千字以上成。蒙古、色目人，願試漢人、南人科目，中選者加一等注授。蒙古、色目人作一榜，漢人、南人作一榜。第一名賜進士及第，從六品，第二名以下及第二甲，皆正七品，第三甲以下，皆正八品，兩榜並同。

所在官司遲悞開試日期，監察御史、肅政廉訪司糾彈治罪。

流官子孫廕敍，並依舊制，願試中選者，優陞一等。

在官未入流品，願試者聽。若中選之人，已有九品以上資級，比附一高，加一等注授。若無品級，止依試例從優銓注。

鄉試處所，幷其餘條目，命中書省議行。

於戲！經明行修，庶得眞儒之用；風移俗易，益臻至治之隆。咨爾多方，體予至意。

中書省所定條目：

鄉試中選者，各給解據、錄連取中科文，行省移咨都省，送禮部，腹裏宣慰司及各路關申禮部，拘該監察御史、廉訪司，依上錄連科文申臺，轉呈都省，以憑照勘。

鄉試，八月二十日，蒙古、色目人，試經問五條；漢人、南人，明經經疑二問，經義一道。二十三日，蒙古、色目人，試策一道；漢人、南人，古賦詔誥章表內科一道。二十六日，漢人、南人，試策一道。

會試，省部依鄉試例，於次年二月初一日試第一場，初三日第二場，初五日第三場。

御試，三月初七日，前期奏委考試官二員、監察御史二員、讀卷官二員，入殿廷考試。每舉子一名，怯薛歹一人看守。漢人、南人，試策一道，限一千字以上成。蒙古、色目人，時務策一道，限五百字以上成。

選考試官，行省與宣慰司及腹裏各路，有行臺及廉訪司去處，與臺憲官一同商議選差。上都、大都從省部選差在內監察御史、在外廉訪司官一員監試。每處差考試官、同考試官各一員，並於見任幷在閑有德望文學常選官內選差；封彌官一員、謄錄官一員，選廉幹文資正官充之。凡謄錄試卷并行移文字，皆用朱書，仍須設法關防，毋致容私作弊。省部會試，都省選委知貢舉、同知貢舉官各一員，考試官四員，監察御史二員，彌封、謄錄、對讀官、監門等官各一員。

鄉試，行省一十一：河南，陝西，遼陽，四川，甘肅，雲南，嶺北，征東，江浙，江西，湖廣。宣慰司二：河東，山東。直隸省部路分四：眞定，東平，大都，上都。

天下選合格者三百人赴會試，於內取中選者一百人，內蒙古、色目、漢人、南人分卷考試，各二十五人。蒙古人取合格者七十五人：大都十五人，上都六人，河東五人，眞定等五人，東平等五人，山東四人，遼陽五人，河南五人，陝西五人，甘肅三人，嶺北三人，江浙五人，江西三人，湖廣三人，四川一人，雲南一人，征東一人。色目人取合格者七十五人：大都十人，上都四人，河東四人，東平等四人，山東五人，眞定等五人，河南五人，四川三人，甘肅二人，陝西三人，嶺北二人，遼陽二人，雲南二人，征東一人，湖廣七人，江浙一十人，江西六人。漢人取合格者七十五人：大都一十人，上都四人，眞定等十一人，東平等九人，山東七人，河東七人，河南九人，四川五人，雲南二人，甘肅二人，嶺北一人，陝西五人，遼陽二人，征東一人。南人取合格者七十五人：湖廣一十八人，江浙二十八人，江西二十二人，河南七人。

鄉試、會試，許將禮部韻略外，餘並不許懷挾文字。差搜檢懷挾官一員，每舉人一名差軍一名看守，無軍人處，差巡軍。提點擗掠試院，差廉幹官一員，度地安置席舍，務令隔遠，仍自試官入院後，常川妨職，監押外門。

鄉試、會試，彌封、謄錄、對讀官下吏人，於各衙門從便差設。

試卷不考格，犯御名廟諱及文理紕繆、〔五〕塗注乙五十字以上者，不考。謄錄所承受試卷，並用朱書謄錄正文，實計塗注乙字數，標寫對讀無差，將朱卷逐旋送考試所。如朱卷有塗注乙字，亦皆標寫字數，謄錄官書押。候考校合格，中選人數已定，抄錄字號，索上元卷，請監試官、知貢舉官、同試官，對號開拆。

舉人試卷，各人自備三場文卷并草卷，各一十二幅，於卷首書三代、籍貫、年甲，前期半月於印卷所投納。置簿收附，用印鈐縫訖，各還舉人。

凡就試之日，日未出入場，黃昏納卷。受卷官送彌封所，撰字號，封彌訖，送謄錄所。

科舉既行之後，若有各路歲貢及保舉儒人等文字到官，並令還赴本鄉應試。

倡優之家及患廢疾、若犯十惡奸盜之人，不許應試。

舉人於試場內，毋得喧譁，違者治罪，仍殿二舉。

舉人與考試官有五服內親者，自須迴避，仍令同試官考卷。若應避而不自陳者，殿一舉。

鄉試、會試，若有懷挾及令人代作者，漢人、南人有居父母喪服應舉者，並殿二舉。

國子監學歲貢生員及伴讀出身，並依舊制，願試者聽。中選者，於監學合得資品上從優銓注。

別路附籍蒙古、色目、漢人，大都、上都有恒產，住經年深者，從兩都官司，依上例推舉就試。其餘去處冒貫者，治罪。

知貢舉以下官會集至公堂，議擬合行事目云：

諸輒於彌封所取問舉人試卷封號姓名及漏泄者，治罪。諸試題未出而漏泄者，許人告首。諸對讀試卷官不躬親而輒令人吏對讀，其對讀訖而差誤有礙考校者，有罰。諸謄錄人書寫不愼及錯誤有礙考校者，重事責罰。諸官司故縱舉人私將試卷出院，及祗應人知而爲傳送者，許人告首。諸監試官掌試院事，不得干預考校。諸試院官在簾內者，不許與簾外官交語。諸色人無故不得入試廳。諸舉人謗毀主司，率衆喧競，不服止約者，治罪。諸舉人就試，無故不冠及擅移坐次者，或偶與親姻隣坐而不自陳者，懷挾代筆傳義者，並扶出。

諸拆毀試卷首家狀者，推治。諸舉人於試卷書他語者，駁放；涉謗訕者，推治。諸試日，爲舉人傳送文書，及因而受財者，並許人告。諸舉人於別紙上起草者，出榜退落。諸科文內不得自敍苦辛門第，委謄錄所點檢得，如有違犯，更不謄錄，移文考試院出榜退落。諸冒名就試，別立姓名，及受財爲人懷挾代筆傳義者，並許人告。諸被黜而妄訴者，治罪。諸監門官譏察出入，其物應入者，拆封點檢。諸巡鋪官及兵級，〔六〕不得喧擾，及輒視試文，幷容縱舉人無故往來，非因公事，不得與舉人私語。諸試卷彌封用印訖，以三不成字爲號標寫，仍於塗注乙處用印。

每舉人一名，給祗應巡軍一人，隔夜入院，分宿席房。試日，擊鐘爲節。一次，院官以下皆盥漱。二次，監門官啓鑰，舉人入院，搜檢訖，就將解據呈納。禮生贊曰「舉人再拜」，知貢舉官隔簾受一拜，跪答一拜，試官受一拜，答一拜。鐘三次，頒題，就次。日午，賜膳。其納卷首，赴受卷所揖而退，不得交語。受卷官書舉人姓名于曆，舉人揖而退，取解據出院，巡軍亦出。至晚，鳴鐘一次，鎖院門。第二場，舉人入院，依前搜檢，每十人一甲，序立至公堂下，作揖畢，頒題就次。第三場，如前儀。

其受卷官具受到試卷，逐旋關發彌封官，將家狀草卷，腰封用印，蒙古、色目、漢人、南人分卷，以三不成字撰號。每名累場同用一號，於卷上親書，及於曆內標附訖，牒送謄錄官置曆，分給吏人，並用朱書謄錄正文，仍具元卷塗注乙及謄錄塗注乙字數，卷末書謄錄人姓名，謄錄官具銜書押，用印鈐縫，牒送對讀所。翰林掾史具謄錄訖試卷總數，呈報監察御史。對讀官以元卷與朱卷躬親對讀無差，具銜書押，呈解貢院，元卷發還彌封所。各所行移，並用朱書，試卷照依元號附簿。

試官考卷，知貢舉居中，試官相對向坐，公同考校，分作三等，逐等又分上中下，用墨筆批點。考校既定，收掌試卷官於號簿內標寫分數，知貢舉官、同試官、監察御史、彌封官，公同取上元卷對號開拆，知貢舉於試卷家狀上親書省試第幾名。拆號既畢，應有試卷並付禮部架閣，貢舉諸官出院。中書省以中選舉人分爲二榜，揭于省門之左右。

三月初四日，中書省奏准，以初七日御試舉人於翰林國史院，定委監試官及諸執事。初五日，各官入院。初六日，譔策問進呈，俟上采取。初七日，執事者望闕設案於堂前，置策題於上。舉人入院，搜檢訖，蒙古人作一甲，序立，禮生導引至於堂前，望闕兩拜，賜策題，又兩拜，各就次。色目人作一甲，漢人、南人作一甲，如前儀。每進士一人，差蒙古宿衞士一人監視。日午，賜膳。進士納卷畢，出院。監試官同讀卷官，以所對策第其高下，分爲三甲進奏。作二榜，用敕黃紙書，揭于內前紅門之左右。

前一日，禮部告諭中選進士，以次日詣闕前，所司具香案，侍儀舍人唱名，謝恩，放榜。

擇日賜恩榮宴于翰林國史院，押宴以中書省官，凡預試官並與宴。預宴官及進士並簪華至所居。擇日恭詣殿廷，上謝恩表。次日，詣中書省參見。又擇日，諸進士詣先聖廟行舍菜禮，第一人具祝文行事，刻石題名於國子監。

延祐二年春三月，廷試進士，賜護都答兒、張起巖等五十有六人，及第、出身有差。五年春三月，廷試進士護都達兒、霍希賢等五十人。

至治元年春三月，廷試進士達普化、宋本等六十有四人。

泰定元年春三月，廷試進士捌剌、張益等八十有六人。四年春三月，廷試進士阿察赤、李黼等八十有六人。

天曆三年春三月，廷試進士篤列圖、王文燁等九十有七人。

元統癸酉科，廷試進士同同、李齊等，復增名額，以及百人之數。稍異其制，左右榜各三人，皆賜進士及第，餘賜出身有差。科舉取士，莫盛於斯。後三年，其制遂罷。又七年而復興，遂稍變程式，減蒙古、色目人明經二條，增本經義；易漢、南人第一場四書疑一道爲本經疑，增第二場古賦外，於詔誥、章表內又科一道。此有元科目取士之制，大略如此。

若夫會試下第者，自延祐創設之初，丞相怗木迭兒、阿散及平章李孟等奏：「下第舉人，年七十以上者，與從七品流官致仕；六十以上者，與教授；元有出身者，於應得資品上稍優加之；無出身者，與山長、學正。受省劄，後舉不爲例。今有來遲而不及應試者，未曾區用。取旨。」帝曰：「依下第例恩之，勿著爲格。」

泰定元年三月，中書省臣奏：「下第舉人，仁宗延祐間，命中書省各授教官之職，以慰其歸。今當改元之初，恩澤宜溥。蒙古、色目人，年三十以上并兩舉不第者，與教授；以下，與學正、山長。漢人、南人，年五十以上并兩舉不第者，與教授；以下，與學正、山長。先有資品出身者，更優加之。不願仕者，令備國子員。後勿爲格。」從之。自餘下第之士，恩例不可常得，間有試補書吏以登仕籍者。惟已廢復興之後，其法始變，下第者悉授以路府學正及書院山長。又增取鄉試備榜，亦授以郡學錄及縣教諭。於是科舉取士，得人爲盛焉。

學校

世祖至元八年春正月，始下詔立京師蒙古國子學，教習諸生，於隨朝蒙古、漢人百官及怯薛歹官員，選子弟俊秀者入學，然未有員數。以通鑑節要用蒙古語言譯寫教之，俟生員習學成效，出題試問，觀其所對精通者，量授官職。成宗大德十年春二月，增生員廩饍，通前三十員爲六十員。武宗至大二年，定伴讀員四十人，以在籍上名生員學問優長者補之。

仁宗延祐二年冬十月，以所設生員百人，蒙古五十人，色目二十人，漢人三十人，而百官子弟之就學者，常不下二三百人，宜增其廩餼，乃減去庶民子弟一百一十四員，聽陪堂學業，於見供生員一百名外，量增五十名。元置蒙古二十人，漢人三十人，其生員紙札筆墨止給三十人，歲凡二次給之。

至元六年秋七月，置諸路蒙古字學。十二月，中書省定學制頒行之，命諸路府官子弟入學，上路二人，下路二人，府一人，州一人。餘民間子弟，上路三十人，下路二十五人。願充生徒者，與免一身雜役。以譯寫通鑑節要頒行各路，俾肄習之。至成宗大德五年冬十月，又定生員，散府二十人，上、中州十五人，下州十人。元貞元年，命有司割地，給諸路蒙古學生員餼廩。其學官，至元十九年，定擬路府（路）〔州〕設教授，〔七〕以國字在諸字之右，府州教授一任，准從八品，再歷路教授一任，准正八品，任回本等遷轉。大德四年，添設學正一員，上自國學，下及州縣，舉生員高等，從翰林考試，凡學官譯史，取以充焉。

世祖至元二十六年夏五月，尚書省臣言：「亦思替非文字宜施於用，今翰林院益福的哈魯丁能通其字學，乞授以學士之職，凡公卿大夫與夫富民之子，皆依漢人入學之制，日肄習之。」帝可其奏。是歲八月，始置回回國子學。至仁宗延祐元年四月，復置回回國子監，設監官，以其文字便於關防取會數目，令依舊制，篤意領教。泰定二年春閏正月，以近歲公卿大夫子弟與夫凡民之子入學者衆，其學官及生員五十餘人，已給飲膳者二十七人外，助教一人、生員二十四人廩饍，並令給之。學之建置在於國都，凡百司庶府所設譯史，皆從本學取以充焉。

太宗六年癸巳，以馮志常爲國子學總教，命侍臣子弟十八人入學。世祖至元七年，命侍臣子弟十有一人入學，以長者四人從許衡，童子七人從王恂。至二十四年，立國子學，而定其制。設博士，通掌學事，分教三齋生員，講授經旨，是正音訓，上嚴教導之術，下考肄習之業。復設助教，同掌學事，而專守一齋；正、錄，申明規矩，督習課業。凡讀書必先孝經、小學、論語、孟子、大學、中庸，次及詩、書、禮記、周禮、春秋、易。博士、助教親授句讀、音訓，正、錄、伴讀以次傳習之。講說則依所讀之序，正、錄、伴讀亦以次而傳習之。次日，抽籤，令諸生復說其功課。對屬、詩章、經解、史評，則博士出題，生員具藁，先呈助教，俟博士既定，始錄附課簿，以憑考校。其生員之數，定二百人，先令一百人及伴讀二十人入學。其百人之內，蒙古半之，色目、漢人半之。許衡又著諸生入學雜儀，及日用節目。七年，命生員八十人入學，俾永爲定式而遵行之。

成宗大德八年冬十二月，始定國子生，蒙古、色目、漢人三歲各貢一人。十年冬閏十月，國子學定蒙古、色目、漢人生員二百人，三年各貢二人。

武宗至大四年秋閏七月，定生員額三百人。冬十二月，復立國子學試貢法，蒙古授官六品，色目正七品，漢人從七品。試蒙古生之法宜從寬，色目生宜稍加密，漢人生則全科場之制。

仁宗延祐二年秋八月，增置生員百人，陪堂生二十人，用集賢學士趙孟頫、禮部尚書元明善等所議國子學貢試之法更定之。一曰陞齋等第。六齋東西相向，下兩齋左曰游藝，右曰依仁，凡誦書講說、小學屬對者隸焉。中兩齋左曰據德，右曰志道，講說四書、課肄詩律者隸焉。上兩齋左曰時習，右曰日新，講說易、書、詩、春秋科，習明經義等程文者隸焉。每齋員數不等，每季考其所習經書課業，及不違規矩者，以次遞陞。二曰私試規矩。漢人驗日新、時習兩齋，蒙古色目取志道、據德兩齋，本學舉實歷坐齋二周歲以上，未嘗犯過者，許令充試。限實歷坐齋三周歲以上，以充貢舉。漢人私試，孟月試經疑一道，仲月試經義一道，季月試策問、表章、詔誥科一道。蒙古、色目人，孟、仲月各試明經一道，季月試策問一道。辭理俱優者爲上等，準一分；理優辭平者爲中等，準半分。每歲終，通計其年積分，至八分以上者陞充高等生員，以四十名爲額，內蒙古、色目各十名，漢人二十名。歲終試貢，員不必備，惟取實才。有分同闕少者，以坐齋月日先後多少爲定。其未及等，并雖及等無闕未補者，其年積分，並不爲用，下年再行積算。每月初二日蚤旦，圓揖後，本學博士、助敎公座，面引應試生員，各給印紙，依式出題考試，不許懷挾代筆，各用印紙，眞楷書寫，本學正、錄彌封謄錄，餘並依科舉式，助教、博士以次考定。次日，監官覆考，於名簿內籍記各得分數，本學收掌，以俟歲終通考。三日黜罰科條。應私試積分生員，其有不事課業及一切違戾規矩者，初犯罰一分，再犯罰二分，三犯除名，從學正、錄糾舉，正、錄知見而不糾舉者，從本監議罰之。應已補高等生員，其有違戾規矩者，初犯殿試一年，再犯除名，從學正、錄糾舉之，正、錄知見而不糾舉者，亦從本監議罰之。應在學生員，歲終實歷坐齋不滿半歲者，並行除名。除月假外，其餘告假，並不準算。學正、錄歲終通行考校應在學生員，除蒙古、色目別議外，其餘漢人生員三年不能通一經及不肯勤學者，勒令出學。其餘責罰，並依舊規。

泰定三年夏六月，更積分而爲貢舉，並依世祖舊制。其貢試之法，從監學所擬，大概與前法略同，而防閑稍加嚴密焉。其本學正、錄各二員，司樂一員，典籍二員，管勾一員，及侍儀舍人，舊例擧積分生員充之，後以積分既革，於上齋擧年三十以上、學行堪範後學者爲正、錄，通曉音律、學業優贍者爲司樂，幹局通敏者爲典籍、管勾。其侍儀舍人，於上、中齋，擧禮儀習熟、音吐洪暢、曾掌春秋釋奠、每月告朔明贊，衆與其能者充之。文宗天曆二年春三月，惟伴讀員數，自初二十人歲貢二人，後於大德七年定四十人歲貢六人，至大四年定四十人歲貢四人，延祐二年歲貢八人爲淹滯，旣額設四十名，宜充部令史者四人、路教授者四人。是後，又命所貢生員，每大比選士，與天下士同試於禮部，策於殿廷，又增至備榜而加選擇焉。

國初，燕京始平，宣撫王楫請以金樞密院爲宣聖廟。太宗六年，設國子總教及提舉官，命貴臣子弟入學受業。憲宗四年，世祖在潛邸，特命修理殿廷，及卽位，賜以玉斝，俾永爲祭器。至元十三年，授提舉學校官六品印，遂改爲大都路學，署曰提舉學校所。二十四年，旣遷都北城，立國子學于國城之東，迺以南城國子學爲大都路學，自提舉以下，設官有差。仁宗延祐四年，大興府尹馬思忽重修殿門堂廡，建東西兩齋。泰定三年，府尹曹偉增建環廊。文宗天曆二年，復增廣之，提舉郝義恭又增建齋舍。自府尹郝朶而別至曹偉，始定生員凡百人，每名月餼，京畿漕運司及本路給之。泰定四年夏四月，諸生始會食于學焉。

太宗始定中原，卽議建學，設科取士。世祖中統二年，始命置諸路學校官，凡諸生進修者，嚴加訓誨，務使成材，以備選用。至元十九年夏四月，命雲南諸路皆建學以祀先聖。二十三年二月，帝御德興府行宮，詔江南學校舊有學田，復給之以養士。二十八年，令江南諸路學及各縣學內，設立小學，選老成之士敎之，或自願招師，或自受家學于父兄者，亦從其便。其他先儒過化之地，名賢經行之所，與好事之家出錢粟贍學者，並立爲書院。凡師儒之命於朝廷者，曰敎授，路府上中州置之。命於禮部及行省及宣慰司者，曰學正、山長、學錄、教諭，路州縣及書院置之。路設教授、學正、學錄各一員，散府上中州設教授一員，下州設學正一員，縣設教諭一員，書院設山長一員。中原州縣學正、山長、學錄、教諭，並受禮部付身。各省所屬州縣學正、山長、學錄、教諭，並受行省及宣慰司劄付。凡路府州書院，設直學以掌錢穀，從郡守及憲府官試補。直學考滿，又試所業十篇，陞爲學錄、教諭。凡正、長、（諭）〔學〕錄、教諭，〔〕或由集賢院及臺憲等官舉充之。諭、錄歷兩考，陞正、長。正、長一考，陞散府上中州教授。上中州教授又歷一考，陞路教授。教授之上，各省設提舉二員，正提舉從五品，副提舉從七品，提舉凡學校之事。後改直學考滿爲州吏，例以下第舉人充正、長，備榜舉人充諭、錄，有薦舉者，亦參用之。自京學及州縣學以及書院，凡生徒之肄業於是者，守令舉薦之，臺憲考覈之，或用爲教官，或取爲吏屬，往往人材輩出矣。

世祖中統二年夏五月，太醫院使王猷言：「醫學久廢，後進無所師授。竊恐朝廷一時取人，學非其傳，爲害甚大。」乃遣副使王安仁授以金牌，往諸路設立醫學。其生員擬免本身檢醫差占等役，俟其學有所成，每月試以疑難，視其所對優劣，量加勸懲。後又定醫學之制，設諸路提舉綱維之。凡宮壼所需，省臺所用，轉入常調，可任親民，其從太醫院自遷轉者，不得視此例，又以示仕途不可以雜進也。然太醫院官既受宣命，皆同文武正官五品以上遷敍，餘以舊品職遞陞，子孫廕用同正班敍。其掌藥，充都監直長，充御藥院副使，陞至大使，考滿依舊例於流官銓注。諸教授皆從太醫院定擬，而各路主善亦擬同教授皆從九品。凡隨朝太醫，及醫官子弟，及路府州縣學官，並須試驗。其各處名醫所述醫經文字，悉從考校。其諸藥所產性味眞僞，悉從辨驗。其隨路學校，每歲出降十三科疑難題目，具呈太醫院，發下諸路醫學，令生員依式習課醫義，年終置簿解納送本司，以定其優劣焉。

世祖至元二十八年夏六月，始置諸路陰陽學。其在腹裏、江南，若有通曉陰陽之人，各路官司詳加取勘，依儒學、醫學之例，每路設教授以訓誨之。其有術數精通者，每歲錄呈省府，赴都試驗，果有異能，則於司天臺內許令近侍。延祐初，令陰陽人依儒、醫例，於路府州設教授〔一〕員，〔九〕凡陰陽人皆管轄之，而上屬於太史焉。

舉遺逸以求隱跡之士，擢茂異以待非常之人。世祖中統間，徵許衡，授懷孟路教官，詔於懷孟等處選子弟之俊秀者教育之。是年，又詔徵金進士李冶，授翰林學士。徵劉因爲集賢學士，不至。又用平章咸寧王野仙薦，徵蕭𣂏不起，卽授陝西儒學提舉。至元十八年，詔求前代聖賢之後，儒醫卜筮，通曉天文曆數，并山林隱逸之士。二十年，復召拜劉因右贊善大夫，辭，不允。未幾以親老，乞終養，俸給一無所受。後遣使授命于家，辭疾不起。二十八年，復詔求隱晦之士，俾有司具以名聞。成宗大德六年，徵臨川布衣吳澄，擢應奉翰林文字，拜命卽歸。九年，詔求山林間有德行文學、識治道者，遣使徵蕭𣂏，且曰：「或不樂於仕，可試一來，與朕語而遣歸。」至大三年，復召吳澄，拜國子司業，以病還；延祐三年，召拜集賢直學士，以疾不赴；至治三年，召拜翰林學士。武宗、仁宗累徵蕭𣂏，授集賢學士、國子司業，未赴，改集賢侍講學士。又以太子右諭德徵，始至京師，授集賢學士、國子祭酒，諭德如故。仁宗延祐七年十一月，詔曰：「比歲設立科舉，以取人材，尚慮高尚之士，晦跡丘園，無從可致。各處其有隱居行義、才德高邁、深明治道、不求聞達者，所在官司具姓名，牒報本道廉訪司，覆奏察聞，以備錄用。」又屢詔求言於下，使得進言於上，雖指斥時政，並無譴責，往往采擇其言，任用其人，列諸庶位，以圖治功。其他著書立言、裨益教化、啓迪後人者，亦斟酌錄用，著爲常式云。

童子舉，唐、宋始著于科，然亦無常員。成宗大德三年，舉童子楊山童、海童。五年，大都提舉學校所舉安西路張秦山，江浙行省舉張昇甫。武宗至大元年，舉武福安。仁宗延祐三年，江浙行省舉俞傅孫、馮怗哥。六年，河南路舉張答罕，學士完者不花舉丁頑頑。七年，河間縣舉杜山童，大興縣舉陳聃。英宗至治元年，福州路連江縣舉陳元麟。至治三年，河南行省舉張英。泰定四年，福州舉葉留畊。文宗天曆二年，舉杜凨靈。至順二年，制舉答不歹子買來的。皆以其天資穎悟，超出兒輩，或能默誦經文，書寫大字，或能綴緝辭章，講說經史，並令入國子學敎育之。惟張秦山尤精篆籀，陳元麟能通性理，葉留畊問以四書大義，則對曰：「無過事父母能竭其力，事君能致其身。」時人以遠大期之。

校勘記

〔一〕（文）〔又〕膾敍有循常之格　從道光本改。

〔二〕東平楊（英）〔奐〕　據本書卷一五三楊奐傳及還山遺稿附錄元好問楊奐神道碑改。考異已校。

〔三〕舉人從本貫官司於諸色戶內推舉　按元典章卷三一科舉條制、通制條格卷五科舉，「諸色戶」上有「路府州縣學及」六字。此處疑脫。

〔四〕（資）〔貢〕諸路府　據元典章卷三一科舉條制、通制條格卷五科舉改。新元史已校。

〔五〕犯御名廟諱及文理紕繆　按元典章卷三一科舉程式目、通制條格卷五科舉，「御名廟諱」下有「偏犯者非」四字。此處疑脫。

〔六〕諸巡鋪官及兵級　王圻續通考作「諸巡捕官及兵役」，疑是。

〔七〕定擬路府（路）〔州〕設教授　按下文有「府州教授」、「路教授」，此第二「路」字顯爲「州」字之誤，今改。新元史已校。

〔八〕凡正長（諭）〔學〕錄教諭　從北監本改。

〔九〕令陰陽人依儒醫例於路府州設教授〔一〕員　道光本與本書卷九一百官志合，從補。

元史卷八十二

志第三十二

選舉二

銓法上

凡怯薛出身：元初用左右宿衞爲心膂爪牙，故四怯薛子孫世爲宿衞之長，使得自舉其屬。諸怯薛歲久被遇，常加顯擢，惟長官薦用，則有定制。至元二十年議：「久侍禁闥、門地崇高者，初受朝命散官，減職事一等，否則量減二等。」至大四年，詔蒙古人降一等，色目人降二等，漢人降三等。

凡臺憲遷用：大德元年，省議：「臺官舊無選法，俱於民職選取，後互相保選，省、臺各爲一選。宜令臺官，幕官聽自選擇，惟廉訪司官，則省、臺共選。若臺官於省部選人，則與省官共議之；省官於臺憲選人，亦與臺官共議之。」至元八年，定監察御史任滿，在職無異政，元係七品以下者例加一等，六品以上者陞擢。其有不顧權勢，彈劾非違，及利國便民者，別議陞除。或有不稱者，斟酌銓注。

凡選舉守令：至元八年，詔以戶口增、田野闢、詞訟簡、盜賊息、賦役均五事備者，爲上選。九年，以五事備者爲上選，陞一等。四事備者，減一資。三事有成者爲中選，依常例遷轉。四事不備者，添一資。五事俱不舉者，黜降一等。二十三年，詔：「勸課農桑，克勤奉職者，以次陞獎。其怠於事者，笞罷之。」二十八年，詔：「路府州縣，除達魯花赤外，長官並宜選用漢人素有聲望，及勳臣故家，并儒吏出身，資品相應者，佐貳官遴選色目、漢人參用，庶期於政平訟理，民安盜息，而五事備矣。」

凡進用武官：至元十五年，詔：「軍官有功而陞職者，舊以其子弟襲職，陣亡者許令承襲，若罷去者，以有功者代之。」十七年，詔：「渡江總把、百戶有功陞遷者，總把依千戶降等承襲，百戶無遞降職名，則從其本等。」十九年，奏擬：「萬戶、千戶、百戶物故，視其子孫堪承襲者，依例承襲外，都元帥、招討使、總管、總把，視其子孫堪承襲者，止令管其元軍。元帥、招討子孫爲萬戶，總管子孫爲千戶，總把子孫爲百戶，給元佩金銀符。病故者降等，惟陣亡者本等承襲。」二十〔一〕年，〔二〕詔：「萬戶、千戶、百戶分上中下三等，定立條格，通行遷轉。以三年爲滿，理算資考，陞加品級。若年老病故者，令其子弟依例廕敍。」是年，以舊制父子相繼，管領元軍，不設蒙古軍官，故定立資考，三年爲滿，通行遷轉。後各翼大小軍官俱設蒙古軍官，又兼調遣征進，俱已離翼，難與民官一體遷轉廕敍，合將萬戶、千戶、鎭撫自奏准日爲始，以三年爲滿，通行遷轉。百戶以下，不拘此例。凡軍官征戰有功過者，驗實跡陞降。又定蒙古奧魯官，大翼萬戶下設奧魯總管府，從四品。小翼萬戶下設奧魯官，從五品。各千戶奧魯，亦設奧魯官，受院劄。各千戶奧魯，不及一千戶者，或二百戶、三百戶，以遠就近，以小就大，合併爲千戶翼奧魯官，受院劄。若干礙投下，難以合併，宜再議之。又定首領官受敕牒，元帥、招討司經歷、知事，就充萬戶府經歷、知事，換降敕牒，如元翼該革，別與遷除。若王令旨、幷行省劄付、樞密院劄付經歷，充中、下萬戶府知事。行省諸司劄付，充提領案牘，幷各翼萬戶自設經歷、知事，一例俱作提控案牘，受院劄。又議：「隨朝各衞千戶鎭撫所提控案牘，已擬受院劄，外任千戶鎭撫所提控案牘，合從行省許准，受萬戶府付身。」二十四年，詔：「諸求襲其父兄之職者，宜察其人而用之。凡舊臣勳閥及有戰功者，其子弟當先任以小職，若果有能，則大用之。」二十五年，軍官陣亡者，本等承襲。病故者，降一等。雖陣亡，其子弟無能，勿用。雖病故，其子弟果能，不必降等，於本等用之。大德四年，以上都虎賁司幷武衞內萬戶、千戶、百戶達魯花赤亡歿，而無奏准承襲定例，似爲偏負。今後各翼達魯花赤亡歿，宜察其子弟有能者用之，無能則止。五年，詔：「軍官有不赴任者，有患病因事不行者，有已赴任、被差委而出、公事已辦爲私事稱故不迴者，今後宜限以六月。越限者以他人代之，期年後以他職授之。」十一年，詔：「色目鎮撫已歿，其子有能，依例用之。子幼，則取其兄弟之子有能者用之，俟其子長，即以其職還之。」至大二年，議：「各衞翼首領官，至經歷以上，不得陞除，似與官軍一體，其子孫乃不得承襲。今後年踰七十，而散官至正從四品者，宜正從五品軍官內任用。」四年，詔：「軍官有故，令其嫡長子，〔三〕亡歿，令嫡長孫爲之。嫡長孫亡歿，則令嫡長孫之嫡長子爲之。若嫡長俱無，則以其兄弟之子相應者爲之。」

太禧院。天曆元年，罷會福、殊祥二院而立之，秩正二品。其所轄諸司，則從其擢用。

宣徽院。皇慶二年，省臣奏：「其所轄倉庫、屯田官員，半由都省，半由本院用之。」奉旨，宜俱從省臣用之。

中政院。至大四年言：「諸司錢糧選法，悉令中書省掌之，可更選人任用，移文中書，給降宣敕。」延祐七年，院臣啓：「皇后位下中政院用人，奉懿旨，依樞密院、御史臺等例行之。」

直省舍人，內則侍相臣之興居，外則傳省闥之命令，選宿衞及勳臣子弟爲之。又擇其高等二人，專掌奏事。至元二十五年，省臣奏：「其充是職者，俾受宣命。」大德八年，擬歷六十月者，始令從政。

凡禮儀諸職：有太常寺檢討，至元十三年，擬歷一百月，除從八品。有御史臺殿中司知班，十五年，擬歷九十月，除正八品。有通事舍人，二十年，議：「從本司選已入流品職官爲之，考滿驗應得資品，陞一等遷用。未入流官人員，擬充侍儀舍人，受中書省劄，一考除從九品。」三十年，議：「於二品、三品官子內選用，不限廕敍，兩考從七品遷敍。」有侍儀舍人，三十年，議：「於四品、五品官子內選用，不限廕敍，一考從九品。」大德三年，議：「有闕，宜令侍儀司於到部正從九品流官內選用，仍受省劄，三十月爲滿，依朝官內陞轉，如不敷，於應得府州儒學教授內選用，歷一考，正九品敍。」有禮直管勾，大德三年，省選合用到部人員，俱從太常寺舉保，非常選除充者，任迴止於本衙門敍用。有郊壇庫藏都監二人，至大三年，議：「受省劄者歷一考之上，受部劄者歷兩考之上，再歷本院屬官一任，擬於從九品內敍。」天曆二年，擬在朝文翰衙門，於國子生員內舉充。

至元九年，部議：「巡檢流外職任，擬三十月爲一考，任迴於從九品遷敍。」二十年，議：「巡檢六十月，陞從九品。」大德七年，議：「各處所委巡檢，自立格月日爲始，已歷兩考之上者，循舊例九十月出職；不及兩考者，須歷一百二十月，方許出職遷轉。」十年，省奏：「奉旨腹裏巡檢，任迴及考者，止於巡檢內注授。所歷未及者，於錢穀官內定奪，通理巡檢月日。各處行省所設巡檢，考滿者，咨省定奪；未及考滿者，行省於錢穀官等職內委用，通理月日，依舊陞轉；不及一考，如係告廕幷提控案牘例應轉充者，於雜職內委用，考滿各理本等月日，依例陞轉。」

腹裏諸路行用鈔庫，至元十九年，部擬：「州縣民官內選充，係八品、九品人員，三十月爲滿，任回驗元資品，減一資歷，通理遷敘。庫使，受都省劄付，任滿從優遷敘。庫副，受本路劄付，二十月爲滿，於本處上戶內公選交替。陝西、四川、西夏中興等路提舉司鈔庫，俱係行省管領，合就令依上選擬庫官，移文都省，給降敕牒劄付。」省議：「除鈔庫使副咨各省選擬外，提領省部選注。」腹裏官員，二十六年，定選充倉庫等官，擬於應得資品上陞一等，通理月日陞轉。江南官員，若曾腹裏歷仕，前資相應依例陞轉。遷去江淮歷仕人員，所歷月日一考之上者，除一考准爲根脚，餘有月日，後任通理；不及考者，添一資。若選充倉庫等官，擬於應得資品上，例陞一等，任回依上於腹裏陞轉。接連官員選充倉庫等官，應本地面從七品者，准算腹裏從七資品。歷過一考者，爲始理算月日，後任通理；一考之上，餘有月日，後任通理；不及考者，添一資陞轉。福建、兩廣官員選充倉庫等官，應得本地面從七品者，准算江南從七資品。歷過一考者，爲始理算月日；一考之上，餘有月日，後任通理；不及考者，添一資陞轉。元係流官，任回，止於流官內任用。雜職者，雜職內遷敘。萬億庫、寶鈔總庫、八作司，以一年滿代，錢物甚多，未易交割。宜以二年爲滿，少者以一年爲滿。上都稅務官，止依上例遷轉。都省所轄去處，二周歲爲滿者：各處都轉運使司官、司屬官、首領官，各處都漕運使司官、首領官，諸路寶鈔都提舉司官，腹裏、江南隨路平準行用庫官，印造寶鈔庫官，鐵冶提舉司官、首領官，採金提舉司官、首領官，銀場提舉司官、首領官，新舊運糧提舉司官、首領官，都提舉萬億庫、八作司、寶鈔總庫首領官。一周歲爲滿者：泉府司所轄富藏庫官，廩給司、四賓庫、薄斂庫官，大都稅課提舉司官、首領官，酒課提舉司官、首領官，提舉太倉官、首領官，提舉醴源倉官、首領官，大都省倉官，河倉官，通州等處倉官、應受省部劄付管錢穀院務雜職等官，大都平準行用庫官，燒鈔四庫官，抄紙坊官，弊源庫官。行省所轄去處，二周歲爲滿者：各處都轉運使司官、司屬官、首領官，各處都漕運使司官、首領官，行諸路寶鈔都提舉司官，腹裏、江南隨路平準行用庫官，甘州、寧夏府等處都轉運使司官，市舶提舉司官、首領官，榷茶提舉司官、首領官。一周歲爲滿者：行泉府司所轄阜通庫官，各處行省收支錢帛諸物庫官。三十年，部議：「凡內外平準行用庫官，提領從七品，大使從八品，副使從九品。若流官內選充者，任迴減一資陞轉。雜職人員，止理本等月日。」元貞二年，部議：「凡倉官有闕，於到選相應職官，幷諸衙門有出身令譯史、通事、知印、宣使、奏差兩考之上人內選用，依驗難易收糧多寡陞等，任回於應去地方遷敍。通州、河西務、李二寺等倉官，於應得資品上陞一等，任滿，交割別無短少，減一資通理。

在都并城外倉分，收糧五萬石之上倉官，於應得資品上陞一等，任滿，交割別無短少，依例遷敍；收糧一萬石之上倉官，止依應得品級除授，任滿，交割別無短少，減一資通理。」大德元年，省擬：「大都萬億四庫、富寧庫、寶鈔總庫、上都萬億庫官，止依合得資品選注，須二周歲滿日，別無短少，擬同隨朝例陞一等。」二年，省議：「上都、應昌倉官，比同萬億庫官例，二周歲爲滿，於應得資品上擬陞一等。」六年，部議：「在都平準行用庫官，擬合與外路一體二周歲爲滿，元係流官內選充者，任回減一資陞轉。萬億四庫知事例陞一等，提控案牘減資遷轉。和林、昔寶赤八剌哈孫、孔古烈倉改立從五品提舉司。提舉一員，從五品，同提舉一員，從六品，副提舉一員，從七品，周歲爲滿，於到選人內選充，應得資品上擬陞二等，任回遷用，所歷月日通理。甘、肅二路，每處設監支納一員，正六品，倉使一員，從六品，倉副一員，正七品，二周歲爲滿，於到選人內銓注，入倉先陞一等，任滿交割，別無短少，又陞一等。受給庫提領，從九品，使、副受省劄，攢典、合干人各設二名。」七年，部擬：「大都路永豐庫提領從七，大使從八，副使從九，於到選相應人內銓注。江西省英德路、河西務兩處，設立平準行用庫，擬合設官員，係從七以下人員，依例銓注。英德路平準行用庫，提領一員，從七，大使一員，從八，副使一員，從九品。河西務行用庫，大使一員，從八品，副使一員，吏部劄。甘肅行省豐備庫，提領一員，從七品，大使一員，正八品，於到選迤西資品人內陞等銓注。大同倉官，擬一周歲交代，永盈倉例陞一等，其餘六倉，任回擬減一資陞轉。」八年，部議：「湖廣行省所轄散府司吏充倉官，依河南行省散府司吏充倉官，比總管府司吏取充者，降等定奪。」至大二年，部呈：「凡平準行用庫設官二員，常平倉設官三員，於流官內銓注，以二年爲滿，依例減資。」四年，部議：「上都兩倉，二周歲爲滿，於應得資品上陞一等，歷過月日，今後比例通理。」皇慶元年，部議：「上都平盈庫，二周歲爲滿，減一資陞轉。」延祐四年，部議：「江浙行省各路見役司吏，已及兩考，選充倉官，五萬石之上，比同考滿出身充典史，一考陞吏目。五萬石之下者，於典史添一考，依例遷敍。湖廣行省倉官，如係路吏及兩考，選充倉官一界，同考滿出身充典史，一考陞吏目，遷敍庫官，周歲准理本等月日，考滿依例陞轉。」

凡稅務官陞轉：至元二十一年，省議：「應敍辦課官分三等。一百錠之上，設提領一員、使一員。五十錠之上，設務使一員。五十錠之下，設都監一員。十錠以下，從各路差人管辦。都監歷三界，陞務使，一周歲爲滿，月日不及者通理。務使歷三界，陞提領。提領歷三界，受省劄錢穀官，再歷三界，始於資品錢穀官并雜職任用。各處就差相副官，增及兩酬者，聽各處官司再差。增及三酬以上及後界又增者，申部定奪。」二十九年，省判所辦諸課增虧分數，陞降人員。增六分陞二等，增三分陞一等。其增不及分數，比全無增者，到選量與從優。虧兌一分，降一等。三十年，省擬：「提領二年爲滿，省部於流官內銓注，一萬錠之上擬從六品，五千錠之上擬正七品，二千錠之上擬從七品，一千錠之上正八品，五百錠之上從八品。大使、副使俱周歲交代，大使從行省吏部於解由合敍相應人內遷調，〔三〕副使從各路於本處係籍近上戶內公選。」至大三年，詔定立辦課例。一百錠之下院務官分爲三等：五十錠之上爲上等，設提領一員，受省劄，大使一員，受部劄；二十錠之上爲中等，設大使、副使各一員；二十錠之下爲下等，設都監、同監各一員，俱受部劄。並以一年爲滿，齊界交代。都監、同監四界陞副使，又四界陞大使，又三界陞提領，又三界入資品錢穀官并雜職內遷用。行省差設人員，各添兩界陞轉，仍自立界以後爲始，理算月日，並於有陞轉出身人員內定奪，不許濫用白身。議得例前部劄，提領於大使內銓注，都監、同監本等擬注，止依歷一十二界。至大三年例後，創入錢穀人員，及正從六品七品取廕子孫，亦依先例陞轉，不須添界外，其餘雜進之人，依今次定例遷用，通歷一十四界，依上例陞轉。

至元九年，部議：「凡總府續置提控案牘，多係入仕年深，似比巡檢例同考滿轉入從九。緣從九係銓注巡檢闕，提領案牘吏員文資出職，難應捕捉，兼從九員多闕少，本等人員不敷銓注。凡陞轉資考，從九三任陞從八，正九兩任陞從八，巡檢提領案牘等考滿轉入從九，從九再歷三考陞從八，通理一百二十月陞。巡檢依已擬，提領案牘權擬六十月正九，再歷兩任，通理一百二十月陞從九，較之陞轉資考，卽比巡檢庶員闕易就。都、吏目，擬吏目一考，轉充都目，一考，轉充提領案牘，考滿依上轉入流品。都、吏目應陞無闕，止注本等職名，驗理陞轉。」二十年，部擬：「提控案牘九十月陞九品。」二十五年，部擬：「各路司吏實歷六十月，吏目兩考陞都目，歷一考陞提控案牘，兩考陞正九。若依路司吏九十月，吏目歷一考與都目，餘皆依上陞轉。」省議：「江南提控案牘，除各路司吏比附腹裏路司吏至元二十五年呈准定例遷除，其餘已行直補，幷自行踏逐歷案牘兩考者，再添資遷除。」三十年，省准：「提控案牘補注巡檢，陞轉資品，不相爭懸，如已歷提控案牘月日者，任回止於提控案牘內遷敍。」三十一年，省議：「都目、巡檢員闕，雖不相就，若不從宜調用，似涉壅滯，下部先儘到選巡檢，餘闕准告銓注，任回各理本等月日。」大德二年，省准：「京城內外省倉典吏，例於大都路州司吏、縣典史內勾補，一周歲轉陞吏目。除行省所轄外，腹裏下州幷雜職等衙門，計設吏目一百餘處，其籍記未注者，以次銓注，俱擬三十月爲滿，任回本等內不次銓注。」三年，部擬：「提控案牘、都吏目有三周歲、二周歲、一周歲爲滿者，俱以三十月爲滿。」八年，省准：「和林兵馬司掌管案牘人等，比依下州，合設吏目一員，於籍記吏目外發補，任回從九品遷用，添一資陞轉。司吏量擬四名，從本司選補通吏業者，六十月，提控案牘內任用。」九年，部呈：「都、吏目已於典史內銓注，宜將籍記案牘驗歷仕，以遠就近，於吏目闕內參注，各理本等月日。」十一年，江浙省臣言：「各路提控案牘改受敕牒，不見通例。」部照：「江北提控案牘，皆自府州司縣轉充路吏，請俸九十月方得吏目，一考陞都目，都目一考，陞提控案牘，兩考正九品，通理二百一十月入流，其行省所委者，九十月與〔從〕九品。〔四〕今議行省委用例革提控案牘，合於散府諸州案牘、都吏目并雜職錢穀官內，行省依例銓注，通理月日陞轉。之後行省所設提控案牘、都吏目，合依江北由司縣府州轉充路吏，通理月日，考滿方許入流。」

凡選取宣使奏差：至元十九年，部擬：「六部奏差額設數目，每一十名內，令各部選取四名，九十月與從九品，餘外合設數目，俱於到部巡檢、提領案牘、都吏目內選取，候考滿日，驗下項資品銓注。」省准：「解由到部，闕會完備人員內選取。應入吏目，選充奏差，三考與從九品。吏目一考應入都目人員，選充奏差，兩考與從九品。都目一考應入提領案牘人員，選充奏差，一考與從九品。巡檢、提領案牘一考，選充奏差，一考與正九品。」二十六年，省准：「上都留守司兼本路都總管府典吏出身，歷九十月，比通政院例，合轉補本司宣使，考滿依例定奪。」二十九年，省議：「行省、行院宣使於正從九品有解由職官內選取，如是不敷，於各道宣慰司一考之上奏差、本衙門三考典吏內選取。〔行臺止於正從九品職官內選取〕，不敷，於各道廉訪司三考奏差內并本衙門三考典吏內選取，〔五〕仍須色目、漢人相參選取。自行踏逐者，亦須相應人員，考滿例降一等，須歷九十月，方許出職。內外諸衙門宣使，以色目、漢人相參，九十月爲滿。自行踏逐者降一等。凡內外諸衙門宣使、通事、知印、奏差，都省宣使有闕，於臺、院等衙門一考之上宣使、并有解由正從八品職官內選補，如係都省直選人員，不拘此例，仍須色目、漢人相參選取。自行踏逐者，考滿例降一等，須歷九十月，方許出職。樞密院宣使，正從九品職官內選取，仍須色目、漢人相參選用。自行踏逐者，亦須相應人員，考滿例降一等，須歷九十月，方許出職。御史臺宣使，正從九品職官內選取。自行踏逐者，考滿例降一等，須歷九十月，方許出職。宣政院宣使，選補同。宣慰司奏差，於本衙門三考典吏內選取。自行踏逐者，考滿降等敍，須色目、漢人參用，歷九十月，方許出職。山東運司奏差，九十月，於近下錢穀官內任用。大都運司，一體定奪。」七年，〔六〕省准：「鞏昌等處便宜都總帥府令史人等，已擬依各道宣慰司令史人等一體出身，自行踏逐者降等敍，有闕於本司三考典吏內選取。」八年，部呈：「各寺監保本處典吏補奏差，若元係請俸典吏、本把人等補充者，考滿同自行踏逐者，降等敍。」九年，擬宣徽院典吏九十月補宣使，并所轄寺監令史。十年，省擬：「中政院宣使於本衙門三考之上典吏及正從九品職官內選用，以色目、漢人相參，自行踏逐者降等。」十一年，省擬：「燕南廉訪司奏差，州吏內選補，考滿於都目內遷用。」延祐三年，省議：「各衙門典吏，須歷九十月，方許轉補奏差。」

凡匠官：至元九年，工部驗各管戶數，二千戶之上至一百戶之上，隨路管匠官品級。省議：「除在都總提舉司去處，依准所擬。東平雜造提舉司幷隨路織染提舉司，二千戶之上，提舉正五品，同提舉從六品，副提舉從七品。一千戶之上，提舉從五品，同提舉正七品，副提舉正八品。五百戶之上至一千戶之下，提舉正六品，同提舉從七品，副提舉從八品。三百戶之上，大使正七品，副使正八品。一百戶之上，大使從七品，副使從八品。一百戶之下，院長一員，同院務，例不入流品，量給食錢。凡一百戶之下管匠官資品，受上司劄付者，依已擬充院長。已受宣牌充局使者，比附一百戶之上局使資品遞降，量作正九資品。」二十二年，凡選取陞轉匠官資格，元定品給員數，〔七〕提舉司二千戶之上者，無之。一千戶之上，提舉從五品，同提舉正七品，副提舉正八品。五百戶之上、一千戶之下，提舉正六品，同提舉從七品，副提舉從八品。使副，三百戶之上，局使正七品，副使正八品。一百戶之上，局使從七品，副使從八品。一百戶之下，院長一員，比同務院，例不入流品。工部議：「三百戶之上局副從八，一百戶之上局副正九，遇有闕，於一百戶之下院長內選充。院長一百二十月陞正九，正九兩考陞從八，從八三考、正八兩考，俱陞從七。如正八有闕，別無資品相應人員，於已授從八匠官內選注，通歷九十月，陞從七。從七三考陞正七，正七兩考陞從六。從六三考、正六兩考，俱陞從五。(爲)〔如〕所轄司屬無從六，〔八〕名闕，如已歷正七兩考，擬陞加從六散官，止於正七匠官內遷轉，九十月陞從五。如正六匠官有闕，於已授從六散官人員內選注，通歷九十月陞從五。從五三考擬陞正五，別無正五匠官，名闕，陞加正五散官，止於從五匠官內遷轉。如歷仕年深，至日斟酌定奪。至元十二年以前受宣敕省劄人員，依管民官例，擬准已受資品。十三年以後受宣敕省劄人員，若有超陞越等者，驗實歷俸月定擬，合得資品上例存一等遷用。管匠官遇有闕員去處，如無資品相應之人，擬於雜職資品相應到選人內銓用。凡中原、江淮匠官，正從五品子從九品匠官內廕敍，六品、七品子於院長內敍用。以匠官無從九，名闕，擬正從五品子應廕者，於正九匠官內銓注，任回，理算從九月日。」二十三年，詔：「管匠官，其造作有好惡虧少，勿令遷轉。」二十四年，部言：「管匠衙門首領官，宜於本衙門內選委知會造作相應人員區用，勿令遷轉，合依舊例，從本部於常選內選差相應人員掌管案牘，任滿交代遷敍。」元貞元年，准湖廣行省所擬：「三千戶之上提舉司從五品，提舉從五品，同提舉正七品，副提舉正八品。二千戶之上提舉司正六品，提舉正六品，同提舉從七品，副提舉從八品。一千戶之上局，局使正七品，副使正八品。〔九〕五百戶之上局，局使從七品，副使正九品。五百戶之下，院長一員。」

凡諸王分地與所受湯沐邑，得自舉其人，以名聞朝廷，而後授其職。至元二年，詔以各投下總管府長官不遷外，其所屬州縣長官，於本投下分到城邑內遷轉。四年，省劄：「應給印官員，若受宣命及諸王令旨、或投下官員批劄、省府樞密院制府左右部劄付者，驗戶給印。」五年，詔：「凡投下官，必須用蒙古人員。」六年，以隨路見任并各投下創差達魯花赤內，多女直、契丹、漢人，除回回、畏吾兒、乃蠻、唐兀同蒙古例許敍用，其餘擬合革罷，曾歷仕者，於管民官內敍用。十九年，詔：「各投下長官，宜依例三年一次遷轉。」省臣奏：「江南諸王分地長官，已令如例遷轉，其間若有兼管軍鎮守爲達魯花赤者，一體代之，似爲不宜。合令於投下長官之上署字，一同莅事。」二十年，議：「諸王各投下千戶，於江南分地已於長官內委用，其州縣長官，亦令如之，似爲相宜。」二十三年，諸王、駙馬并百官保送人員，若曾仕者，驗資歷於州縣內相間用，如無歷仕，從本投下自用。三十年，各投下州縣長官，三年一次給由互相遷轉，如無可遷轉，依例給由申呈省部，仍牒廉訪司體訪。大德元年，諸投下達魯花赤從七以下者，依例顯選。十年，議：「各投下官員，非奉省部明文，毋得擅自離職。」皇慶二年，〔一〇〕詔：「各投下分地城邑長官，其常選所用者，居衆人之上，投下所委者爲添設，其常選內路府州及各縣內減一員。」三年，以中下縣主簿、錄事司錄判掌錢糧捕盜等事，不宜減去，并增置副達魯花赤一員。四年，凡投下郡邑，令自置達魯花赤，其爲副者罷之。各投下有闕用人，自於其投下內選用，不許冒用常選內人。

凡壕寨官：至元十九年，省部擬：「都水監併入本部，其壕寨官比依各部奏差出身。」大德二年，擬考滿除從九品。

凡入粟補官：天曆三年，河南、陝西等處民饑。省臣議：「江南、陝西、河南等處富實之家願納粟補官者，驗糧數等第，從納粟人運至被災處所，隨即出給勘合朱鈔，實授茶鹽流官，咨中省部除授。凡錢穀官隸行省者行省銓注，腹裏省者吏部注擬，考滿依例陞轉。其願折納價鈔者，並以中統鈔爲則。江南三省每石四十兩，陝西省每石八十兩，河南幷腹裏每石六十兩。其實授茶鹽流官，如不願仕而讓封父母者聽。陝西省：一千五百石之上，從七品。一千石之上，正八品。五百石之上，從八品。三百石之上，正九品。二百石之上，從九品。一百石之上，上等錢穀官。八十石之上，中等錢穀官。五十石之上，下等錢穀官。三十石之上，旌表門閭。河南幷腹裏：二千石之上，從七品。一千五百石之上，正八品。一千石之上，從八品。五百石之上，正九品。三百石之上，從九品。二百石之上，上等錢穀官。一百五十石之上，中等錢穀官。一百石之上，下等錢穀官。江南三省：一萬石之上，正七品。五千石之上，從七品。三千石之上，正八品。二千石之上，從八品。一千石之上，正九品。五百石之上，從九品。三百石之上，上等錢穀官。二百五十石之上，中等錢穀官。二百石之上，下等錢穀官。凡先嘗入粟遙授虛名者，今再入粟，則依驗糧數，照依資品，今實授茶鹽流官。陝西省：一千石之上，從七品。六百六十石之上，正八品。三百三十石之上，從八品。二百石之上，正九品。一百三十石之上，從九品。河南并腹裏：一千三百〔三十〕石之上，從七品。〔二〕一千石之上，正八品。六百六十石之上，從八品。三百三十石之上，正九品。二百石之上，從九品。江南三省：六千六百六十石之上，正七品。三千三百三十石之上，從七品。二千石之上，正八品。一千三百三十石之上，從八品。六百六十石之上，正九品。三百三十石之上，從九品。先嘗入粟實授茶鹽流官者，今再入粟，則依驗糧數，加等陞職。陝西省：七百五十石之上，五百石之上，二百五十石之上，一百五十石之上，一百石之上。河南并腹裏：一千石之上，七百五十石之上，五百石之上，二百五十石之上，一百五十石之上。僧道能以自己衣鉢濟饑民者，三百石之上，六字師號，都省出給。二百石之上，四字師號；一百石之上，二字師號；俱禮部出給。四川省所轄地分富實民戶，有能入粟赴江陵者，依河南省入粟補官例行之。其糧合用之時，從長處置。江浙、江西、湖廣三省已糶官糧，見在價鈔於此差人赴河南省別與收貯，合用之時，從長處置。」

凡獲盜賞官：大德五年，詔：「獲強盜五人，與一官。捕盜官及應捕人，本境失盜而獲他境盜者，聽功過相補。獲強盜過五人，捕盜官減一資，至十五人陞一等，應捕人與一官，不在論賞之列。」

凡控鶴傘子：至元二十二年，擬：「控鶴受省劄，保充御前傘子者，除充拱衞（都直）〔直都〕指揮使司鈐轄，〔二〕官進義副尉。」二十八年，控鶴提控受敕進義副尉，管控鶴百戶，及一考，擬元除散官從八，職事正九，於從八內遷注。元貞元年，控鶴提控奉旨充速古兒赤一年，受省劄充御前傘子，歷三百三十二月，詔於從六品內遷用。大德六年，控鶴百戶，部議於巡檢內任用。其離役百戶人等擬從八品，傘子從七品。延祐三年，控鶴百戶歷兩考之上，擬於正九品遷用。

凡玉典赤：至元二十七年，定擬歷三十月至九十月者，並與縣達魯花赤、進義副尉。一百月以上者，官敦武校尉。至大二年，令玉典赤權於州判、縣丞內銓注。三年，令依舊例，九十月除從七下縣達魯花赤，任回添一資。

凡蠻夷官：議：「播州宣撫司保蠻夷軍民副長官，係遠方蠻夷，不拘常調之職，合准所保。其蠻夷地分，雖不拘常調之處，而所保之人，多有泛濫。今後除襲替土官外，急闕久任者，依例以相應人舉用，不許預保，違者罪及所由官司。」

校勘記

〔一〕二十〔一〕年　據元典章卷九定奪軍官品級補。新元史已校。

〔二〕詔軍官有故令其嫡長子　按此下有脱文。道光本補「繼，嫡長子」四字。新元史補「爲之，嫡長子」五字。

〔三〕大使從行省吏部於解由合敍相應人內遷調　按元典章卷九委用商稅務官作「大使從行省吏部於有解由合敍相應人員內依例遷調」。疑此處「解由」上脫「有」字。

〔四〕其行省所委者九十月與〔從〕九品　據元典章卷八提控案牘月日通例補。

〔五〕〔行臺止於正從九品職官內選取〕不敷於各道廉訪司三考奏差內幷本衙門三考典史內選取　據元典章卷十二書吏、宣使奏差補。

〔六〕七年　按此係至元後、延祐前事，中有元貞、大德、至大、皇慶，唯大德有十一年，餘均不滿七年。此處七年後又有八、九、十、十一年。「七年」上當有「大德」二字。

〔七〕元定品給員數　按「品給」不詞。新編作「品級」，疑是。

〔八〕（爲）〔如〕所轄司屬無從六　按元典章卷九工匠官升轉例作「如無從六」，據改。

〔九〕一千戶之上局局使正七品副使正八品　按元典章卷九工匠局官品級千戶之上局副使作「從八」品，疑此處「正」係「從」之誤。

〔一〇〕皇慶二年　按元典章卷九設副達魯花赤繫延祐二年，所載甚詳。此作「皇慶」誤。

〔一一〕河南幷腹裏一千三百〔三十〕石之上從七品　據本書卷九六食貨志補。新編已校。

〔一三〕拱衛(都直)〔直都〕指揮使司　據本書卷七世祖紀至元九年十二月癸丑條、卷七三祭祀志、卷八五百官志改正。

元史卷八十三

志第三十三

選舉三

銓法中

至元四年，詔：「諸官品正從分等，職官用廕，各止一名。諸廕官不以居官、去任、致仕、身故，其承廕之人，年及二十五以上者聽。諸用廕者，以嫡長子。若嫡長子有廢疾，立嫡長子之子孫，曾玄同。如無，立嫡長子同母弟，曾玄同。如無，立繼室所生。如無，立次室所生。如無，立婢子。如絕嗣者，傍廕其親兄弟，各及子孫。如無，傍廕伯叔及其子孫。諸用廕者，孫降子、曾孫降孫、婢生子及傍廕者，皆於合敍品從降一等。諸廕子入品職，循其資考，流轉陞遷。廉愼幹濟者，依格超陞。特恩擢用者，不拘此例。其有不務廉愼，違犯禮法者，依格降罰，重者除名。諸自九品依例遷至正三品，止於本等流轉，二品以上選自特旨。　諸職官廕子之後，若有餘子，不得於諸官府自求職事，諸官府亦不許任用。」　五年，詔：「諸廕官各具父祖歷仕緣由、去任身故歲月幷所受宣敕劄付、彩畫宗支，指實該承廕人姓名年甲，本處官司體勘房親，揭照籍册，別無詐冒，及無廢疾過犯等事，上司審驗相同，保結申覆，令親齎文解赴部。　諸廕敍人員，除蒙古及已當禿魯花人數別行定奪外，三品以下、七品以上、年二十五之上者，當儤使一年，並不支俸。　滿日，三品至五品子孫量材敍用外，六品七品子准上銓注監當差使，已後通驗各界增虧定奪。」　十六年，部擬：「管匠官止於管匠官內遷用。　其身故匠官之子，若依管民官品級承廕，緣匠官至正九品以下，止有院長、同院務，例不入流品，似難一例廕用。　比附承廕例，量擬正從五品子於九品匠官內敍，六品、七品子於院長內敍。　凡儤直曾當怯薛身役，已經歷仕及止有一子，五十以上者，並免。」　二十七年，詔：「凡軍民官陣亡，軍官襲父職，民官陣亡者，其子比父職降二等敍，其孫若弟復降一等。」　大德四年，省議：「諸職官子孫廕敍，正一品子，正五品敍。　從一品子，從五品敍。　正二品子，正六品敍。　從二品子，從六品敍。　正三品子，正七品敍。　從三品子，從七品敍。　正四品子，正八品敍。　從四品子，從八品敍。　正五品子，正九品敍。　從五品子，從九品敍。　正六品子，流官於巡檢內用，雜職於省劄錢穀官內用。　從六品子，近上錢穀官。　正七品子，酌中錢穀官。　從七品子，近下錢穀官。　諸色目人比漢人優一等廕敍，達魯花赤子孫與民官子孫一體廕敍，傍廕照例降敍。」　至大四年，詔：「諸職官子孫承廕，須試一經一史，能通大義者免儤使，不通者發還習學，蒙古、色目願試者聽，仍量進一階。」　延祐六年，部呈：「福建、兩廣、海北、海南、左右兩江、雲南、四川、甘肅等處廕敍之人，如父祖始仕本處，止以本地方敍用。　據腹裏、江南歷仕陞等遷往者，其子孫弟姪承廕，又注遠方，誠可憐憫。今將承廕人等量擬敍用，福建、兩廣、八番官員擬江南廕敍，海北、海南、左右兩江官員擬接連廕敍，雲南官員擬四川廕敍，四川、甘肅官員擬陝西廕敍。」

凡遷調閩廣、川蜀、雲南官員：　每三歲，遣使與行省銓注，而以監察御史往涖之。至元十九年，省議：「江淮州郡遠近險易不同，似難一體，今量分爲三等，若腹裏常調官員遷入兩廣、福建溪洞州郡者，於本等資歷上，例陞二等，其餘州郡，例陞一等。福建、兩廣官員五品以上，照勘員闕，移咨都省銓注，六品以下，就便委用，開具咨省。」　二十年，部擬：「遷敍江淮官員，擬定應得資品，若於接連福建、兩廣溪洞州郡任用，陞一等。　甘肅、中興行省所轄係西夏邊地，除本處籍貫見任官外，腹裏遷去甘肅者，擬陞二等，中興府擬陞一等。」二十一年，詔：「管民官腹裏遷去四川陞一等，接連溪洞陞二等。四川見任官遷往接連溪洞陞一等，若遷去溪洞諸蠻夷，別議定奪。達魯花赤亦就彼處無軍蒙古軍官內選擬，不爲常例。」二十二年，江淮官員遷於龍南、安遠縣地分者，擬陞二等，仍以三十月爲滿陞轉。　二十八年，詔：「腹裏官員遷去雲南近裏城邑，擬陞二等，若極邊重地，更陞一等。行省咨保人員，比依定奪。其蒙古、土人及招附百姓有功之人，不拘此例。」省臣奏准：「福建、兩廣官員多闕，都省差人與彼處行省、行臺官，一同以本土周迴相應人員委用。」部議：「雲南六品以下任滿官員，依御史臺所擬，選資品相應人，擬定名闕，具歷仕脚色，咨省奏准，敕牒到日，許令之任。若有急闕，依上選取，權令之任，歷過月日，依上准理。」二十九年，詔：「福建、兩廣官員歷兩任滿者，遷於接連去處，一任滿日，歷江南一任，許入腹裏通行遷轉，願於兩廣、福建者聽，依例陞等。」至治元年，省臣奏：「江浙、江西、湖廣、四川、雲南五處行省所轄邊遠地分官員，三年一次差人與行省、行臺官一同遷調。」泰定四年，部擬：「諸職官子孫承廕，已有元定廕敍地方通例，別難議擬，如願於廣海廕敍者，聽其所請，依例陞等遷敍。其已咨到都省，應合本省地分廕敍而未受除者，依例咨行省，令差去遷調官就便銓注。廣海闕官，於任滿得代，有由應得路府州縣儒學教授、學正、山長內願充者，借注正九品以下名闕，任迴，止理本等月日。廣海應設巡檢，於本省應得常選上等錢穀官選擬，權設，理本等月日。行省自用并不應之人，不許委用，如受敕巡檢到彼，即聽交代。」

凡遷調循行：各省所轄路府州縣諸司，應合遷調官員，先儘急闕，次及滿任。急闕須憑各官在任解由、依驗月日、應得資品、及解由到行省月日，依次就便遷調。若有急闕，委無相應之人，或員闕不能相就者，於應敍職官內選用，驗(各)〔合〕得資品上，〔一〕雖有超越，不過一等。本管地面，若有遐荒煙瘴險惡重地，除土官外，依例公選銓注，其有超用人員，多者不過二等。軍官、匠官、醫官、站官、各投下人等，例不轉入流品者，雖資品相應，不許銓注。都省已除人員，例應到任，若有違限一年者，聽別行補注。應有合就彼遷敍人員，如在前給由已咨都省聽除，未經遷注照會，不曾咨到本省者，卽聽就便開咨。無解由人員，不許銓注。諸犯贓經斷應敍人員，照例銓注。令譯史、奏差人等，須驗實歷月日已滿，方許銓注。邊遠重難去處，如委不可闕官，從差去官與本省官公同選注能幹人員，開具歷仕元由，幷所注職名，擬咨都省，俟回准明文，方許之任。應遷調官員，三品、四品擬定咨呈，五品以下先行照會之任。

凡文武散官：多采用金制，建官之初，散官例降職事二等。至元二十年，始陞官職對品，九品無散官，謂之平頭敕。蒙古、色目，初授散官或降職事，再授職，雖不降，必俟官資合轉，然後陞職。漢人初授官，不及職，再授則降職授官。惟封贈廕敍官職，各從一高，必歷官至二品，則官必從職，不復用理算法矣。至治初，稍改之，尋復其舊。此外月日不及者，惟歷繁劇得優，獲功賞則優，由內地入邊遠則優，憲臺舉廉能政蹟則優，以選出使絕域則優，然亦各有其格也。

凡保舉職官：大德二年制：「各廉訪司所按治城邑內，有廉愼幹濟者，歲舉二人。」九年，詔：「臺、院、部五品以上官，各舉廉能識治體者三人，行省臺、宣慰司、廉訪司各舉五人。」凡翰林院、國子學官：大德七年議：「文翰師儒難同常調，翰林院宜選通經史、能文辭者，國子學宜選年高德劭、能文辭者，須求資格相應之人，不得預保布衣之士。若果才德素著，必合不次超擢者，別行具聞。」

凡遷官之法：從七以下屬吏部，正七以上屬中書，三品以上非有司所與奪，由中書取進止。自六品至九品爲敕授，則中書牒署之。自一品至五品爲宣授，則以制命之。三品以下用金寶，二品以上用玉寶，有特旨者，則有告詞。其理算論月日，遷轉憑散官，內任以三十月爲滿，外任以三歲爲滿，錢穀典守以二歲爲滿。而理考通以三十月爲則。內任官率一考陞一等，十五月進一階。京官率一考，視外任減一資。外任官或一考進一階，或兩考陞一等，或三考陞二等。四品則內外考通理。此秋毫不可越。然前任少，則後任足之，或前任多，則後任累之。一考者及二十七月，兩考者及五十七月，〔三〕三考者及八十一月以上，遇陞則借陞，而補以後任。此又其權衡也。

凡選用不拘常格：省參議、都司郎中、員外高第者，拜參預政事、六曹尙書、侍郎，及臺幕官、監察御史出爲憲司官。外補官已制授，入朝或用敕除，朝蹟秩視六品，外任或爲長伯。在朝諸院由判官至使，寺監由丞至卿，館閣由屬官至學士，有遞陞之法，用人重於用法如此。又覃官，或准實授，或普減資陞等，或內陞等，或外減資，或外減內不減，斯則恩數之不常有者，惟四品以下者有之。三品則遞進一階，至正議大夫而止。若夫勳臣世胄、侍中貴人，上命超遷，則不可以選格論。亦有傳敕中書，送部覆奏，或致繳奏者，斯則歷代以來封駁之良法也。

凡吏部月選：至元十九年議：「到部解由即行照勘，合得七品者呈省，從七以下本部注擬，其餘流外人員，不拘多寡，並以一月一次銓注。」

凡官吏遷敍：至元十年，議：「舊以三十月遷轉太速，以六十月遷轉太遲。」二十八年，定隨朝以三十月爲滿，在外以三周歲爲滿，錢穀官以得代爲滿，吏員以九十月日出職，職官轉補，與職官同。

凡覃官：至大二年，詔：「內〔外〕官四品以下，普覃散官一等，〔三〕服色、班次、封廕皆憑散官。三品者遞進一階，至正三品上階而止。其應入流品者，有出身吏員譯史等，考滿加散官一等。」三年，蒙古儒學教授，一體普覃。四年，詔在任官員，普覃散官一等。泰定元年，詔：「內外流官已帶覃官，准理實授。所有軍官及其餘未覃人員，四品以下並覃散官一等，三品遞進一階，至三品上階止，〔四〕服色、班次、封廕，悉從一高。其有出身應入流品人等，如在恩例之前入役支俸者，考滿亦依上例覃授。」二年，省議：「應覃人員，依例先理月日，後准實授，其正五品任回已歷一百三十五月者，九十月該陞從四，餘有四十五月，既循行舊例，覃官三品，擬合准理實授，月日未及者，依驗散官，止於四品內遷用，所有月日，任回，四品內通行理算。」

凡減資陞等：大德九年，詔：「外任流官，陞轉甚遲，但歷在外兩任，五品以下並減一資。」部議：「外任五品以下職官，若歷過隨朝及在京倉庫官鹽鐵等職，曾經陞等減資外，以後至大德九年格前，歷及在外兩任或一任、六十月之上者，並與優減，未及者不拘此格。」至治二年，太常禮儀院臣奏：「皇帝親祭太廟，恩澤未加。」詔四品以下諸職官，不分內外，普減一資，有出身應入流品者，考滿任回，依上優減。天曆元年，詔：「以兵興，內外官吏供給繁勞，在京者陞一等，至三品止，在外者減一資。」

凡注官守闕：至元八年議：「已除官員，無問月日遠近，許准守闕外，未奏未注者，許注六月滿闕，六月以上不得預注。」二十二年，詔：「員多闕少，守闕一年，年月滿者照闕注授，餘無闕者令候一年。」大德元年，以員多闕少，宜注二年。

凡注官避籍：至元五年，議：「各路地里闊遠，若更避路，恐員闕有所礙，止宜斟酌避籍銓選。」

凡除官照會：至元十年，議：「受除民官，若有守闕人員，當前官任滿，預期一月檢舉照會。錢穀官候見界官任滿，至日行下合屬照會。」二十四年，議：「受除官員省劄到部照勘，急闕任滿者，比之滿期，預先一月照會。」

凡赴任程限：大德八年，定赴任官在家裝束假限，二千里內三十日，三千里內四十日，遠不過五十日。馬日行七十里，車日行四十里。乘驛者日兩驛，百里以上止一驛。舟行，上水日八十里，下水百二十里。職當急赴者，不拘此例。違限百日外，依例作闕。

凡赴任公參：至元二年，定散府州縣赴任官，去上司百里之內者公參，百里之外者申到任月日，上司官不得非理勾擾，失誤公事。

凡官員給假：中統三年，省議：「職官在任病假及緣親病假滿百日，所在官司勘當申部作闕，仍就任所給據，期年後給由求敍，自願休閒者聽。」至元八年，省准：「在任因病求醫幷告假侍親者，擬自離職住俸日爲始，限一十二月後聽仕。其之任官果因病患事故，不能赴任，自受除日爲始，限一十二月後聽仕。」部擬：「凡外任官日久不行赴任，除行程幷裝束假限外，違者計日斷罪。」二十七年，議：「祖父母、父母喪亡幷遷葬者，許給假限，其限內俸鈔，擬合支給，違例不到，〔五〕停俸定罪。」二十八年，部議：「官吏遠離鄉土，不幸患病，難議截日住俸，果有患病官吏，百日內給俸，百日外停俸作闕。」大德元年，議：「雲南官員，如遇祖父母、父母喪葬，其家在中原者，並聽解任奔赴。」二年，詔：「凡值喪，除蒙古、色目人員各從本俗外，管軍官并朝廷職不可曠者，不拘此例。」五年，樞密院臣議：「軍官宜限以六月，越限日以他人代之，期年後，授以他職。」七年，議：「已除官員，若有病故及因事不能赴任者，卽牒所在官司，否則親鄰主首，呈報上司，別行銓注。」八年，吏部言：「赴任官卽將署事月日飛申，以憑標附，有犯贓事故，並仰申聞。」天曆二年，詔：「官吏丁憂，各依本俗，蒙古、色目倣效漢人者，不用。」部議：「蒙古、色目人願丁父母憂者聽。」

凡官員便養：至大三年，詔：「銓選官員，父母衰老氣力單寒者，得就近遷除，尤爲便益。果有親年七十以上，別無以次侍丁，合從元籍官司保勘明白，斟酌定奪。」

凡遠年求敍：元貞元年，部擬：「自至元二十八年三月爲限，於本處官司明具實跡保勘，申覆上司遷敍。」大德七年，議：「求敍人員，具由陳告，州縣體覆相同，明白定奪，依例敍用。」

銓法下

凡省部令史、譯史、通事等：至元六年，省議：「舊例一百二十月出職，今案牘繁冗，難同舊日，會量作九十月爲滿。其通事、譯史繁劇，合與令史一體。近都省未及兩考省令史譯史授宣，注六品職事，部令史已授省劄，注從七品職事。今擬省令譯史、通事，由六部轉充者，中統四年正月已前，合與直補人員一體，擬九十月考滿，注六品職事，回降正七一任，還入六品。中統四年正月已後，將本司歷過月日，三折二，驗省府月日考滿通理，九十月出職，與正七職事，並免回降。職官充省令譯史，舊例文資右職參注，一考滿，合得從七品，注從六品，未合得從七品，注正七品，如更勒留一考，合同隨朝陞一等。一考滿，未得從七注正七品者，回降從七，還入正七。一考滿，合得從七注從六品，合得正七注六品者，免回降。正從六品人員不合收補省令史、譯史，如有已補人員，合同隨朝一考陞一等注授。中統四年正月已前，收補部令史、譯史、通事，擬九十月爲考滿，照依已除部令史例，注從七品，回降正八一任，還入從七。中統四年正月已後，充部令譯史、通事人員，亦擬九十月爲考滿，依舊例正八品職事，仍免回降。省宣使，舊例無此職名，中統以來，初立中書省，曾受宣命充宣使者，擬出職正七品職，外有非宣授人員，擬九十月爲考滿，與正八品。」至元二十年，吏部言：「准內外諸衙門令譯史、通事、知印、宣使、奏差等，病故作闕，未及九十月，並令貼補，値例革者，比至元九年例定奪。」省准：「宣使、各部令史出職同，三考從七。一考之上，驗月日定奪。一考之下，二十月以上者正九，十五月以上者從九，十五月以下擬充巡檢。臺院、大司農司譯史、令史出身同，三考正七。一考之上，驗月日定奪。一考之下，二十月以上從八，十五月以上正九，十五月以下、十月之上從九，添〔一〕資，〔六〕十月以下巡檢。宣使三考正八品。一考之上，驗月日定奪。一考之下，二十月以上從九，十五月以上巡檢，十五月以下酒稅醋使。部令史、譯史、通事三考從七。一考之上，驗月日定奪。一考之下，二十月以上者正九，十五月以上從九，十五月以下令史提控案牘，通事、譯史巡檢。奏差三考從八品。一考之上，驗月日定奪。一考之下，二十月以上巡檢，十五月之上酒稅醋使，十五月之下酒稅醋都監。」大德四年，中書省准：「吏部擬腹裏、江南都吏目、提控案牘陞轉通例，凡腹裏提控案牘、都吏目：京畿漕運司令史，元擬六十月考滿，今准九十月考滿，都漕運司令史九十月。諸路寶鈔提舉司司吏，元擬六十月考滿，今准九十月考滿。萬億四庫司吏，元擬六十月考滿，今准九十月考滿。大都路令史，元擬六十月考滿，任回減資陞轉，今准六十月考滿，不須減資。大都運司令史，九十月考滿都目。寶鈔總庫司吏，元擬六十月都目，九十月提控案牘，今准九十月都目。富寧庫司吏，元擬六十月提控案牘，今准九十月都目。左右八作司司吏，元擬六十月，今准九十月都目。」又議：「已經改擬出職人員，各路司吏轉充提控案牘、都目，比同陞用，其餘直補人數，並循至元二十一年之例遷用。江南提控案牘、都〔吏〕目：〔七〕至元二十五年呈准，各路司吏六十月吏目，兩考陞都目，一考陞提控案牘，兩考正九。路司吏九十月吏目，一考轉都目，餘皆依上陞轉。江南提控案牘除各路司吏，比腹裏路司吏。至元二十五年呈准例遷除，其餘已行直補，幷自行保舉，自呈准月日立格，實歷案牘兩考者，止依至元二十一年定例，九十月入流。未及兩考者，再添一資遷除。例後違越創補者，雖歷月日不准。」大德十一年，省臣奏：「凡內外諸司令史、譯史、通事、知印、宣使有出身者，一半於職官內選用，依舊一百二十月爲滿，外任減一資。」又議：「選補吏員，除都省自行選用外，各部依元設額數，遇闕職官，與籍記內相參發補，〔八〕合用一半職官，從各部自行選用。通事、知印從長官選用。譯史則從翰林院試發都省書寫典吏考滿人內，挨次上名補用，其有不敷，從翰林發補。奏差亦於職官內選一半，餘於籍記應例人內發補。歲貢人吏，依已擬在役聽候。」省議：「六部令史如正從九品不敷，從八品內亦聽選取。省掾，正從七品得代有解由幷見任未滿、已除未任文資流官內選取，考滿於應得資品上陞一等，除元任地方，雜職不（用）〔預〕。〔九〕院臺令史如元係七品之人，亦在選補之例。譯史、通事選識蒙古、回回文字，通譯語正從七品流官，考滿驗元資陞一等，注元任地方，雜職不預。知印於正從七品流官內選取，考滿並依上例注授，雜職不預。宣使於正從八品流官內選取，仍須色目、漢人相參，歷一考，於應得資品上陞一等，除元任地方，雜職不預。」

凡歲貢吏員：至元十九年，省議：「中書省掾於樞密院、御史臺令史內取，臺、院令史於六部令史內取，六部令史以諸路歲貢人吏補充，內外職官材堪省掾及院、臺、部令史者，亦許擢用。省掾考滿，資品旣高，責任亦重，皆自歲貢中出，若不敎養銓試，必致人材失眞，今擬定例于後：諸州府隸省部者，儒學敎授選本管免差儒戶子弟入學讀書習業，非儒戶而願學者聽。遇按察司、本路總管府歲貢之時，於學生內選行義修明、文學優贍、通經史、達時務者，保申解貢。各路司吏有闕，於所屬衙門人吏內選取。委本路長官參佐，同儒學敎授考試，習行移算術，字畫謹嚴，語言辯利，詩、書、論、孟內通一經者爲中式，然後補充。按察司書吏有闕，府州司吏內勾補，至歲貢時，本州本路以上，再試貢解。諸歲貢吏，當該官司於見役人內公選，以性行純謹、儒吏兼通者爲上，才識明敏、吏事熟閑者次之，月日雖多、才能無取者不許呈貢。」二十二年，省擬：「呈試吏員，先有定立貢法，各道按察司上路總管府凡三年一貢，儒、吏各一人，下路二年貢一人，以次籍記，遇各部令史有闕補用。若隨路司吏及歲貢儒人，先補按察書吏，然後貢之於部，按察書吏依先例選取考試，唯以經史吏業不失章指者爲中選。隨路貢舉元額，自至元二十三年爲始，各道按察司每歲於書吏內，以次貢二名，儒人一名必諳吏事，吏人一名必知經史者，遇各部令史有闕，以次勾補。」元貞元年，詔：「諸路有儒通吏事、吏通經術、性行修謹者，各路薦舉，廉訪司試選。每道歲貢二人，省臺委官立法考試，必中程式，方許錄用。」大德二年，貢部人吏，擬宜慰司、廉訪司每道歲貢二人儒吏兼通者，自大德三年爲始，依例歲貢，應合轉補各部寺監令史，依至元新格發遣，到部之日，公座試驗收補。九年，省判：「凡選府州教授，年四十已下，願試吏員程式，許補各部令史。除南人已試者，別無定奪到部，未試之人，依例考試。」至治二年，省准：「各道廉訪司書吏，先儘儒人，不敷者吏員內充貢，各歷一考，依例試貢。」

凡補用吏員：至元十一年，省議：「有出身人員，遇省掾有闕，擬合於正從七品文資職官幷臺、院、六部令史內，從上名轉補。翰林兩院擬同六部令史，有闕於隨路儒學教授通吏事人內選補。樞密院、御史臺令史、省掾有闕，從上轉補，考滿依例除授，又於正從八品文資官及六部令史內轉補。省斷事官令史與六部令史一體三考出身，於部令史內發補。少府監令史，擬於六部幷諸衙門考滿典吏內補用。」十三年，省議：「行工部令史與六部令史一體，於應補人內挨次塡補。」十四年，詔：「諸站都統領使司令史擬同各部令史，今旣改通政院，與臺院令史一體出身，於各部令史內選補。」十五年，部擬：「翰林兼國史院令史同臺令史一體出身，於各部令史內選取。」二十一年，省議：「江淮、江西、荆湖等處行省令史，擬將至元十九年咨發各省貼補人員先行收補，不許自行踏逐，移咨都省，於六部見役令史內補充。或參用職官，則從行省新除正從八品職官內選取，雜職官不預。」二十二年，宣徽院令史，考滿正七品遷敍，於六部請俸令史內選取。總制院與御史臺同品，令譯史、通事一體如之。　二十四年，省准：「大都留守司兼少府監令史，依宣徽院、大司農司例選。」　二十八年，省議：「陝西行省令史，於各部及考令史幷正從八品流官內選補。」　二十九年，大司農司令史，於各部一考之上令史及正從八品職官內選取。　吏員於樞密院、御史臺令史元係六部令史內發充，歷二十月以上者文資出身人員內選。　省掾有闕，於正七品選，如無，於上名內選。　三十一年，省准：「內史府令史，於各部下名令史內選。」　大德三年，省准：「遼陽省令史宜從本省選正從八品文資職官補用。　復令各部見役令史內，不限歲月，或願充、或籍貫附近、或選到職官，遞旋選解。　國子監令譯史，於籍記寺監令史內發補。　上都留守司令史，於籍記各部令史內，或於正八品職官內選用，考滿從七品遷用。　遇闕如係籍記宣徽院闌遺監令史，准本院依驗元准月日挨補，考滿同，自行踏逐者降等。　止於令史幷常調提控案牘內及本院兩考之上典吏內補充者，考滿依例遷敍，自行選用者，本衙門就給付身，不入常調。」　四年，部擬：「上都留守司令史，仍聽本司於正從八品流官內，或於上都見役寺監令史、河東、山北二道廉訪司上名書吏內，就便選用。　上都兵馬司司吏，發補附近隆興、大同、大寧路司吏相應。」　部擬：「各處行省令史，除雲南、甘肅、征東外，其餘合依至元二十一年定例，於六部見役上名令史、或正從八品流官參補。　不敷，聽於各道宣慰司元係廉訪按察司轉補見役兩考之上令史內選充，以宣慰司役過月日，折半准算，通理一百二十月，方許出職。」大德五年，擬：「檀景等處採金鐵冶都提舉司人吏，於附近州縣司吏內遴選。」六年，省擬：「太醫院令史，於各部令史并相應職官內選取。長信寺令史，於元保內選補，考滿降等敍用，有闕於籍記令史內發補。」七年，擬：「刑部人吏，於籍記令史內公選，不許別行差補，考滿離役，依例選取，餘者依次發補。禮部省判，許於籍記部令史內選取儒吏一名，續准一名，於籍記部令史內從上選補。戶部令史，於籍記部令史內從上以通曉書算、練達錢穀者發遣，從本部試驗收補。」八年，省准：「隨路補用吏員，令各路先以州吏入役月日籍爲一簿。府吏有闕，從上勾補；州吏有闕，則於本州籍記司縣人吏內從上勾補。各道宣慰司令史，遇闕以籍記部令史下名發補，新除正從九品流官內選取。」九年，省准：「都城所係在京五品衙門司吏，歷兩考轉補京畿都漕運兩司令史。遇闕以倉庫攢典歷一考者選充，及兩考則京畿都漕運兩司籍名，遇闕依次收補。上都寺監令史有闕，先儘省部籍記常調人員發補，仍於正從九品流官內、并應得提控案牘內選取。不敷，就取元由路吏考滿陞充都吏目典史准吏目月日及大同、大寧、隆興三路司吏歷兩考之上者參用。」十年，省准：「司縣司吏有闕，於巡尉司吏內依次勾補。巡尉司吏有闕，從本處耆老上戶循衆推舉，仍將祗應月日均以歲爲滿。州吏有闕，縣吏內勾補。路吏有闕，州吏內勾補。若無所轄府州，於附近府州吏內勾補，縣吏發補附近府州司吏。戶、刑、禮部令選令史有闕，於籍記令史上十名內、并職官到選正從九品文資流官內試選。」十一年，省准：「縣吏如歷一考，取充庫子一界，再發縣吏，准理州吏月日，路吏有闕，依次勾補。」至大元年，省准：「典寶監令史，就用前典寶署典書蒙古必闍赤一名，例從翰林院試補，知印、通事各一名，從長官選保。」二年，立資國院二品，及司屬衙門令史二十名，半用職官，從本院選，半於上名部令史內發補。譯史二名，內職官一名，從本院選，外一名翰林院發。通事、知印各一名，從本院長官選。宣使八名，半參用職官，餘許本院自用一名，外三名常選相應人內發。典吏六名，從本院選。所轄庫二處，每處司庫六名，本把四名，於常選人內發。泉貨監六處，各設令史八名，於各路上名司吏內選；譯史一名，從翰林院發；通事二名，從本監長官選；奏差六名，各州司吏內選；典吏二名，本監選。以上考滿，同都漕運司例出身，所轄一十九處，兩提舉司設吏目一人，常選內選，司吏五名，縣司吏內選。三年，省准：「泉貨監令史，於各處行省應得提控案牘人內選，參用正從九品流官。山東、河東二監，從本部於相應人內發補，考滿依例遷用，見役自用之人，考滿降等敍，有闕以相應人補。」四年，省准：「江西等處儒學提舉司司吏，舊從本司公選，後從國子監發補，宜從本司選補。典瑞監首領官、令譯史等，依典寶監例選用，考滿遷敍。」部議：「長信寺通事一名，例從所保。譯史、知印、令史、奏差，從本衙門選一半職官，餘相應人內選，考滿同自用遷敍。典吏二名，就便定奪，其自用者降等敍。」皇慶元年，省准：「羣牧監令譯史、知印、怯里馬赤、奏差人等，據諸色譯史例，從翰林院發補。知印、通事，長官選。令史、奏差、典吏俱有發補定例。其已選人，考滿降等敍，有闕於相應人內選發。大都路令史，歷六十月，依至元二十九年例陞提控案牘，減一資陞轉。有過者，雖貼滿月日，不減資。遇闕於所轄南北兩兵馬司并各州見役上名司吏內勾補，有闕從本路於左右巡院、大興、宛平與其餘縣吏通籍從上挨補，月日雖多，不得無故替罷，違例補用者不准，除已籍記外，有闕依上勾補。覆實司司吏，於諸州見役司吏內選，不敷則以在都倉庫見役上名攢典發充，歷九十月除都目，年四十五之下歷一考之上，亦許轉補京畿都漕運司令史，違例收補，別無定奪。」二年，省准：「中瑞司譯史，從翰林院發，知印長官選保，令史、奏差參取職官一半所選相應，考滿依例遷敍，奉懿旨委用者，考滿本司區用，有闕以相應人補。征東行省令譯史、宣使人等，舊考滿從本省區用，若經省部擬發，相應之人依例遷用，如不應者，雖省發亦從本省區用。」延祐二年，省准：「河間等路都轉運鹽使司所轄場，分二十九處，二處改陞從七〔品〕，〔一〇〕司吏有闕，依各縣人吏，一體於附近各處巡尉捕盜司吏依次以上名勾補，再歷一考，與各場鄰縣吏互相遷調。和林路總管府司吏，以本處兵馬司吏歷一考者轉補，再歷一考，轉稱海宣慰令史，考滿除正八品。補不盡者，六十月受部劄充提控案牘。沙、瓜二州屯儲總管萬戶府邊遠比例，一體出身相應。會福院令譯史、通事、宣使人等，若省部發去者依例遷敍，自用者考滿同二品衙門出身例，降一等添一資陞轉。於常選教授儒人職官并見役各部令史內取補，〔二〕宣使於常〔選〕職官內參補，〔三〕通事、知印從長官選用，仍須參用職官，典吏從本衙門補用。」五年，省准：「詹事院立家令司、府正司，知印、怯里馬赤俱令長官選用。令史六名，內取教授二名，職官二名，廉訪司書吏二名。譯史一名，於蒙古字教授及都省見役蒙古書寫內選補。奏差二名，以相應人補。」

凡宣使、奏差、委差、巡鹽官出身：中書省宣使，至元九年，曾受宣命補充者，九十月考滿正七品。省劄宣使，九十月考滿比依部令史例從七品。其臺院宣使、各部奏差，比例定擬。二十三年，省准：「省部臺院令譯史、通事、宣使、奏差人等，未滿九十月，不許預告遷轉。都省元定六部奏差遷轉格例，應入吏目選充者，三考從八品。應入提控案牘人員選充者，三考從八品，任回減一資陞轉。巡檢提控案牘選充者，一考正九品。」二十四年，省准：「大都留守司兼少府監奏差改充宣使，合於各部奏差內選取，改陞宣使月日爲始，考滿比依宣徽院、大司農司一體出身，自行踏逐者降等遷敍。大司農司所轄各道勸農營田內書吏，於各路司吏內選取，考滿提控案牘內任用。奏差就令本司選委。」二十九年，省准：「各道廉訪司通事、譯史出身，比依書吏一體，考滿正九。奏差考滿，依通事、譯史降二等量擬，於錢穀官幷巡檢內任用。」　三十年，省准：「延慶司奏差，比依家令司奏差一體，考滿正九品，自行踏逐者降一等。」　大德四年，省准：「諸路寶鈔提舉司奏差，改稱委差，九十月爲滿，於酌中錢穀官內任用。」　五年，部議：「山東運司奏差，九十月近下錢穀官內任用。大都運司，一體定奪。」　六年，部擬：「河間運司巡鹽官，依奏差出身，九十月近下錢穀官內任用。」　七年，部擬：「凡奏差自改立廉訪司爲始，九十月歷巡檢三考，轉從九。」　皇慶元年，各道廉訪司奏差出身，於本道所轄上名州司吏內選取，九十月都目內任用。　若有路吏幷典吏內取充者，歷兩考，比依上例，都目內陞轉。

凡庫藏司吏庫子等出身：　至元二十六年，省准：「上都資乘庫庫子、本把，九十月近上錢穀官內任用。　衞尉院利器庫、壽武庫庫子，踏逐者九十月近上錢穀官內任用。」　二十八年，省擬：「泉府司富藏庫本把、庫子，六十月近下錢穀官內任用。　太府監行(由)〔內〕藏庫子，〔三〕三周年爲滿，省劄錢穀官內遷敍。　備用庫提控三十月，庫子、本把三周歲，近上錢穀官內任用。」　三十年，省准：「大都留守司兼少府監器備庫庫子、本把，六十月近下錢穀官內任用。」　三十年，〔四〕省准：「宣徽院生料庫庫子、本把幷太醫院所轄御藥局院本把出身，例六十月，近上錢穀官一體遷敍。」　大德元年，部擬：「中御府奉宸庫庫子，以三周歲爲滿，擬受省劄錢穀官。　本把六十月，近上錢穀官內任用。」　三年，省擬：「萬億四庫、左右八作司、富寧、寶源等庫，〔一五〕各設色目司庫二名，俱於樞密院各衞色目軍內選差，考滿巡檢內任用，自行踏逐者一考並同，循行如此。又漢人司庫，於院務提領、大使、都監內發補，二周歲滿日，減一界陞轉；其色目司庫於到選錢穀官內選發，考滿優減兩界。都提舉萬億庫提控案牘，比常選人員，任迴減一資陞用。司吏三十五人，除色目四人外，漢人有闕，於大都總管府、轉運司、漕運司下名司吏內選取，三十月擬充吏目，四十五月之上、六十月之下都目，六十月以上轉提控案牘。省擬六十月以上、四十五月以下，願充寺監令史者聽。司庫五十人，除色目一十四人另行定奪外，漢人於大都路人戶內選用，二周歲爲滿，院務提領內任用；都監內充司庫，二年爲滿，於受省劄錢穀官內任用；務使充司庫，二年爲滿，於從九品雜職內任用。秤子五人，於大都人戶內選充，二年爲滿，於近下錢穀官內任用。太醫院御藥局本把，六十月近上錢穀官內任用。」四年，受給庫依油磨坊設攢典、庫子，從工部選。會同館收支庫攢典，與長秋庫同。上都廣積、萬盈二倉係正六品，永豐係正七品，比之大都平准庫品級尤高，擬各倉攢典轉寺監本把，幷萬億庫司吏相應。提舉廣惠司庫子，考滿近下錢穀官內任用。侍儀司法物庫所設攢典、庫子，依平准行用庫例補用。五年，大都尚食局本把，擬於錢穀官內遷敍，本院自行踏逐者，就給付身，考滿不入常調。都提舉萬億寶源庫色目司庫，擬於巡檢內任用，添一資陞轉。京畿都漕運司司倉，於到選錢穀官內選發。六年，部呈：「凡路府諸州提控案牘、都吏目等，諸衙門吏員出身，應得案牘、都吏目，如係路府司吏轉充之人，依舊遷除。其由倉庫攢典雜進者，得提控案牘改省劄錢穀官，都目近上錢穀官，吏目改酌中錢穀官。提控案牘，都吏目月日考滿，於流官內遷用。廣勝庫子，合從武備寺給付身，考滿本衙門定奪。大積等倉典吏，與四庫案牘所掌事同，任回減一資陞用。」七年，各路攢典、庫子，部議：「江北及行省所轄路分庫子，依已擬於司縣司吏內差補，周歲發充縣司吏，遇州司吏有闕，挨次勾補。諸倉庫攢典有闕，於各部籍記典吏內發補。左右八作司等五品衙門內司吏有闕，却於各倉庫上名攢典內發補。若萬億庫四品衙門司吏有闕，亦於上項司吏內從上轉補，將役過五品衙門月日，五折四准算，通理九十月考滿，提控案牘內遷用。如轉補不盡，五品衙門司吏考滿，止於都目內任用。油磨坊、抄紙坊攢典有闕，並依上例。回回藥物院本把，六十月酌中錢穀內定奪。」九年，省准：「提舉和林倉、昔寶赤八剌哈孫倉、孔古列倉司吏，六十月酌中錢穀官內委用。資成庫庫子出身，部議比依太府、利用、章佩、中尚等監。武備寺庫有闕，如係本衙門典吏請俸一考轉補者，六十月爲近上錢穀官，其餘補充之人，九十月依上遷用。和林等處宣慰司都元帥府所轄廣濟庫庫子、攢典，自行踏逐者比依三倉例，六十月於近下錢穀官內定奪。」至大二年，省准：「廣禧庫庫子，依奉宸庫例出身，如係本把一考之上轉充者，四十五月受省劄錢穀官，其餘補充之人，六十月依上例遷用。本把元係本衙門請俸一考典吏轉補者，六十月近上錢穀官，其餘補充者，九十月亦依上例遷用。上都東西萬盈、廣積二倉司倉，與倉官一體，二周歲爲滿。」三年，省准：「各路庫子於各處錢穀官內發補，擬不減界，考滿從優定奪。江北庫子，止依舊例。和林設立平准行用庫庫子，宜從本省相應人內量選二名，二周歲爲滿，近下錢穀官內定奪。」皇慶元年，部議：「文成、供須、藏珍三庫本把、庫子，依太府監庫子例，常選內委用，考滿比例遷除，有闕於常調人內發補，自行選用者，考滿從本院定奪，若係常選任用者，考滿依例遷敍。」二年，殊祥院所轄萬聖庫庫子、攢典，依崇祥院諸物庫例出身。部議：「如比上例，三十月轉補五品衙門司吏，再歷三十月，於四品衙門司吏內補用，其庫子合於常調籍記倉庫攢典人內發補，六十月爲滿，於務都監內任用，自行委用者，考滿本衙門定奪。」延祐元年，省議：「腹裏路分司倉庫子，於州縣司吏內勾補，滿日同舊例陞轉。」

凡書寫、銓寫、書吏、典吏轉補：至元二十五年，省准：「通政等二品衙門典吏，九十月補本院宣使。各寺監典吏，比依上例，考滿轉補本衙門奏差。戶部塡寫勘合典吏，與管勘合令史一體，考滿從優定奪。參議府、左右司、客省使令史、書寫，四十五月轉補，如補不盡，於提控案牘內任用，於各部銓寫及典吏內收補。會總房、承發司、照磨所、架閣庫典吏，各部銓寫，六十月轉補，已上，都目內任用。各部典吏幷左右部照磨所、架閣庫典吏，於都省參議府、左右司、客省使令史、書寫內以次轉補，如補不盡，六十月轉補各監令史，已上，吏目內任用。樞密院典吏、銓寫，依御史臺典吏一體，六十月轉部，轉補不盡，六十月已上，於都目內任用。御史臺典吏，遇察院書吏有闕，從上挨次轉補，通理六十月，補各道按察司書吏，部令史有闕，亦行收補。」二十六年，省准：「上都留守司兼本路都總管府典吏，九十月補本司宣使，考滿依例定奪。」二十七年，省准：「漕運使司令史，九十月提控案牘內任用，如年四十五以下，願充寺監令史者聽。省院臺部書寫、銓寫、典吏人等出身，與各道宣慰司、按察司、隨路總管府歲貢吏員一體轉部，書寫人等止令轉寺監等衙門令史。」二十八年，省准：「參議府、左右司、客省使令史，各房書寫有闕，擬於都省典吏內選補，五折四令史、書寫月日，通折四十月轉部。及六部銓寫、典吏一考之上選充，三折二令史、書寫月日，通折四十五月轉補各部令史。如已行選用者，四十五月補寺監令史。參議府、左右司、客省使令史，各房書寫有闕，擬於都省典吏內選補，五折四令史、書寫月日，通折四十五月轉部。如及六部銓寫、典吏一考之上選充，三折二令史、書寫月日，通折四十五月轉補各部令史。如自行選用者，四十五月補寺監令史。」部議：「執總會總房、照磨〔所〕、承發司、架閣庫典吏，〔一六〕一考之上轉補參議府、左右司、客省使令史，補不盡者，四十五月補寺監令史。有闕，於六部銓寫、典吏一考之上選充，三折二省典吏月日，通折六十月轉補各部令史。若轉充參議府、左右司、客省使令史、都省書寫，五折四令史、書寫月日，通折四十五月轉部。如自行選用者，六十月補寺監令史。　六部銓寫、典吏并左右部照磨所、架閣庫典吏，一考之上，遇省書寫、典吏月日補不盡者，六十月轉補寺監令史。」省議：「除見役外，後有闕，擬於都省各房寫發人內公舉發補，除轉充參議府、左右司、客省使令史、都省書寫、典吏者，依前例轉補，不盡者六十月充都目。」　二十九年，部擬：「御史臺典吏三十月，依廉訪司書吏轉補察院，三十月轉部，補不盡者，考滿從八品遷用外，行臺典吏三十月轉補行臺察院書吏，再歷三十月發補各道宣慰司令史。　參議府令史，四十五月轉部令史。　光祿寺典吏，考滿轉補本衙門奏差。」　元貞元年，省准：「省部見役典吏實歷俸月，名排籍記，遇都省書寫、典吏有闕，從上挨次發補。　樞密院銓寫，一考之上補都省書寫，通折月日陞轉外，本院銓寫有闕，補請俸上名典吏。」　大德元年，省准：「兩淮本道書吏，轉補行臺察院書吏、江南宣慰司令史。　雲南、四川、河西三道書吏，在邊遠者三十月爲格，依上遷補。　江浙行省檢校書吏，於行省請俸典吏內選補，以典吏月日五折四，通折書吏六十月轉各道宣慰司。」　四年，省准：「徽政院掌儀、掌膳、掌醫署書吏宜從本院通定名排，若本院典吏有闕，以次轉補。」八年，省議：「院臺以下諸司吏員，俱從吏部發補，據曾經省發并省判籍定典吏、令史，從吏部依次試補，元籍記典吏，見在寫發者，遇各庫攢典試補。省掾每名，設貼書二名，就用已籍記者，呈左右司關吏部籍定，遇部典吏闕收補，歷兩考從上名轉省典吏，除一考外，餘者折省典吏月日，兩考陞補參議府、左右司、客省使令史、書寫、檢校、書吏，通折四十五月。補不盡省典吏，六十月，遇寺監令史、宣慰司令史有闕，依次發補。除宣慰司令史，已有貢部定例，寺監令史歷一考，與籍記部令史通籍發補各部令史。寺監見役人等，雖經准設，未曾補闕，不許轉部，考滿依舊例遷敍，其省部典吏、書寫人等轉入寺監、宣慰司，願守考滿者聽。御史臺令史一名，選貼書二名，依次選試相應充架閣庫子，轉補典吏，三十月發充各道廉訪司書吏，再歷一考，依例歲貢。三品衙門典吏，〔一七〕歷三考陞宣使，補不盡，本衙門於相應闕內委用。部典吏一考之上，轉省典吏，補不盡者，三考補本衙門奏差，兩考之上發寺監宣慰司奏差外，據六部係名貼書合與都省寫發人相參轉補各部典吏，補不盡者，發各庫攢典。都省寫發人有闕，於六部係名貼書內參選，不盡者依舊發各庫攢典。」九年，省准：「獄典歷一考之上，轉各部典吏。翰林國史院書寫考滿，除從七品，有闕從本院於籍記教授試准應補部令史內指名選用。太常寺典吏，歷九十月注吏目。工部符牌局典吏，三十月轉各部典吏。翰林國史院蒙古書寫，四十五月轉補寺監蒙古必闍赤。宣徽院所轄寺監令史有闕，於到部籍記寺監令史與本院考滿典吏挨次發補。」十年，省准：「陝西諸道行御史臺察院書吏，若係腹裏歲貢廉訪司見役書吏選取人數，須歷一考，以上名貢部，下名轉補察院。總管府獄典轉州司吏，府州者補縣吏，須歷一考，方許轉補。江浙行省運司書吏，九十月陞都目，添一資陞轉，如非各路散府上州司吏補充，役過月日，別無定奪。」十一年，省准：「左司言照磨所典吏遇闕，宜於左右部照磨所典吏內從上發補。各路府州獄典遇闕，於廉訪司寫發人及各路通曉刑名貼書內參補。」至大元年，省准：「各部蒙古必闍赤，如係翰林院選發之人，四十五月遇各衙門譯史有闕，依次與職官相參補用，不敷從翰林院發補。」三年，省准：「詹事院蒙古書寫，如係翰林院選發之人，四十五月遇典用等監衙門譯史有闕，依次與職官相參補用，不敷從翰林院選發。和林行省典吏，轉理問所令史，四十五月發補稱海宣慰司令史，轉補不盡典吏，須歷六十月依上發補。中瑞司、掌謁司典書，九十月與寺監令史一體除正八品。行臺察院書吏，俱歷九十月依舊出身敍，任迴添一資陞轉。內臺察院轉部、行臺察院轉江南宣慰司令史，北人貢內臺察院各道廉訪司書吏，先役書吏歷九十月，擬正九品，任迴添一資陞轉。」省議：「廉訪司書吏，上名貢部，下名轉察院，不盡者通九十月，除正九品。察院書吏三十月轉部，不盡者九十月除從八品，非廉訪司取充則四十五月轉部，不盡者考滿除正九品。」二年，〔一八〕議：「廉訪司書吏、貢察院書吏，不盡者九十月除正九品，行臺察院書吏轉補不盡者如之。內臺察院書吏轉部，年高不願轉部者，九十月除從八品。」皇慶元年，部議：「廉訪司職官書吏，合依通例選取，不許遷敍，候書吏考滿，通理敍用。職官先嘗爲廉訪司書吏者，避元役道分，幷其餘相應職官，歷三十月，減一資。又教授、學正、學錄幷府州提控案牘、都吏目內委充職官，各理本等月日，其餘歲貢儒吏，依例選用。又廉訪司奏差、內臺行臺典吏有能者，歷一考之上選充書吏，通儒書者充儒人數，通吏業者充吏員數。參議府、左右司、客省使令史、書寫、檢校書吏，依至元二十八年例，以省典吏選充，五折四令史、書寫、書吏月日，通折五十五月轉部。省典吏係六部銓寫，典吏轉充，三折二省典吏月日，通折六十月轉各部令史。自用之人幷轉補不盡省典吏，考滿發補寺監、各道宣慰司令史。」二年，省准：「河東宣慰司選河東山西道廉訪司書吏充令史，合迴避按治道分選取，其餘亦合一體。」延祐三年，部擬：「行臺察院書吏、各道廉訪司掌書，元係吏員出身者，並依舊例，以九十月爲滿，依漢人吏員降等於散府諸州案牘內選用，任迴依例陞轉。大宗正府蒙古書寫，四十五月依樞密院轉各衛譯史除正八品例，籍定發補諸寺監譯史。察院書吏與宣慰司令史，皆係八品出身轉部者，宜以五折四理算，宣慰司令史出身正八品，察院從八品，其轉補到部者以五折四准算太優，今三折二。其廉訪司徑發貢部及已除者，難議理算。」天曆元年，臺議：「各道書吏，額設一十六人，有闕宜用終場下第舉子四人，教授四人，各路司吏四人，通吏職官四人，委文資正官試驗相應，方許入部。」

凡衞翼吏員陞轉：皇慶元年，樞密院議：「各處都府幷總管高麗、女直、漢軍萬戶府及臨清萬戶府秩三品，本府令史有闕，於一考都目、兩考吏目幷各衞三考典吏內，呈院發補，九十月歷提控案牘一任，於各萬戶府知事內選用。」延祐六年，樞密院議：「各衞翼都目得代兩考者，擬受院劄提控案牘內銓注，三考陞千戶所知事，月日不及者，各衞翼挨次前後得代日期，於都目內貼補。各衞提控案牘，年過五旬已歷四考者，陞千戶所知事。及兩考年四十五以下，發補各衞令史。不及兩考者，止於案牘內銓注，受院劄，通理一百二十月，於千戶所知事內選用。各處蒙古都元帥府額設令史有闕，於本府所轄萬戶府幷奧魯府上名司吏年四十以下者選取，呈院准設，歷一百二十月，再歷提控案牘一任，於萬戶府知事內遷用。」泰定三年，樞密院議：「行省所轄萬戶府司吏有闕，於本翼上千戶所上名司吏內取補，須行省准設，九十月充吏目，一考轉都目，一考除千戶所提領案牘，一考陞萬戶府提控案牘，歷兩考，通歷省除一百五十月，行省照勘相同，咨院於萬戶府知事內區用。」

凡各萬戶府司吏：蒙古都萬戶府司吏有闕，於千戶所司吏內選補，歷一百二十月，陞千戶所提領案牘，一考萬戶府案牘，通理九十月，轉萬戶府知事。漢軍萬戶府幷所轄萬戶府及奧魯府司吏，於千戶所司吏內補用，呈院准設，九十月充吏目，一考都目，一考陞千戶所或都千戶所、奥魯府提控案牘，再歷萬戶府或都府、奥魯府提控案牘兩任，於萬戶府知事內用。　各處都府令史，於一考都目、兩考吏目幷各衞請俸三考典吏內，呈院發補，九十月爲滿，再歷提控案牘一任，於各萬戶府知事內遷用。　各處蒙古軍元帥府令史，大德十年擬於本府所轄萬戶府幷奥魯府上名司吏內，年四十以下者選補，呈院准設，歷一百二十月，再歷提控案牘一任，於萬戶府知事內遷用。　各省鎭撫司令史，於各萬戶府上名六十月司吏內選取，受行省劄，三十月爲滿，再於各萬戶府提控案牘內，歷一百二十月知事內定奪。

各衞翼令史，有出身轉補者，九十月正八，無出身者從八內定奪。

凡提控案牘、都目：至元二十一年三月已後受院劄，九十月爲滿，行省、行院劄一百二十月爲滿，於萬戶府知事內用。　大德四年，案牘年過五旬，已歷四考者，於千戶所知事內定奪外，及兩考四十五以下發補各衞令史，若不及考者，止於案牘內銓注，受院劄，通理一百二十月，於千戶所知事內用。　各衞翼都目，延祐六年，請俸兩考者，院劄提控案牘內銓注，歷三考，陞千戶所知事，月日不及者，各衞翼都目內貼補。　如各衞典吏轉充者，六十月直隸本院萬戶府提控案牘、弩軍屯田千戶所、鎭撫司提控案牘內銓注。　無俸人轉充者，九十月依上陞轉。　鎭撫司、屯田弩軍千戶所都目，依中州例，改設案牘，止請都目俸，三十月爲滿，依例注代。

校勘記

〔一〕驗(各)〔合〕得資品上　據元典章卷八遷調官員改。

〔二〕兩考者及五十七月　清續通考改作「兩考者及五十四月」，並注：「志作五十七月，疑誤。」

〔三〕詔內〔外〕官四品以下普覃散官一等　據本書卷二三武宗紀至大二年正月丙申條、元典章卷八內外四品以下普覃散官一等補。

〔四〕三品遞進一階至三品上階止　按上文有「三品者遞進一階，至正三品上階而止」。元典章卷八內外四品以下普覃散官一等亦與此合。疑「至」下脫「正」字。

〔五〕違例不到　按元典章卷十一奔喪遷葬假限、奔喪違限勒停，「例」皆作「限」，疑此誤。

〔六〕十五月以下十月之上從九添〔一〕資　據本書卷八四選舉志考課補。

〔七〕江南提控案牘都〔吏〕目　據元典章卷九江南提控吏目遷轉、卷十二司吏補。

〔八〕各部依元設額數遇闕職官與籍記內相參發補　按元典章卷十二官職吏員，「各部」、「籍記」下皆有「令史」，疑此脫。

〔九〕雜職不(用)〔預〕　據後文及元典章卷十二官職吏員改。

〔一〇〕從七〔品〕　原空闕，從北監本補。

〔一一〕於常選教授儒人職官幷見役各部令史內取補　本書卷八四選舉志隆禧院取補令史，文字與此處同，「於常選」上有「令史」二字，疑此脫。

〔一二〕宣使於常〔選〕職官內參補　據前後多見之文補。

〔一三〕太府監行〔由〕〔內〕藏庫子　據本書卷十六世祖紀至元二十八年十一月甲辰條、卷九〇百官志改。

〔一四〕三十年　按前文已書「三十年」，此處疑衍或爲「三十一年」之誤。

〔一五〕萬億四庫左右八作司富寧寶源等庫　按寶源庫爲萬億四庫之一，此復書，疑衍誤。

〔一六〕執總會總房照磨〔所〕承發司架閣庫典吏　按照磨所爲官府名，本志屢見，據補。

〔一七〕三品衙門　按元典章卷八省部臺院典吏月日事理作「二品衙門」，疑此處「三」爲「二」之誤。

〔一八〕二年　按前文已書「三年」，此倒書「二年」，有誤。

元史卷八十四

志第三十四

選舉四

考課

凡隨朝職官：至元六年格，一考陞一等，兩考通陞二等止。六部侍郎正四品，依舊例通理八十月，陞〔正〕三品。〔一〕左右司郎中、員外郎、都事，考滿陞二等。六部郎中、員外郎、主事，三十月考滿陞一等，兩考通陞二等。

凡官員考數：省部定擬：從九品擬歷三任，陞從八。正九品歷兩任，陞從八。〔二〕正八品歷三任，陞從七。〔三〕從七歷三任，〔四〕呈省。正七歷兩任，陞從六。從六品通歷三任，陞從五。正六歷兩任，陞從五。從五轉至正五，緣四品闕少，通歷兩任，須歷上州尹一任，方入四品。內外正從四品，通理八十月，陞三品。

凡取會行止：中統三年，詔置簿立式，取會各官姓名、籍貫、年甲、入仕次第。至元十九年，諸職官解由到省部，考其功過，以憑黜陟。大德元年，外任官解由到吏部，止於刑部照過，將各人所歷，立行止簿，就檢照定擬。

凡職官迴降：至元十九年，定江淮官已受宣敕，資品相應，例陞二等遷去。江淮官員依舊於江淮任用。其已考滿者，並免回降。〔五〕不及考者，例存一等。有出身未合入流品受宣者，任迴，三品擬同六品，四品擬同七品，正從五品同正八品；受敕者，正從六品同從八品，七品、八品同正從九品，正從九品同提領案牘、巡檢。無出身及白身人受宣者，三品同七品，四品同八品，正從五品同正九品；受敕者，正從六品同從九品，七品、八品同提領案牘、巡檢，正從九品擬院務監當官。其上項有資品人員，再於接連福建、兩廣溪洞州郡任用，擬陞一等。兩廣、福建，別議陞轉。至元十四年，都省未注江淮官已前，創立官府，招撫百姓，實有勞績者，其見受職名，若應受宣者，三品同七品，四品、五品擬同八品；若應受敕者，正從六品同正從九品，其七品、八品擬同提控案牘、巡檢，正從九品擬同院務監當官。無出身不應敍白身人，其見受職名，應受宣者，三品同八品，四品、五品同九品；應受敕者，正從六品同提控案牘、巡檢，七品以下擬院務監當官。其上項人員，若再於接連福建、兩廣溪洞州郡任用，擬陞一等。兩廣、福建，別議陞轉。至元十四年已後，新收撫州郡，准上例定奪。

前資不應又陞二等遷去江淮官員，任迴，擬定前資合得品級，於上例陞二等，止於江淮遷轉，若於腹裏任用，並依上例。七品以下，已歷三品、四品者，比附上項有出身未入流品人員例，從一高。前三件於見擬資品上增一等銓注。二十一年，詔：「軍官轉入民職，已受宣敕不曾之任者，擬自准定資品換授，從禮任月日爲始，理算資考陞轉。若先受宣敕已經禮任，資品相應者，通理月日陞轉外，據驟陞人員前任所歷月日除一考外，餘月日與後任月日依准定資品通理陞轉，不及考者，擬自准定資品換授，從禮任月日爲始，理算資考陞轉。腹裏常調官，除資品相應者依例陞轉外，有前資未應入流品受宣敕者，六品以下人員，照勘有無出身，依驗職事品秩，自受敕以後歷一考者，同江淮例定擬，不及考者，更陞一等。五品以上人員，斟酌比附議擬，呈省據在前已經除授者，任迴通理定奪。」

凡吏屬年勞差等：至元六年，吏部呈：「省部譯史、通事，舊以一百二十月出職，今案牘繁冗，合以九十月爲滿。」十九年，部擬：「行省通事、譯史、令史、宣使或經例革替罷，所歷月日不等，如元經省掾發去，不及一考者，擬令貼補；及一考之上者，比臺院令史出身例定奪。自行踏逐者，降一等敍，不及一考者，發還本省區用。宣慰司人吏，經省院發，不及一考者，擬貼補；及一考之上者，比部令史出身降一等定奪。自行踏逐者，又降一等；不及一考者，別無定奪。」二十年，省擬：「雲南行省極邊重地令譯史人等，六十月考滿。甘肅行省令譯史人等，六十五月考滿，本土人員，依舊例用。」二十五年，省准：「緬中行省令史，依雲南行省一體出身。」大德元年，省臣奏：「以省、臺、院諸衙門令譯史、通事、知印、宣使等，舊以九十月爲滿，陞遷太驟，今以一百二十月爲滿，於應得職事內陞用。又寫聖旨、掌奏事選法、應辦刑名文字必闍赤等，以八月折十月，今後毋令折算。」四年，制以諸衙門令譯史、宣使人等一百二十月爲滿。部議：「遠方令譯史人等，甘肅、福建、四川於此發去，九十月爲滿。兩廣、海北海南道於此發去，八十月滿。雲南省八十月滿。土人一百二十月滿。」都省議：「俱以九十月爲考滿，土人依例一百二十月爲滿。」至大元年，部議：「和林行省卽係遠方，其人吏比四川、甘肅行省九十月出職。」二年，詔：「中外吏員人等，依世祖定制，以九十月滿，參詳，歷一百二十月已受除者，依大德十一年內制，外任減一資。所有詔書已後在選未曾除受，幷見告滿之人，歷一百二十月者，合同四考理算，外任一資不須再減。」省擬：「以九十月爲滿，餘有月日，後任理算。應滿而不離役者，雖有役過月日，不准。」三年，省准：「河西廉訪司書吏人等月日。」部議：「合准舊例，雲南六十月，河西、四川六十五月，土人九十月爲滿。」皇慶二年，部議：「凡內外諸司吏員，舊以九十月爲滿，大德元年改一百二十月爲滿，至大二年復舊制。一紀之間，受除者衆。其元除有以三十月爲一考者，亦有四十月爲一考者，以所除不等，往往援例陳訴，有礙選法。擬合依已降詔條爲格，係大德元年三月七日以後入役，至未復舊制之前，已除未除俱以四十月爲一考，通理一百二十月爲滿，減資陞轉。其未滿受除者，一體理考定擬，餘二十六月已上，准陞一等，十五月之上，減外任一資，十五月之下，後任理算。改格之後應滿而不離役者，役過月日，別無定奪。」

凡吏員考滿授從六品：至元九年，省准：「省令史出身，中統四年已前，六品陞遷，已後七品除授，至元之後，事繁責重，宜依准中統四年已前考滿一體注授。」三十一年，省議：「三師僚屬，蒙古必闍赤、掾史、宣使等，依都省設置，若不由臺院轉補者，降等敍。」元貞元年，省議：「監修國史僚屬，依三師所設，非臺院轉補者，降等敍。」大德五年，部呈考滿省掾各各資品。省議：「今後院臺幷行省令史選充省掾者，雖理考滿，須歷三十月方許出職，仍分省發、自行踏逐者，各部令史毋得直理省掾月日。」

凡吏員考滿授正七品：至元九年，部擬：「院、臺、大司農司令史出身，三考正七品。一考之上，驗月日定奪。一考之下，二十月以上爲從八品；十五月以上正九品；十五月以下，十月之上爲從九品，添一資，歷十月以下爲巡檢。」十一年，部議：「扎魯火赤令史、譯史考滿，合依樞密院、御史臺令史、譯史出身，三考出爲正七品，自用者降一等，有闕於部令史內選取。」十四年，部擬：「前諸站統領使司令史，同部令史出身，今旣改通政院從二品，通本院令史係省准人員，其出身與御史臺一體，遇闕省掾時，亦合勾補。」十五年，翰林國史院言：「本院令史以九十月考滿，同部令史出身，本院與御史臺皆隨朝二品，令史亦合與臺令史一體出身，有闕於部令史內選用。」十九年，部擬：「泉府司隨朝從二品，令史、譯史人等，由省部發者，考滿依通政院例定奪，自行用者降一等。」二十年，定擬安西王王相府首領官令史，與臺、院吏屬一體遷轉。二十二年，部擬：「宣徽院陞爲二品，與臺、院品秩相同，令史出身合依正七品遷除貢補，省、院有闕，於部令史內選取。」總制院與御史臺俱爲正二品，部擬：「令譯史考滿，亦合一體出身。」二十三年，省准：「詹事院掾史，若六部選充者，考滿出爲正七品，自用者降等。」二十四年，集賢院言：「本院與翰林國史院品級相同。」省議：「令史考滿，一體定奪。」二十五年，省議：「上都留守司兼本路總管府令史出身，三考正八品，其自部令史內選取者，同宣徽院、太醫院令史一體出身。上都留守司陞爲正二品，見設令史，自行踏逐者，考滿不爲例，從七品內選用；部令史內選取，考滿宣徽院、大司農司令史一體出身。」部議：「都護府人吏依通政院令譯史人等出身，由省部發者，考滿出爲正七品，自用者降一等。」二十六年，省准：「都功德使司隨朝二品，令譯史人等，比臺、院人吏一體陞轉。」二十九年，部呈：「大司徒令史，若各部選發者，三考出爲正(九)〔七〕，〔六〕自用者降等。崇福司與都護府、泉府司品秩相同，所設人吏，由省部發者，考滿出爲正七品，自用者降一等。福建省征爪哇所設人吏，出征迴還，俱同考滿。」三十年，省准：「將作院令史，依通政院等衙門令史，考滿除正七品。」部議：「如係六部選發，考滿除正七品，自用者本衙門敍。」大德元貞元年，內史府秩正二品，令史亦於部令史內收補，考滿除正七品，自用者降等。大德九年，部擬：「闊闊出大司徒令史，若各部選發，考滿正七，自用者降等。」至大四年，省准：「會福院令史、知印、通事、譯史、宣使、典吏俱自用，前擬不拘常調，考滿本衙門區用。隆禧院令史人等，如常選者，考滿依例遷敍，自用者不入常調，於本衙門區用。」皇慶二年，部議：「崇祥院人吏，係部令史發補者，依例遷用，不應者降等敍。」延祐四年，部議：「隆禧院令史、譯史、通事、知印、典吏同五臺殊祥院人吏一體，常選內委付。其出身若有曾歷寺監弁籍記各部令史人等，考滿同二品衙門出身，降等敍，白身者降等，添一資陞轉；省部發去者，依例遷敍。後有闕，令史須於常選教授儒人職官弁部令史見役上名內取補；宣使於職官弁相應內參補；通事、知印從長官保選，仍參用職官，違例補充，別無定奪。殊祥院人吏，先未定擬，亦合一體。」

凡吏員考滿授從七品：至元六年，省擬：「部令史、譯史、通事人等，中統四年正月以前收補者，擬九十月爲滿，注從七品，回降正八一任，還入從七。以後充者，亦擬九十月爲滿，正八品，仍免回降。」九年，吏、禮部擬：「凡部令史（二）〔三〕考，注從七品。〔七〕一考之上，驗月日定奪。一考之下，二十月以上者正九品。十五月以上從九品，十五月以下，令史〔充〕提控案牘，通事、譯史〔充〕巡檢。〔八〕太府監改擬正三品，與六部同，人吏自行踏逐，將已歷月日准爲資考，似爲不倫，擬自改陞月日爲始，九十月爲滿，同部令史出職，有闕於籍記部令史內挨次收補。」十一年，省議：「省斷事官令史，與六部令史一體出身，若是實歷俸月九十月，考滿遷除，有闕於應補部令史人內挨次補用。」省議：「中御府正三品，擬同太府監令史出身，九十月於從七品內除授，自行踏逐者降一等，歇下名闕，於應補部令史人內補塡。」十三年，省議：「行工部令史，與六部令史一體出身。四怯薛令史，九十月同部令史出身，有闕以籍記部令史內補塡。」（三）〔二〕十年，〔九〕部呈：「行省令、譯史人等，比臺、院一體出身。行臺、行院令譯史、通事人等，九十月考滿，元係都省臺院發去及應補之人，合降臺院一等。」二十三年，省判：「大都留守司兼少府監令史，如係省部發去相應人員，同部令史出身，九十月考滿，從七品，自行踏逐者降等。」二十四年，省判：「中尙監令史人等，若係省部發去人員，同太府監令譯史等出身，自行踏逐者降等。」太史院令史、部議：「如省部發去人員，從七品內遷除，自行踏逐者，降等敍用。」部擬：「行省臺院令史，九十月考滿，若係都省臺院發去腹裏請俸人員，行省令史同臺院令史出身，行臺、行院降一等，俱於腹裏遷用，自行踏逐遞降一等，於江南任用。」二十九年，省判：「鞏昌等處便宜都總帥府令史人等出身，擬與各道宣慰司一體，自行踏逐者降等敍用。」大德三年，省准：「上都留守司令史，舊以見役部令史發補，以籍居懸遠，擬於籍記部令史內選發，與六部見役令史一體轉陞二品衙門令史，轉補不盡者，考滿從七品敍用。」八年，部擬：「利用監自大德三年八月已前入役者，若充各衙門有俸令史，及本監奏差、典吏轉補，則於應得資品內遷用；由庫子、本把就陞，幷白身人，於雜職內通理定奪；自用之人，本監委用。」皇慶元年，制：「典瑞監人吏俱與七品出身。」部議：「太府、利用等四監同。省發者考滿與六部一體敍，其餘寺監令譯史正八品，奏差正九品。令典瑞監、前典寶監人吏出身同太府等監，係奉旨事理。」省議：「已除者，依舊例定奪。」三年，省准：「章慶使司秩正二品，見役人吏，若同隨朝二品衙門，考滿除正七品，緣係徽政院所轄司屬，量擬考滿除從七品，自用者降等，如係及考部令史轉充，考滿正七品，未及考者止除從七品。有闕須依例補，不許自用。」

凡吏員考滿授正八品：至元十一年，省議：「祕書監從三品，令史擬九十月出爲正八品，自用者降一等，有闕諸衙門考滿典吏內補塡。」省議：「太常寺正三品，令史以九十月出爲從八品，有闕於應補監令史內取用。」省議：「少府監正四品，准軍器監令史出身，是省部發去者，三考於正八品任用，自行踏逐人員，考滿降一等。」省議：「尙牧監正四品，省部發去令史，擬九十月出爲正八品，自用者降一等，有闕於諸衙門典吏內選補。」部擬：「河南等路宣慰司係外任從二品，與隨朝各部正三品衙門相同，准令史以九十月同部令史遷轉。開元等路宣撫司外任正三品，令譯史比前例降一等，九十月於正八品內遷轉。」十四年，部擬：「樞密院斷事官令史，擬以九十月出爲從八品，有闕於諸衙門考滿典吏內補用。」十六年，部擬：「樞密院斷事官令改從三品，所設人吏，若係上司發去人員，歷九十月，比省斷事官令史降等於正八品內遷除，自用者降一等，遇闕於相應人內發遣。」二十一年，部擬：「廣西、海北海南道宣慰司令史、譯史、奏差人等，與嶺南廣西道等處按察司書吏人等一體，二十月理算一考，擬六十月同考滿。」省准：「廣東宣慰司其地倚山瀕海，極邊煙瘴，令史議合優陞，依泉州行省令譯史等，以二十月理算一考。」二十二年，省准：「詹事院府正、家令二司，給侍宮闈，正班三品，令史卽非各司自用人員，俸秩與六部同，若遇院掾史有闕，於兩司令史內選補，擬定資品出身，依樞密院所轄各衞令史出身，考滿出爲正八品。尙醞監令史，與六部令史同議，諸監令史考滿，正八品內遷用，及非省部發去者例降一等，尙醞監令史亦合一體。」二十三年，省准：「太常寺令史，歷九十月，正八品內任用，有闕於呈准籍記人內選取。雲南省羅羅斯宣慰司兼管軍萬戶府首領官、令史人等，依雲南行省令史例，六十月考滿，首領官受敕，例以三十月爲一考。武備寺正三品，令譯史等出身，擬先司農寺令譯史人等，依各監例，考滿出爲正八品，武備寺令史亦合依例遷敍。尙舍監令史，擬同諸寺監令史，考滿授正八品，自行用者降一等，尙舍監亦如之。

陝西四川行省順元等路軍民宣慰司，依雲南令譯史人等，六十月爲滿遷轉。」二十四年，部擬：「太史院、武備寺、光祿寺等令史，九十月正八品內遷用，自用者降一等。太醫院係宣徽院所轄，令史人等，若係省部發去，考滿同諸監令史，擬正八品，自用者降等任用。」二十六年，省准：「給事中兼修起居注人吏，依諸寺監令史出身例，考滿一體定奪。侍儀司令史，依給事中兼起居注人吏遷轉。」二十七年，省准：「延慶司令史，九十月，依已准家令、府正兩司例，由省部發者出爲正八品，自用者降等敍。」二十八年，省准：「太僕寺擬比尙乘等寺令史，以九十月出爲正八品，自用者降一等。拱衞直都指揮使司與武備寺同品，令史考滿，出爲從八品，自用者降一等遷用。蒙古等衞令史，卽係在先考滿令史，合於正八品內遷敍，各衞令史有闕，由省部籍記選發者，考滿出爲正八品。樞密院所轄都元帥府、萬戶府各衞并屯田等司官吏，俱從本院定奪、遷調，見役令史，自用者考滿，合從本院定奪。宣政院斷事官令史，與樞密院及蒙古必闍赤，由翰林院發者，以九十月爲從七品，通事、令史以九十月爲正八品，奏差以九十月爲正九品，典吏九十月轉本府奏差，自用者降等。」二十九年，部擬：「左右兩江宣慰司都元帥府令譯史人等，依雲南、兩廣、福建人吏，六十月爲滿。兩廣敍用譯史，除從七品，非翰林院選發，別無定奪。令史省發，考滿正八品，奏差省發，考滿正九品，自用者降等敍。儀鳳司令史，比同侍儀司令史，考滿爲正八品，自用者降一等。哈迷爲頭只哈赤八剌哈孫達魯花赤令史，吏部議，與阿速拔都兒達魯花赤必闍赤考滿正八品任用，雖必闍赤、令史月俸不同，各官隨朝近侍一體，比依例出身相應。」三十年，省准：「孛可孫係正三品，令譯史人等，比依各寺監令譯史出身相應。都水監從三品，令譯史等寺監令史一體出身，考滿正八品敍，自用者降等。只兒哈忽昔寶赤八剌哈孫達魯花赤本處隨朝正三品，與只哈赤八剌哈孫達魯花赤令史等卽係一體，擬合依例，考滿出爲正八品。」元貞元年，省准：「闌遺監令譯史人等，省部發去者，考滿正八品內任用，自行踏逐者降等。家令司、府正司改內宰、宮正，其人吏依元定爲當。拱衞直都指揮使司陞爲正三品，其令譯史等俸，俱與光祿寺相同，擬係相應人內發補者考滿與正八品，奏差正九，自用者降等敍。」大德三年，部擬：「鷹坊總管府人吏，依隨朝三品，考滿正八品內遷用。」五年，部擬：「和林宣慰司都元帥府人吏，合與隨朝二品衙門一體，及量減月日。」部議：「各道宣慰司令史，一百二十月正八品敍，自用者降等遷用。其和林宣慰司無應取司屬，又係酷寒之地，人吏已蒙都省從優以九十月爲滿，今擬考滿，不分自用，俱於正八品內遷用。」八年，部言：「行都水監准設人吏，令史八人，奏差六人，壕寨一十人，通事、知印各一人，譯史一人，公使人二十人。都水監令譯史、通事、知印考滿，俱於正八品遷用，奏差考滿，正九品，自用者降等，壕寨出身幷俸給同奏差。行都水監係江南創立衙門，令史比例，合於行省所轄常調提控案牘內選取，奏差、壕寨人等亦須選相應人，考滿比都水監人吏降等江南遷用，典吏公使人，從本監自用。」九年，部言：「尚乘寺撥武備寺、太府、章佩等監例，求陞加其人吏出身俸給。議得，各監人吏皆係奉旨陞加，尚乘寺人吏合依已擬。」至大三年，部言：「和林係邊遠酷寒之地，兵馬司司吏歷一考餘，轉本路總管府司吏。補不盡者，六十月陞都目。總管府司吏，再歷一考，轉稱海宣慰司令史，考滿除正八品，不係本路司吏轉補者，降等敍，補不盡者，六十月，部劄提控案牘內任用，蒙古必闍赤比上例定奪。」部議：「晉王位下斷事官正三品，除怯里馬赤、知印例從長官所保，蒙古必闍赤翰林院發，令史以內史府考滿典吏幷籍記寺監令史發補，九十月除正八品，與職官相參用。奏差亦須選相應人，九十月依例遷用，自用者，考滿本衙門定奪。」皇慶元年，部言：「衞率府勾當人員，令都省與常選出身。議得，令史係軍司勾當之人，未有轉受民職定奪，合自奏准日爲格，係皇慶元年二月九日以前者，同典牧監一體遷敍，以後者若係籍記寺監令史，常選提控案牘補充，依上銓除，自用者不入常調。」部議：「徽政院繕珍司見役令史，若係籍記寺監令史、常調提控案牘、院兩考之上典吏補充，內宰司令史例，考滿除正八，通事、譯史、知印亦依上遷敍，自用者降等。後有闕，須依例發補，違例補充，別無定奪。」二年，部議：「徽政院延福司見役令史，若係籍記寺監令史、常調提控案牘、本院兩考之上典吏補充者，依內宰司令史例，考滿除正八品，通事、譯史、知印依上遷敍，自用者降等。後有闕，須依例發補，不許自用。」延祐三年，省准：「徽政院所轄衞候司，奉旨陞正三品，與拱衞直都指揮使司同品，合設令譯史，考滿除正八，自用者降等。衞候司就用前衞候司人吏，擬自呈准月日理算，考滿同自用遷敍，後有闕，以相應人補，考滿依例敍。徽政院掌飲司人吏，部議常選發補令譯史，考滿從八，奏差從九，自用者降等，後有闕須以相應人補，違例補充，考滿本衙門用。」四年，省准：「屯儲總管萬戶府司吏譯史出身，至大三年尚書省劄，和林路司吏未定出身，和林係邊遠酷寒去處，兵馬司司吏如歷一考之上，轉補本路司吏幷總管府司吏，再歷一考之上，轉補稱海宣慰司令史，考滿正八品遷除，補不盡人數，從優，擬六十月於部劄提控案牘內任用，蒙古必闍赤比依上例定奪。其沙州、瓜州立屯儲總管萬戶府衙門，卽係邊遠酷寒地面，依和林路總管府司吏人員一體出身。」

凡吏員考滿授正九品：至元二十年，省准：「宮籍監係隨朝從五品，令史擬九十月正九品，例革人員，驗月日定奪，自行踏逐，降一等。」二十八年，省擬：「廉訪司所設人吏，擬選取書吏，止依按察司舊例，上名者依例貢部，下名轉補察院，貢補不盡人數，廉訪司月日爲始理算，考滿者正九品敍，須令迴避本司分治及元籍路分。」 部議：「察院書吏出身，除見役人三十月，轉補不盡者，九十月出爲從八品。 察院書吏有闕，止於各道廉訪司書吏內選取，依上三十月轉部，九十月從八品。 如非廉訪司書吏取充者，四十五月轉部，補不盡者，九十月考滿，降一等，出爲正九品。」 三十年，省准：「行臺察院書吏歷一考之上者，轉江南宣慰司令史、幷內臺察院書吏，於見役人內用之。 若有用不盡人數，以九十月出爲正九品。 江南有闕，依內臺察院書吏，於各道廉訪司書吏內選取，依例轉補。」 大德四年，省擬：「各道廉訪司書吏，至元二十八年七月元定出身，上名貢部，下名轉補察院書吏。 貢補不盡者，廉訪司爲始理算月日，考滿正九品用。 今議廉訪司先役書吏，歷九十月依已定出身，正九品注，任迴，添一資陞轉。 大德元年三月七日已後充廉訪司人吏，九十月考滿，須歷提控案牘一任，於從九品內用。 通事、譯史，比依上例。 察院書吏，至元二十八年十二月元定出身，於各道廉訪司書吏內選取，三十月轉部，九十月從八品內用。 如非廉訪司書吏取充者，四十五月轉部。 補用不盡者，九十月考滿，降一等，正九品用。 今議先役書吏，九十月依已定出身遷用，任迴，添一資陞轉。 大德元年三月七日爲始創入役者，止依舊例轉部。 行臺察院書吏，至元三十年正月元定出身，於廉訪司書吏內選取，歷一考之上，轉補江南宣慰司令史、幷內臺察院書吏，用不盡者，九十月正九品，江南用。 省議先役書吏，歷俸九十月，依已定出身，任迴，添一資陞轉。大德元年三月七日爲始創入者，止依舊例，轉補江南宣慰司令史，北人貢內臺察院。」

凡吏員考滿除錢穀官、案牘、都吏目：至元十三年，吏、禮部言：「各路司吏四十五以下，以次轉補按察司書吏。補不盡者，歷九十月，於都目內任用；六十月以上，於吏目內任用。」省議：「上都、大都路司吏，難同其餘路分出身，依按察司書吏遷用。」十四年，省准：「覆實司司吏，俱授吏部劄付，如歷九十月，擬於中州都目內遷，若不滿考及六十月，於下州吏目內任用，有闕以相應人發充。」二十一年，省准：「諸色人匠總管府與少府監不同，又其餘相體管匠衙門人吏，俱未定擬出身，量擬比外路總管府司吏，考滿於都目內任用。」二十二年，省准：「大都等路都轉運使司令史，與河間等路都轉運鹽使司書吏出身同。外路總管府司吏三名，貢舉儒吏二名，貢不盡，年四十五之上，考滿都目內任用。」二十三年，省准：「各路司吏、轉運司書吏，年四十五以上，歷俸六十月充吏目，九十月充都目，餘有役過月日不用。奏差宜從行省斟酌月日，量於錢穀官內就便銓用。」省准：「覆實司係正五品，令史出身比交鈔提舉司司吏出身，九十月務使，六十月都監，六十月之下、四十五月之上都監添一界遷用，四十五月之下轉補運司令史。」部擬：「京畿漕運司司吏轉補察院書吏，不盡，四十五以上，九十月依例於都目內任用。」二十四年，部議：「各道巡行勸農官書吏，於各路總管府上名司吏内選取，考滿於提控案牘内任用，奏差從大司農司選委。」省准：「諸司局人匠總管府令史，於都目内任用。」二十五年，省准：「大護國仁王寺、昭應宫財用規運總管府令譯史人等，比大都路總管府正三品司吏，九十月提控案牘内任用。」部議：「甘肅、寧夏等處巡行勸農司係邊陲遠地，人吏依甘肅行省并河西隴北道提刑按察司，以二十二月准一考，六十五月爲滿。」省准：「供膳司司吏，比覆實司司吏，九十月出身，於務使内任用。」二十六年，省准：「巡行勸農司書吏，役過路司吏月日，三折二准算，通理九十月，於提控案牘内遷敍。尚書省右司郎中、管領大都等路打捕民匠等户總管令史，比依諸司局人匠總管府令史例，九十月，於都目内任用。」省准：「諸路寶鈔都提舉司司吏，有闕於諸路轉運司、漕運司上名司吏内選取，三十月充吏目，四十五月之上、六十月之下都目，六十月已上轉提控案牘，充寺監令史者聽。諸路寶鈔提舉司同。」奏准：「大都路都總管府添設司吏一十名，委差五名。司吏六十月，於提控案牘内任用，委差於近上錢穀官内委用，有闕以有根脚請俸人補充，不及考滿，不許無故替換。」二十七年，省准：「京畿都漕運司令史，九十月充提控案牘，年四十五之上，比依都提舉萬億庫司吏，願充寺監令史者聽。」二十九年，部擬：「大都路令史四十五以上，六十月提控案牘内任用，任迴減一資陞轉，四十五以下、六十月之上選舉貢部，每歲二名。奏差六十月，酌中錢穀官内任用。」

省准：「京畿都漕運司令史，比依諸路寶鈔提舉司司吏出身例，三十月吏目，四十五月之上、六十月之下都目，六十月之上提控案牘。」三十年，省准：「提舉八作司係正六品，司吏四十五月之上吏目，六十月之上都目。」元貞元年，省准：「大都等路都轉運司令史，九十月提控案牘。」大德三年，省准：「諸路寶鈔提舉司、都提舉萬億四庫司吏，九十月提控案牘內任用，如六十月之上，自願告敍者，於都目內遷除，有闕於平準行用庫攢典內挨次轉補。」省准：「寶鈔總庫司、提舉富寧庫司俱係從五品，其司吏九十月，都目內任用。如六十月之上，自願告敍，於吏目內遷除。有闕須於在京五品衙門及左右巡院、大興、宛平二縣，及諸州司吏幷籍記各部典吏內選。」省准：「提舉左右八作司吏，九十月都目內任用，六十月之上，自願告敍，於吏目內遷除，有闕於在都諸倉攢典內選補。京畿都漕運使司令史，六十月之上，於提控案牘內用，遇闕於路府諸州幷在京五品等衙門上名司吏內選。大都路司吏改爲令史，六十月之上，年及四十五以下，貢部不過二名，四十五以上，六十月提控案牘內遷用，任迴減資陞轉。大都路都總管府令史，依舊六十月，於提控案牘內遷敍，不須減資，有闕於府州兵馬司、左右巡院、大興、宛平二縣上名司吏內選補。」大德五年，省准：「河東宣慰使司軍儲所司吏、譯史，九十月爲滿，譯史由翰林院發補，司吏由州縣司吏取充，與各路總管府譯史、司吏一體陞轉，自用譯史，別無定奪，司吏除酌中錢穀官，委差近下錢穀官。」七年，部擬：「濟南、萊蕪等處鐵冶都提舉司及廣平、彰德等處鐵冶都提舉司秩四品，司吏九十月比散府上州例，陞吏目。蒙古必闍赤擬酌中錢穀官，奏差近下錢穀官，典吏三考，轉本司奏差。」省准：「陝西省敍州等處諸部蠻夷宣撫司正三品，其令譯史考滿，比各路司吏人等一體遷用奏差，行省定奪。」九年，宣慰司大同等處屯儲軍民總管萬戶府從三品，司吏、譯史、委差人等，九十月爲滿，司吏除酌中錢穀官，委差近下錢穀官。大德十年，省准：「諸路吏六十月，須歷五萬石之上倉官一界，陞吏目，一考陞都目，一考陞中州案牘或錢穀官，通理九十月入流。五萬石之下倉官一界，陞吏目，兩考都目，一考依上陞轉。補不盡路吏，九十月陞吏目，兩考陞都目，依上流轉，如非州縣司吏轉補者，役過月日，別無定奪。」

凡通事、譯史考滿遷敍：至元二年，部擬：「雲南行省極邊重地，令譯史等人員，擬二十月爲一考，歷六十月，准考滿敍用。」九年，省准：「省部臺院所設知印人等，所請俸給，元擬出身，俱在勾當官之上，既將勾當官陞作從八品，其各部知印考滿，亦合陞正八品，據例減知印除有前資人員，驗前資定奪，無前資者，各驗實歷月日，定擬遷敍。」二十年，各道按察司奏差、通事、譯史、奏差已有定例，通事九十月考滿，擬同譯史一體遷敍。部議：「行省、行臺、行院五品以下官員幷首領官，亦合比依臺院例，一考陞一等任用。據行省人吏比同臺院人吏出身，已有定例，行院、行臺令史、譯史、通事、宣使人等，九十月滿考，元係都省臺院發及應補者，擬降臺院一等定奪。」部擬：「甘肅行省令譯史、通事、宣使人等，量擬以六十五月遷敍，若係都省發去人員，如部議，自用者仍舊例。」二十一年，部擬：「四川行省人吏，比甘肅行省所歷月日，一體遷除。」二十三年，部擬：「福建、兩廣行省令譯史、通事、宣使人等，擬歷六十月同考滿，止於江南遷用，若行省咨保福建、兩廣必用人員，於資品上陞一等。」二十四年，部議：「行省、行臺、行院令史，九十月考滿，若係都省臺院發去腹裏相應人員，行省令史同臺院令史出身，行臺、行院降臺院一等，俱於腹裏遷用，自用者遞降一等，止於江南任用。」二十七年，省議：「中書省蒙古必闍赤俱係正從五品遷除，今蒙古字教授擬比儒學教授例高一等，其必闍赤擬高省掾一等，內外諸衙門蒙古譯史，一體陞等遷敍。」二十八年，部擬：「諸路寶鈔都提舉司蒙古必闍赤，三十月吏目，四十五月都目，六十月提控案牘，役過月日，擬於巡檢內敍用。奏差九十月，近上錢穀官，六十月，酌中錢穀官內任用。翰林院寫聖旨必闍赤，比依都省蒙古必闍赤內管宣敕者，八月算十月遷轉正六品。」部議：「寫聖旨必闍赤比依管宣敕蒙古必闍赤一體，亦合八折十准算月日外據出身已有定例。崇福司令譯史、知印，省部發補者，考滿出爲正七品，自用者降一等。宣使省部發去者，考滿出爲正八品，自用者降一等。各道廉訪司通事、譯史出身，比依書吏擬合一體考滿正九。奏差考滿，依通事、譯史降二等量擬，於省劄錢穀官幷巡檢內任用。」三十年，省准：「將作院令譯史人等，由省部選發者，考滿正七品遷敍，自用者止從本衙門定奪。大都路蒙古必闍赤若係例後入役人員，擬六十月於巡檢內遷用，任回減一資陞轉。」大德三年，省議：「各路譯史如係翰林院選發人員，九十月考滿。除蒙古人依准所擬外，其餘色目、漢人先歷務使一界，陞提控一界，於巡檢內遷用。」省議：「大都運司通事比依本司令史，滿考者於巡檢內任用。」四年，省准：「雲南諸路廉訪司寸白通事、譯史出身，比依書吏出身，九十月爲滿，歷巡檢一任，轉陞從九品，雲南地面遷用。」七年，宣慰司奏差，除應例補者，一百二十月考滿，依例自行保舉者降等，任回，添資定奪任用。廉訪司通事、譯史，大德元年三月七日已後創入補者，九十月歷巡檢一任，轉從九，如書吏役九十月，充巡檢者聽，如違不准。各路譯史，如係各道提舉學校官選發腹裏各路譯史，九十月考滿，先歷務使一界陞提領，再歷一界充巡檢，三考從九，違者雖歷月日，不准。會同館蒙古必闍赤，九十月務提領內遷用。十年，省准：「中政院寫懿旨必闍赤，依寫聖旨必闍赤一體出身。八番順元、海北海南宣慰司都元帥府極邊重地令譯史人等，考滿依兩廣、福建例，於江南遷用。」

凡官員致仕：至元二十八年，省議：「諸職官年及七十，精力衰耗，例應致仕。今到選官員，多有年已七十或七十之上者，合令依例致仕。」大德七年，省臣言：「內外官員年至七十者，三品以下，於應授品級，加散官一等，令致仕。」十年，省臣言：「官員年老不堪仕官者，於應得資品，加散官、遙授職事，令致仕。」皇慶二年，省臣言：「蒙古、色目官員所授散官，卑於職事，擬三品以下官員，職事、散官俱陞一等，令致仕。」

凡封贈之制：至元初，唯一二勳舊之家以特恩見褒，雖略有成法，未悉行之。至元二十年，制：「考課雖以五事責辦管民官，爲無激勸之方，徒示虛文，竟無實效。自今每歲終考課，管民官五事備具，內外諸司官職任內各有成效者，爲中考。第一考，對官品加妻封號。第二考，令子弟承廕敍仕。第三考，封贈祖父母、父母。品格不及封贈者，量遷官品，其有政績殊異者，不(須)〔次〕陞擢，〔一〇〕仰中書參酌舊制，出給誥命。」至大二年，詔：「流官五品以上父母、正妻，七品以上正妻，令尚書省議行封贈之制。」禮部集吏部、翰林國史院、集賢院、太常等官，議封贈諡號等第，制以封贈非世祖所行，其令罷之。至治三年，省臣言：「封贈之制，本以激勸將來，比因泛請者衆，遂致中輟。」詔從新設法議擬與行，毋致冗濫。禮部從新分立等第：正從一品封贈三代，爵國公，勳正上柱國，從柱國，母、妻並國夫人。正從二品封贈二代，爵郡公，勳正上護軍，從護軍，母、妻並郡夫人。正從三品封贈二代，爵郡侯，勳正上輕車都尉，從輕車都尉，母、妻並郡夫人。正從四品封贈父母，爵郡伯，勳正上騎都尉，從騎都尉，母、妻並郡君。　正五品封贈父母，爵縣子，勳驍騎尉，母、妻並縣君。　從五品封贈父母，爵縣男，勳飛騎尉，母、妻並縣君。　正從六品封贈父母，父止用散官，〔母、妻並恭人。　正從七品封贈父母，父止用散官〕，母、妻並宜人。〔一一〕　正從一品至五品宣授，六品至七品敕牒。　如應封贈三代者，曾祖父母一道，祖父母一道，父母一道，生者各（號）〔另〕給降。〔一二〕　封贈者，一品至五品並用散官勳爵，六品七品止用散官職事，從一高。　封贈曾祖，降祖一等，祖降父一等，父母妻並與夫、子同。　父母在仕者不封，已致仕并不在仕者封之，雖在仕棄職就封者聽。　父母應封，而讓曾祖父母、祖父母者聽。　諸子應封父母，嫡母在，所生之母不得封。　嫡母亡，得並封。　若所生母未封贈者，不得先封其妻。　諸職官曾受贓，不許申請，封贈之後，但犯取受之贓，並行追奪。　其父祖元有官進一階，不在追奪之例。　父祖元有官者，隨其所帶文武官上封贈，若已是封贈之官，止於本等官上許進一階，階滿者更不在封贈之限。如子官至四品，其父祖已帶四品上階之類。　或兩子當封者，從一高。　文武不同者，從所請。　婦人因其〔夫〕、子封贈，〔一三〕而夫、子兩有官者，從一高。　封贈曾祖母、祖母并母，生封並加太字，若已亡歿或曾祖、祖父、父在者，不加太字。　職官居喪，應封贈曾祖父母、祖父母、〔父母〕者聽。〔一四〕其應受封之人，居曾祖父母、祖父母、父母、舅姑、夫喪者，服闋申請。　應封贈者，有使遠死節，有臨陳死事者，驗事特議加封。　應封妻者，止封正妻一人，如正妻已歿，繼室亦止封一人，餘不在封贈之例。婦人因夫、子得封者，不許再嫁，如不遵守，將所受宣敕追奪，斷罪離異。父（母）〔祖〕曾任三品以上官，〔一五〕亡歿，生前有勳勞，爲上知遇者，子孫雖不仕，具實跡赴所在官司保結申請，驗事跡可否，量擬封贈。無後者，許有司保結申請。曾祖父母、祖父母、父母曾犯十惡奸盜除名等罪，及例所封妻不是以禮娶到正室，或係再醮倡優婢妾，並不許申請。凡告請封贈者，隨朝并京官行省、行臺、宣慰司、廉訪司見任官，各於任所申請。其餘官員，見任幷已除未任，至得替日，隨其解由申請。致仕官於所在官司申請。正從七品至正從六品，止封一次。陞至正從五品，封贈一次。陞至正從四品，封贈一次。陞至正從三品，封贈一次。陞至正從二品，封贈一次。陞至正從一品，封贈一次。凡封贈流官父祖曾任三品以上者，許請謚。如立朝有大節，功勳在王室者，許加功臣之號。至治三年，詔：「封贈之典，本以激勸忠孝，今後散官職事勳爵，依例加授，外任官員並許在任申請，其餘合行事理，仰各依舊制。」泰定元年，詔：「犯贓官員，不得封贈，沉鬱既久，宜許自新，有能滌慮改過，再歷兩任無過者，許所管上司正官從公保明，監察御史、廉訪司覆察是實，並聽依例申請。」

校勘記

〔一〕六部侍郎正四品依舊例通理八十月陞〔正〕三品　據元典章卷八內官陞轉補。

〔二〕省部定擬從九品擬歷三任陞從八正九品歷兩任陞從八　元典章卷八循行選法體例有「從九三考陞從八，正九兩考陞從八，從八兩考陞正八，從八三考陞從七」。按典章自從九至正四陞轉皆書，本志唯從八陞轉未書外，余皆同典章，此處「正九品歷兩任，陞從八」下疑脫「從八歷兩任陞正八，從八歷三任陞從七」。

〔三〕正八品歷三任陞從七　元典章卷八循行選法體例作「正八兩考陞從七」，疑此處「三」誤。

〔四〕從七歷三任　元典章卷八循行選法體例作「從七三考陞正七」，疑「歷三任」後脫「陞正七」三字。

〔五〕江淮官員依舊於江淮任用其已考滿者並免回降　元典章卷八官員遷轉例，「其已考滿者」上有「若選於腹裏任用」七字，疑此脫。

〔六〕大司徒令史若各部選發者三考出爲正〔九〕〔七〕　按此在「凡吏員考滿授正七品」項下，令史均爲三考授正七品，此處「九」字誤，今改。

〔七〕凡部令史〔二〕〔三〕考注從七品　據本書卷八三選舉志及元典章卷八循行選法體例改。

〔八〕十五月以下令史〔充〕提控案牘通事譯史〔充〕巡檢　據元典章卷八循行選法體例補。

〔九〕〔三〕〔二〕十年　從道光本改。

〔一〇〕其有政績殊異者不(須)〔次〕陞擢　從道光本改。

〔一一〕正從六品封贈父母父止用散官〔母妻並恭人正從七品封贈父母父止用散官〕母妻並宜人　道光本據元典章增入，從補。

〔一二〕生者各(號)〔另〕給降　據元典章卷十一流官封贈通例改。

〔一三〕婦人因其〔夫〕子封贈　據元典章卷十一流官封贈通例補。

〔一四〕職官居喪應封贈曾祖父母祖父母〔父母〕者聽　據元典章卷十一流官封贈通例補。

〔一五〕父(母)〔祖〕曾任三品以上官　據元典章卷十一封贈流官通例改。

元史卷八十五

志第三十五

百官一

王者南面以聽天下之治，建邦啓土，設官分職，其制尚矣。漢、唐以來，雖沿革不同，恒因周、秦之故，以爲損益，亦無大相遠。大要欲得賢才用之，以佐天子、理萬民也。元太祖起自朔土，統有其衆，部落野處，非有城郭之制，國俗淳厚，非有庶事之繁，惟以萬戶統軍旅，以斷事官治政刑，任用者不過一二親貴重臣耳。及取中原，太宗始立十路宣課司，選儒臣用之。金人來歸者，因其故官，若行省，若元帥，則以行省、元帥授之。草創之初，固未暇爲經久之規矣。

世祖卽位，登用老成，大新制作，立朝儀，造都邑，遂命劉秉忠、許衡酌古今之宜，定內外之官。其總政務者曰中書省，秉兵柄者曰樞密院，司黜陟者曰御史臺。體統既立，其次在內者，則有寺，有監，有衛，有府；在外者，則有行省，有行臺，有宣慰司，有廉訪司。其牧民者，則曰路，曰府，曰州，曰縣。官有常職，位有常員，其長則蒙古人爲之，而漢人、南人貳焉。於是一代之制始備，百年之間，子孫有所憑藉矣。

大德以後，承平日久，彌文之習勝，而質簡之意微，僥倖之門多，而方正之路塞。官冗於上，吏肆於下，言事者屢疏論列，而朝廷訖莫正之，勢固然也。

大抵元之建官，繁簡因乎時，得失係乎人，故取其簡牘所載，而論次之。若其因事而置，事已則罷，與夫異教雜流世襲之屬，名類實繁，亦姑舉其大概。作百官志。

三公，太師、太傅、太保各一員，正一品，銀印。以道燮陰陽，經邦國。有元襲其名號，特示尊崇。太祖十二年，以國王置太師一員。太宗卽位，建三公，其拜罷歲月，皆不可考。世祖之世，其職常缺，而僅置太保一員。至成宗、武宗而後，三公並建，而無虛位矣。又有所謂大司徒、司徒、太尉之屬，或置，或不置。〔一〕其置者，或開府，或不開府。而東宮嘗置三師、三少，蓋亦不恒有也。

中書令一員，銀印。典領百官，會決庶務。太宗以相臣爲之，世祖以皇太子兼之。至元十年，立皇太子，行中書令。大德十一年，以皇太子領中書令。延祐三年，復以皇太子行中書令。置屬，監印二人。

右丞相、左丞相各一員，正一品，銀印。統六官，率百司，居令之次。令缺，則總省事，佐天子，理萬機。國初，職名未創。太宗始置右丞相一員、左丞相一員。世祖中統元年，置丞相一員。二年，復置右丞相二員、左丞相二員。至元二年，增置丞相五員。七年，立尚書省，置丞相三員。八年，罷尚書省，乃置丞相二員。二十四年，復立尚書省，其中書省丞相二員如故。二十九年，以尚書再罷，專任一相。武宗至大二年，復置尚書省，丞相二員。中書丞相二員。四年，尚書省仍歸中書，丞相凡二員，自後因之不易。文宗至順元年，專任右相，其一或置或不置。

平章政事四員，從一品。掌機務，貳丞相，凡軍國重事，無不由之。世祖中統元年，置平章二員。二年，置平章四員。至元七年，置尚書省，設尚書平章二員。八年，尚書併入中書，平章復設三員。二十三年，詔汰冗職，平章汰爲二員。二十四年，復尚書省，中書、尚書兩省平章各二員。二十九年，罷尚書省，增中書平章爲五員，而一員爲商議省事。三十年，又增平章爲六員。成宗元貞元年，改商議省事爲平章軍國重事。武宗至大二年，再立尚書省，平章三員。中書五員。四年，罷尚書省歸中書，平章仍五員。文宗至順元年，定置四員，自後因之。

右丞一員，正二品。左丞一員，正二品。副宰相裁成庶務，號左右轄。世祖中統二年，置左、右丞各一員。三年，增爲四員。至元七年，立尚書省，中書右丞、左丞仍四員。八年，尚書併入中書省，右、左丞各一員。二十三年，汰冗職，右、左丞如故。二十四年，復立尚書省，右、左丞各一，而中書省缺員。二十八年，復罷尚書省。三十年，設右丞二員，而一員爲商議省事。成宗元貞元年，右丞商議省事者，又以昭文大學士與中書省事。武宗至大二年，復立尚書省，右、左丞二員。中書右、左丞五員。四年，罷尚書右、左丞，中書右、左丞止設四員。文宗至順元年，定置右丞一員、左丞一員，而由是不復增損。

參政二員，從二品。副宰相以參大政，而其職亞於右、左丞。世祖中統元年，始置參政一員。二年，增爲二員。至元七年，立尚書省，參政三員。八年，尚書併入中書，參政二員。二十三年，汰冗職，參政二員如故。二十四年，復立尚書省，參政二員。中書參政二員。二十八年，罷尚書省參政。武宗至大二年，復置尚書省，參政二員。中書參政二員。四年，併尚書省入中書，參政三員。文宗至順元年，定參政爲二員，自後因之。

參議中書省事，秩正四品。典左右司文牘，爲六曹之管轄，軍國重事咸預決焉。中統元年，始置一員。至元二十二年，累增至六員。大德元年，止置四員，後遂爲定額。其治曰參議府，令史二人。

左司，郎中二員，正五品；員外郎二員，正六品；都事二員，正七品。中統元年，置左右司。至元十五年，分置兩司。左司所掌：吏禮房之科有九，一曰南吏，二曰北吏，三曰貼黃，四曰保舉，五曰禮，六曰時政記，七曰封贈，八曰牌印，九曰好事。知除房之科有五，一曰資品，二曰常選，三曰臺院選，四曰見闕選，五曰別里哥選。戶雜房之科有七，一曰定俸，二曰衣裝，三曰羊馬，四曰置計，五曰田土，六曰太府監，七曰會總。科糧房之科有六，一曰海運，二曰儹運，三曰邊遠，四曰賑濟，五曰事故，六曰軍匠。銀鈔房之科有二，一曰鈔法，二曰課程。應辦房之科有二，一曰飲膳，二曰草料。令史二人，蒙古書寫二十人，回回書寫一人，漢人書寫七人，典吏十五人。

右司，郎中二員，正五品；員外郎二員，正六品；都事二員，正七品。中統元年，置左右司。至元十五年，分置兩司。右司所掌：兵房之科有五，一曰邊關，二曰站赤，三曰鋪馬，四曰屯田，五曰牧地。刑房之科有六，一曰法令，二曰弭盜，三曰功賞，四曰禁治，五曰枉勘，六曰鬭訟。工房之科有六，一曰橫造軍器，二曰常課段匹，三曰歲賜，四曰營造，五曰應辦，六曰河道。令史二人，蒙古書寫三人，回回書寫一人，漢人書寫一人，典吏五人。

中書省掾屬：

監印二人，掌監視省印，有中書令則置。

知印四人，掌執用省印。

怯里馬赤四人。

蒙古必闍赤二十二人，左司十六人，右司六人。

漢人省掾六十人，左司三十九人，右司二十一人。

回回省掾十四人，左司九人，右司五人。

宣使五十人。

省醫三人。

玉典赤四十一人。

斷事官，秩〔正〕三品。〔三〕掌刑政之屬。國初，嘗以相臣任之。其名甚重，其員數增損不常，其人則皆御位下及中宮、東宮、諸王各投下怯薛丹等人爲之。中統元年，一十六位下置三十一員。至元六年，十七位下置三十四員。七年，十八位下置三十五員。八年，始給印。二十七年，分立兩省，而斷事官隨省並置。二十八年，十八位下置三十六員，併入中書。三十一年，增二員。後定置，自御位下及諸王位下共置四十一員。首領官：經歷一員，知事一員。吏屬：蒙古必闍赤二人，令史一十二人，回回令史一人，怯里馬赤二人，知印二人，奏差八人，典吏一人。

客省使，秩正五品。使四員，正五品；副使二員，正六品。令史二人。掌直省舍人、宣使等員選舉差遣之事。至元九年，置使二員，一員兼通事，一員不兼。大德元年，增置四員，副二員。直省舍人二員，至元七年始置，後增至三十三員。掌奏事給使差遣之役。

檢校官四員，正七品。掌檢校左右司、六部公事程期、文牘稽失之事。書吏六人。大德元年置。

照磨一員，正八品。掌磨勘左右司錢穀出納、營繕料例，凡數計、文牘、簿籍之事。中統元年，置二員。至元八年，省爲一員。典吏八人。

管勾一員，正八品。掌出納四方文移緘縢啓拆之事。郵遞之程期，曹屬之承受，兼主之。中統元年，置二員。至元三年，定爲一員。典吏八人。

架閣庫管勾二員，正八品。掌庋藏省府籍帳案牘，凡備稽考之文，卽掌故之任。至元三年，始置三員，其後增置員數不一。至順初，定爲二員。典吏十人。蒙古架閣庫兼管勾一員，典吏二人。回回架閣庫管勾一員，典吏二人。

吏部，尚書三員，正三品；侍郎二員，正四品；郎中二員，從五品；員外郎二員，從六品。

掌天下官吏選授之政令。凡職官銓綜之典，吏員調補之格，勳封爵邑之制，考課殿最之法，悉以任之。世祖中統元年，以吏、戶、禮爲左三部。尚書二員，侍郎二員，郎中四員，員外郎六員。至元元年，以吏禮自爲一部。尚書三員，侍郎仍二員，郎中仍四員，員外郎三員。三年，復爲左三部。五年，又合爲吏禮部。尚書仍二員，侍郎、郎中、員外郎各一員。七年，始列尚書六部。吏部尚書一員，侍郎一員，郎中二員，員外郎二員。八年，仍爲吏禮部。尚書、侍郎、郎中各一員，員外郎仍二員。十三年，分置吏部，尚書增置七員，侍郎三員，郎中二員，員外郎四員。十九年，尚書裁爲二員，侍郎一員，郎中一員，員外郎二員。二十一年，尚書三員，侍郎一員，郎中、員外郎如故。二十三年，定六部尚書、侍郎、郎中、員外郎員額各二員。二十八年，增尚書爲三員。主事三員，蒙古必闍赤三人，令史二十五人，回回令史二人，怯里馬赤一人，知印二人，奏差六人，蒙古書寫二人，銓寫五人，典吏一十九人。

戶部，尚書三員，正三品；侍郎二員，正四品；郎中二員，從五品；員外郎三員，從六品。掌天下戶口、錢糧、田土之政令。凡貢賦出納之經，金幣轉通之法，府藏委積之實，物貨貴賤之直，斂散准駁之宜，悉以任之。中統元年，以吏、戶、禮爲左三部。尚書二員，侍郎二員，郎中四員，員外郎六員。至元元年，分立戶部。尚書三員，侍郎、郎中四員，員外郎省爲三員。三年，復爲左三部。五年，復分爲戶部。尙書一員，侍郎、郎中各一員，員外郎又省爲二員。七年，始列尙書六部。尙書一員，侍郎二員，郎中二員，員外郎如故。十三年，尙書增置一員，侍郎、郎中、員外郎如故。十九年，郎中、員外郎俱增至四員。二十三年，六部尙書、侍郎、郎中定以二員爲額。〔三〕明年，以戶部所掌，視他部特爲繁劇，增置二員。〔四〕成宗大德五年，省尙書一員，員外郎亦省一員，各設三員。主事八員，蒙古必闍赤七人，令史六十一人，回回令史六人，怯里馬赤一人，知印二人，奏差三十二人，蒙古書寫一人，典吏二十二人，司計官四員。其屬附見于後：

都提舉萬億寶源庫，掌寶鈔、玉器。至元二十五年始置。都提舉一員，正四品；提舉一員，正五品；同提舉一員，從五品；副提舉一員，從六品；知事一員，從八品。提控案牘一員，司吏二十三人，譯史二人，司庫四十六人，內以色目二人參之。

都提舉萬億廣源庫，掌香藥、紙劄諸物。設置同上。提控案牘二員，司吏一十二人，譯史一人，司庫一十三人。

都提舉萬億綺源庫，掌諸色段匹。設置並同上，而副提舉則增一員。提控案牘設三員，後省二員。司吏二十二人，譯史一人，司庫二十六人，內參用色目二人。

都提舉萬億賦源庫，掌絲綿、布帛諸物。設置並同上。提控案牘二員，其後省一員。司吏一十七人，譯史一人，司庫一十五人，內參用色目二人。

四庫照磨兼架閣庫，管勾一員，從九品。世祖至元二十八年，以四庫錢帛事繁，始置一員，仍給印。

提舉富寧庫，至元二十七年始創。提舉一員，從五品；同提舉一員，從六品；副提舉一員，從七品。分掌萬億寶源庫出納金銀之事。吏目一人，其後司吏增至六人，譯史一人，司庫八人。

諸路寶鈔〔都〕提舉司，〔五〕達魯花赤一員，正四品；都提舉一員，正四品；副達魯花赤一員，正五品；提舉一員，正五品；同提舉二員，從五品；副提舉二員，從六品；知事一員，從八品；照磨一員，從九品。國初，戶部兼領交鈔公事。世祖至元，始設交鈔提舉司，秩正五品。二十四年，改諸路寶鈔都提舉司，陞正四品，增副達魯花赤、提控案牘各一員。其後定置已上官員，提控案牘又增一員。設司吏十二人，蒙古必闍赤一人，回回令史一人，奏差七人。

寶鈔總庫，達魯花赤一員，從五品；大使一員，從五品；副使三員，正七品。世祖至元二十五年，改元寶庫爲寶鈔〔總〕庫，〔六〕秩正六品。二十六年，陞從五品，增大使、副使，設司庫。其後遂定置已上官員。司吏七人，譯史一人，司庫五十人。

印造寶鈔庫，達魯花赤一員，正七品；大使二員，從七品；副使二員，正八品。中統四年始置，秩從八品。至元二十四年，陞從七品，增達魯花赤一人。其後遂定置已上官員。

燒鈔東西二庫，達魯花赤一員，正八品；大使一員，從八品；副使一員，從九品。至元元年，始置昏鈔庫，用正九品印，置監燒昏鈔官。二十四年，分立燒鈔東西二庫，秩從八品，各置達魯花赤、大使、副使等員。

行用六庫。中統元年，初立中都行用庫，秩從七品。提領一員，從七品；大使一員，從八品；副使一員，從九品。至元二十四年，京師改置庫者三：曰光熙，曰文明，曰順承。因城門之名爲額。二十六年，又置三庫：曰健德，曰和義，曰崇仁。並因城門以爲名。

大都宣課提舉司，掌諸色課程，併領京城各市。提舉二員，從五品；同提舉一員，從六品；副提舉一員，從七品。提控案牘一員，司吏六人。世祖至元十九年，併大都舊城兩稅務爲大都稅課提舉司。至武宗至大元年，改宣課提舉司。其屬四：

馬市、猪羊市，秩從七品。提領一員，從七品；大使一員，從八品；副使一員，從九品。世祖至元三十年始置。

牛驢市、果木市，品秩、設官同上。

魚蟹市，大使一員，副使一員。至大元年始置。

煤木所，提領一員，從八品；大使一員，從九品；副使一員。至元二十二年始置。

大都酒課提舉司，掌酒醋榷酤之事。至元十九年始置。提舉一員，從五品；同提舉二員，從六品；副提舉二員，從七品。提控案牘二員，司吏五人。二十八年，省同提舉一員、副提舉一員，餘如故。

抄紙坊，提領一員，正八品；大使一員，從八品；副使二員，從九品。中統四年始置，用九品印，止設大使、副使各一員。至元二十七年，陞正八品，增置提領、副使各一員。

印造鹽茶等引局，大使一員，副使一員。至元二十四年置。掌印造腹裏、行省鹽、茶、礬、鐵等引。仍置攢典、庫子各一人。

右以上屬戶部。其萬億四庫，國初以太府掌內帑之出納，既設左藏等庫，而國計之領在戶部，仍置萬億等庫，爲收藏之府。中統元年，置庫官六員，而未有品秩俸給。至元十六年，始爲提舉萬億庫，秩正五品。二十四年，改陞都提舉萬億庫，秩正四品。二十五年，分立四庫，以分掌出納。至二十七年，又別立富寧庫焉。

京畿都漕運使司，秩正三品。運使二員，正三品；同知二員，正四品；副使二員，正五品；判官二員，正六品；經歷一員，正七品；知事一員，從八品。提控案牘兼照磨二員。掌凡漕運之事。世祖中統二年，初立軍儲所，尋改漕運所。至元五年，改漕運司，秩五品。十二年，改都漕運司，秩四品。十九年，改京畿都漕運使司，秩正三品。二十四年，內外分立兩運司，而京畿都漕運司之額如舊。止領在京諸倉出納糧斛，及新運糧提舉司站車攢運公事。省同知、運判、知事各一員，而押綱官隸焉。延祐六年，增同知、副使、運判各一員。其後定置官員已上正官各二員，首領官四員。吏屬：令史二十一人，譯史二人，回回令史一人，通事一人，知印二人，奏差一十六人，典吏二人。其屬二十有四：

新運糧提舉司，秩正五品。至元十六年始置，管站車二百五十輛，隸兵部。開設運糧壩河，改隸戶部。定置達魯花赤一員，都提舉一員，同提舉二員，副提舉一員，吏目一員，司吏八人，奏差十二人。

京師二十二倉，秩正七品。

萬斯北倉，中統二年置。萬斯南倉，至元二十四年置。千斯倉，中統二年置。永平倉，至元十六年置。永濟倉，至元四年置。惟億倉，既盈倉，大有倉，並係皇慶元年置。〔七〕屢豐倉，積貯倉。並係皇慶元年增置。

已上十倉，每倉各置監支納一員，正七品；大使二員，從七品；副使二員，正八品。

豐穰倉，皇慶元年置。廣濟倉，皇慶元年置。廣衍倉，至元二十九年置。大積倉，至元二十八年置。既積倉，盈衍倉，至元二十六年置。相因倉，中統二年置。順濟倉。至元二十九年置。

已上八倉，每倉各置監支納一員，正七品；大使一員，從七品；副使二員，正八品。

通濟倉，中統二年置。（慶）〔廣〕貯倉，〔八〕至元四年置。豐潤倉，至元十六年置。豐實倉。

已上四倉，每倉各置監支納一員，正七品；大使一員，從七品；副使一員，正八品。

通惠河運糧千戶所，秩正五品。掌漕運之事。至元三十一年始置。中千戶一員，中副千戶二員。

都漕運使司，秩正三品。掌御河上下至直沽、河西務、李二寺、通州等處儹運糧斛。至元二十四年，自京畿運司分立都漕運司，於河西務置總司，分司臨清。運使二員，正三品；同知二員，正四品；副使二員，正五品；運判三員，正六品；經歷一員，從七品；知事一員，從八品。提控案牘二員，內一員兼照磨，司吏三十三人，通事、譯史各一人，奏差一十六人，典吏一人。其屬七十有五：

河西務十四倉，秩正七品。

永備南倉，永備北倉，廣盈南倉，廣盈北倉，充溢倉。

已上五倉，各置監支納一員，正七品；大使二員，從七品；副使二員，正八品。

崇墉倉，大盈倉，大京倉，大稔倉，足用倉，豐儲倉，豐積倉，恒足倉，既備倉。

已上九倉，各置監支納一員，正七品；大使一員，從七品；副使一員，正八品。

通州十三倉，秩正七品。

有年倉，富有倉，廣儲倉，盈止倉，及秭倉，廼積倉，樂歲倉，慶豐倉，延豐倉。

已上九倉，各置監支納一員，正七品；大使二員，從七品；副使二員，正八品。

足食倉，富儲倉，富衍倉，及衍倉。

已上四倉，各置監支納一員，正七品；大使一員，從七品；副使一員，正八品。

河倉一十有七，用從七品印。

舘陶倉，舊縣倉，陵州倉，傅家池倉。

已上各置監支納一員，從七品；大使一員，從八品；副使一員。

秦家渡倉，尖塚西倉，尖塚東倉，長蘆倉，武强倉，夾馬營倉，上口倉，唐宋倉，唐村倉，安陵倉，四柳樹倉，淇門倉，伏恩倉。

已上各置監支納一員，從八品；大使一員，從九品；副使一員。

直沽廣通倉，秩正七品。大使一員。

（榮）〔滎〕陽等綱，〔九〕凡三十：曰濟源，曰陵州，曰獻州，曰白馬，曰滏陽，曰完州，曰河內，曰南宮，曰沂莒，曰霸州，曰東明，曰獲嘉，曰鹽山，曰武强，曰膠水，曰東昌，曰武安，曰汝寧，曰修武，曰安陽，曰開封，曰儀封，曰蒲臺，曰鄒平，曰中牟，曰膠西，曰衞輝，曰濬州，曰曹濮州，每綱皆設押綱官二員，計六十員。秩正八品。每編船三十隻爲一綱。船九百餘隻，運糧三百餘萬石，船戶八千餘戶，綱官以常選正八品爲之。

檀景等處採金鐵冶都提舉司，秩正四品。提舉一員，正四品；同提舉一員，正五品；副提舉一員，從六品。掌各冶採金煉鐵，榷貨以資國用。國初，中統始置景州提舉司，管領景州、灤陽、新匠三冶。至元十四年，又置檀州提舉司，管領雙峯、暗峪、大峪、五峯等冶。大德五年，檀州、景州三提舉司，併置檀州等處採金鐵冶都提舉司，而灤陽、雙峯等冶悉隸焉。他如河東、山西、濟南、萊蕪等處鐵冶提舉司，及益都、般陽等處淘金總管府，其沿革蓋不一也。

大都河間等路都轉運鹽使司，秩正三品。掌場竈榷辦鹽貨，以資國用。使二員，正三品；同知一員，正四品；副使一員，正五品；運判二員，正六品。首領官：經歷一員，從七品；知事一員，從八品；照磨一員，從九品。國初，立河間稅課達魯花赤清滄鹽使所，後創立運司，立提舉鹽榷所，又改爲河間路課程所，提舉滄清課鹽使所。中統三年，改都提領拘榷滄清課鹽所。至元二年，以刑部侍郎、右三部郎中兼滄清課鹽使司，尋改立河間都轉運鹽使司，立清、滄課三鹽司。〔一〇〕十二年，改爲都轉運使司。十九年，以戶部尚書行河間等路都轉運使司事，尋罷，改立清、滄二鹽使司。二十三年，改立河間等路都轉運司。二十七年，改令戶部尚書行河間等路都轉運使司事。二十八年，改河間等路都轉運司。延祐六年，頒分司印，巡行郡邑，以防私鹽之弊。

鹽場二十二所，每場設司令一員，從七品；司丞一員，從八品。辦鹽各有差。

利國場，利民場，海豐場，阜民場，阜財場，益民場，潤國場，海阜場，海盈場，海潤場，嚴鎮場，富國場，興國場，厚財場，豐財場，三叉沽場，蘆臺場，越支場，石碑場，濟民場，惠民場，富民場。

山東東路轉運鹽使司，品秩、職掌同上，運判止一員。國初，始置益都課稅所，管領山東鹽場，以總鹽課。後改置運司。中統四年，詔以中書左右部兼諸路都轉運司。至元二年，命有司兼辦其課，改立山東轉運司。至元十二年，改立都轉運司。延祐五年，以鹽法澀滯，降分司印，巡行各場，督收課程，罷膠萊鹽司所屬鹽場。

鹽場一十九所，每場設司令一員，從七品；司丞一員，從八品；管勾一員，從八品。

永利場，寧海場，官臺場，豐國場，新鎮場，豐民場，富國場，高家港場，永阜場，利國場，固堤場，王家岡場，信陽場，濤洛場，石河場，海滄場，行村場，登寧場，西由場。

河東陝西等處轉運鹽使司，品秩、職掌同前，運判增一員。國初，設平陽府以徵課程之利。〔二〕中統二年，改置轉運司，置提舉解鹽司。至元二年，罷運司，命有司掌其務。尋復置轉運司。二十三年，立陝西都轉運司，諸色稅課悉隸焉。二十九年，置鹽運司，專掌鹽課，其餘課稅歸有司，解鹽司亦罷。延祐六年，更爲河東陝西等處都轉運鹽使司，隸省部。其屬三：

解鹽場，管勾一員，正九品；同管勾一員，從九品。

河東等處解鹽管民提領所，正提領一員，從八品；副提領一員，從九品。

安邑等處解鹽管民提領所，正提領一員，從八品；副提領一員，從九品。

禮部，尚書三員，正三品；侍郎二員，正四品；郎中二員，從五品；員外郎二員，從六品。掌天下禮樂、祭祀、朝會、燕享、貢舉之政令。凡儀制損益之文，符印簡册之信，神人封謚之法，忠孝貞義之褒，送迎聘好之節，文學僧道之事，婚姻繼續之辨，音藝膳供之物，悉以任之。世祖中統元年，以吏、戶、禮爲左三部，置尚書二員，侍郎二員，郎中四員，員外郎六員，總領三部之事。至元元年，分立爲吏禮部。尚書三員，侍郎仍二員，郎中仍四員，員外郎四員。七年，別立禮部。尚書一員，侍郎一員，郎中二員，員外郎如舊。明年，又合爲吏禮部。十三年，又別爲禮部。二十三年，六部尚書、侍郎、郎中、員外郎定以二員爲額。成宗元貞元年，復增尚書一員，領會同館事。主事二員，蒙古必闍赤二人，令史一十九人，回回令史二人，怯里馬赤一人，知印二人，奏差十二人，典吏三人。其屬附見：

左三部照磨所，秩正八品。照磨一員，掌吏、戶、禮三部錢穀計帳之事。典吏八人。

侍儀司，秩正四品。掌凡朝會、卽位、册后、建儲、奉上尊號及外國朝覲之禮。至元八年始置。左右侍儀奉御二員，禮部侍郎知侍儀事一員，引進使知侍儀事一員，左右侍儀使二員，左右直侍儀使二員，左右侍儀副使二員，左右侍儀僉事二員，引進副使、侍儀令、承奉班都知、尙衣局大使各一員。十二年，省左侍儀奉御，通曰左右侍儀。省引進副使及侍儀令、尙衣使等員，改置通事舍人十四員。三十年，減通事舍人七員爲侍儀舍人。大德十一年，陞秩正三品。至大二年，置典簿一員。延祐七年，定置侍儀使四員。至治元年，增置通事舍人六員、侍儀舍人四員。其後定置侍儀使四員，正三品；引進使知侍儀事二員，正四品。首領官：典簿一員，從七品。屬官：承奉班都知一員，正七品；通事舍人一十六員，從七品；侍儀舍人十四員，從九品。吏屬：令史二人，譯史一人，通事一人，知印一人。其屬法物庫，秩五品。掌大禮法物。提點一員，從五品；大使一員，從六品；副使一員，從七品；直長二員，正八品。

拱衞直都指揮使司，秩從四品。掌控鶴六百餘戶，及儀衞之事。至元三年始置。都指揮使一員，副使一員，鈐轄一員，提控案牘一員。十六年，陞正三品，降虎符，增置達魯花赤一員，隸宣徽院。二十年，復爲從四品。二十五年，歸隸禮部。元貞元年，復陞正三品。皇慶元年，置經歷一員。二年，改鈐轄爲僉事。至順二年，撥隸侍正府，定置達魯花赤一員，正三品；都指揮使四員，正三品；副指揮使二員，從三品；僉事二員，正四品。首領官：經歷一員，從七品；知事一員，從八品。吏屬：令史四人，譯史一人，通事、知印各一人，奏差二人。其屬控鶴百戶所，秩從七品。色目百戶一十三員，漢人百戶一十三員。總十三所。

儀從庫，秩從七品。掌收儀衞器仗。大使一員，從七品；副使一員，從八品。

儀鳳司，秩正四品。掌樂工、供奉、祭饗之事。至元八年，立玉宸院，置樂長一員，樂副一員，樂判一員。二十年，改置儀鳳司，隸宣徽院。置大使、副使各一員，判官三員。二十五年，歸隸禮部，省判官三員。三十一年，置達魯花赤一員，副使一員。大德十一年，改陞玉宸樂院，秩從二品。置院使、副使、僉事、同僉、院判。至大四年，復爲儀鳳司，秩正三品。延祐七年，降從三品。定置大使五員，從三品；副使四員，從四品。首領官：經歷一員，從七品；知事一員，從八品。吏屬：令史二人，譯史、通事、知印各一人。其屬五：

雲和署，秩正七品。掌樂工調音律及部籍更番之事。至元十二年始置。至大二年，撥隸玉宸樂院。皇慶元年，陞正六品。二年，陞從五品。署令二員，署丞二員，管勾二員，協音一員，協律一員，書史二人，書吏四人，教師二人，提控四人。

安和署，秩正七品。職掌與雲和同。至元十三年始置。皇慶二年，陞從五品。署令二員，署丞二員，管勾二員，協音一員，協律一員，書史二人，書吏四人，教師二人，提控四人。

常和署，初名管勾司，秩正九品。管領回回樂人。皇慶元年初置。延祐三年，陞從六品。署令一員，署丞二員，管勾二員，教師二人，提控二人。

天樂署，初名昭和署，秩從六品。管領河西樂人。至元十七年始置。大德十一年，陞正六品。至大四年，改爲天樂署。皇慶元年，陞從五品。署令二員，署丞二員，管勾二員，協音一員，協律一員，書史二人，書吏四人，教師二人，提控四人。

廣樂庫，秩從九品。掌樂器等物。大使一員，副使一員。皇慶元年始置。

教坊司，秩從五品。掌承應樂人及管領興和等署五百戶。中統二年始置。至元十二年，陞正五品。十七年，改提點教坊司，隸宣徽院，秩正四品。二十五年，隸禮部。大德八年，陞正三品。延祐七年，復正四品。達魯花赤一員，正四品；大使三員，正四品；副使四員，正五品；知事一員，從八品。令史四人，譯史、知印、奏差各二人，通事一人。其屬三：

興和署，秩從六品。署令二員，署丞二員，管勾二員。

祥和署，秩從六品。署令一員，署丞一員，管勾一員。

廣樂庫，秩從九品。大使一員，副使一員。

會同館，秩從四品。掌接伴引見諸番蠻夷峒官之來朝貢者。至元十三年始置。〔一三〕二十五年罷之。二十九年復置。元貞元年，以禮部尚書領館事，遂爲定制。禮部尚書領會同館事一員，正三品；大使二員，（正）〔從〕四品；〔一三〕副使二員，從六品。提控案牘一員，掌書四人，蒙古必闍赤一人，典給官八人。其屬有收支諸物庫，秩從九品。大使一員，副使一員。至元二十九年，以四賓庫改置。

鑄印局，秩正八品。掌凡刻印銷印之事。大使一員，副使一員，直長一員。至元五年始置。

白紙坊，秩從八品。掌造詔旨宣敕紙劄。大使一員，副使一員。至元九年始置。

掌薪司，秩正七品。司令一員，正七品；司丞二員，正八品。典吏一人。

兵部，尚書三員，正三品；侍郎二員，正四品；郎中二員，從五品；員外郎二員，從六品。掌天下郡邑郵驛屯牧之政令。凡城池廢置之故，山川險易之圖，兵站屯田之籍，遠方歸化之人，官私芻牧之地，駞馬、牛羊、鷹隼、羽毛、皮革之徵，驛乘、郵運、祗應、公廨、皂隸之制，悉以任之。世祖中統元年，以兵、刑、工爲右三部，置尙書二員，侍郎二員，郎中五員，員外郎五員，總領三部之事。至元元年，別置工部，以兵刑自爲一部。尙書四員，侍郎三員，郎中如舊，員外郎五員。三年，併爲右三部。五年，復爲兵刑部。尙書二員，省侍郎二員，郎中如故，員外郎一員。七年，始列六部。尙書一員，侍郎仍舊，郎中一員，員外郎仍一員。明年，又合爲兵刑部。十三年，復析兵部。二十三年，定尙書、侍郎、郎中、員外郎以二員爲額。至治三年，增尙書一員。主事二員，蒙古必闍赤二人，令史十四人，回回令史一人，怯里馬赤一人，知印二人，奏差八人，典吏三人。其屬附見：

大都陸運提舉司，秩從五品。掌兩都陸運糧斛之事。至元十六年，始置運糧提舉司。延祐四年，改今名。提舉二員，從五品；副提舉一員，從七品。吏目一員，司吏六人，委差一十人。海王莊、七里莊、魏家莊、臘八莊四所，各設提領一人，用從九品印。

管領隨路打捕鷹房民匠總管府，秩從三品。達魯花赤一員，總管一員，副總管二員，經歷、知事各一員，提控案牘一員，吏屬令史六人。初，太祖以隨路打捕鷹房民戶七千餘戶撥隸旭烈大王位下。中統二年始置。至元十二年，阿八合大王遣使奏歸朝廷，隸兵部。

管領本投下大都等路打捕鷹房諸色人匠都總管府，秩正三品。掌哈贊大王位下事。大德八年始置，官吏皆王選用。至大四年，省併衙門，以哈兒班答大王遠鎭一隅，別無官屬，存設不廢。定置府官，達魯花赤二員，總管一員，同知一員，副總管一員，知事一員，提控案牘一員，令史四人，譯史二人，奏差二人，典吏一人。其屬東局織染提舉司，秩從五品。達魯花赤一員，提舉一員，副達魯花赤一員，副提舉一員，提控案牘一員，司吏二人。

隨路諸色民匠打捕鷹房等戶都總管府，秩從三品。達魯花赤一員，總管一員，同知一員，經歷一員，知事一員，提控案牘兼照磨一員，令史六人，譯史一人，知印通事一人，奏差二人。掌別吉大營盤事及管領大都路打捕鷹房等戶。至元三十年置。延祐四年，陞正三品。

管領本位下打捕鷹房民匠等戶都總管府，秩正三品。達魯花赤一員，總管一員，副達魯花赤一員，同知一員，副總管一員，判官一員，經歷一員，知事一員，提控案牘兼照磨一員，令史六人，譯史、通事、知印各一人。掌別吉大營盤城池阿哈探馬兒一應差發、薛徹干定王位下事。泰定元年始置。

刑部，尙書三員，正三品；侍郞二員，正四品；郞中二員，從五品；員外郞二員，從六品。掌天下刑名法律之政令。凡大辟之按覆，繫囚之詳讞，孥收產沒之籍，捕獲功賞之式，冤訟疑罪之辨，獄具之制度，律令之擬議，悉以任之。世祖中統元年，以兵、刑、工爲右三部，置尚書二員，侍郎二員，郎中五員，員外郎五員。以郎中、員外郎各一員，專署刑部。至元元年，析置工部，而兵刑仍爲一部。尚書四員，侍郎仍二員，郎中四員，員外郎置五員。三年，復爲右三部。七年，始別置刑部。尚書一員，侍郎一員，郎中一員，員外郎二員。八年，改爲兵刑部。十三年，又爲刑部。二十三年，六部尚書、侍郎、郎中、員外郎定以二員爲額。大德四年，尚書增置一員。其首領官則主事三員。吏屬則蒙古必闍赤四人，令史三十人，回回令史二人，怯里馬赤一人，知印二人，奏差十人，書寫三人，典吏七人。其屬附見：

司獄司，司獄一員，正八品；獄丞一員，正九品。獄典一人。初以右三部照磨兼刑部繫獄之任，大德七年始置專官。部醫一人，掌調視病囚。

司籍所，提領一員，同提領一員。至元二十年，改大都等路斷沒提領所爲司籍所，隸刑部。

工部，尚書三員，正三品；侍郎二員，正四品；郎中二員，從五品；員外郎二員，從六品。掌天下營造百工之政令。凡城池之修濬，土木之繕葺，材物之給受，工匠之程式，銓注局院司匠之官，悉以任之。世祖中統元年，右三部置尚書二員，侍郎二員，郎中五員，員外郎五員，內二員專署工部事。至元元年，始分立工部。尙書四員，侍郎三員，郎中四員，員外郎五員。三年，復合爲右三部。七年，仍自爲工部。尙書二員，侍郎仍二員，郎中三員，員外郎如舊。二十三年，定尙書、侍郎、郎中、員外郎各以二員爲額。明年，以曹務繁冗，增尙書二員。二十八年，省尙書一員。首領官：主事五員，蒙古必闍赤六人，令史四十二人，回回令史四人，怯里馬赤一人，知印一人，奏差三十人，蒙古書寫一人，典吏七人。又司程官四員，右三部照磨一員，典吏七人。其屬附見：

左右部架閣庫，秩正八品。管勾二員，典吏十二人。掌六部文卷簿籍架閣之事。中統元年，左右部各置。二十三年，併爲左右部架閣庫。

諸色人匠總管府，秩正三品。掌百工之技藝。至元十二年始置，總管、同知、副總管各一員。十六年，置達魯花赤一員，增同知、副總管各一員。二十八年，省同知一員。三十年，省副總管一員。後定置達魯花赤一員，總管一員，同知二員，副總管二員，經歷一員，知事一員，提控案牘一員，令史五人，譯史一人，奏差四人。其屬十有一：

梵像提舉司，秩從五品。提舉一員，同提舉一員，副提舉一員，吏目一員。董繪畫佛像及土木刻削之工。至元十二年，始置梵像局。延祐三年，陞提舉司，設今官。

出蠟局提舉司，秩從五品。提舉一員，同提舉一員，副提舉一員，吏目一員。掌出蠟鑄造之工。至元十二年，始置局。延祐三年，陞提舉司，設令官。
鑄瀉等銅局，秩從七品。大使一員，副使一員。掌鑄瀉之工。至元十年，始置官三員。二十八年，省管勾一員，後定置二員。
銀局，秩從七品。大使一員，直長一員。掌金銀之工。至元十二年始置。
鑌鐵局，秩從八品。大使一員。掌鏤鐵之工。至元十二年始置。
瑪瑙玉局，秩從八品。直長一員。掌琢磨之工。至元十二年始置。
石局，秩從七品。大使一員，管勾一員。董攻石之工。至元十二年始置。
木局，秩從七品。大使一員，直長一員。董攻木之工。至元十二年始置。
油漆局，副使一員，用從七品印。董髹漆之工。至元十二年始置。
諸物庫，秩正九品。提領一員，副使一員。掌出納諸物之事。至元十二年始置。
管領隨路人匠都提領所，提領一員，大使一員，俱受省檄。掌工匠詞訟之事。至元十二年始置。
諸司局人匠總管府，秩正三品。達魯花赤一員，總管一員，副達魯花赤一員，同知一員，副總管一員，經歷一員，知事一員，提控案牘一員，令史四人。領兩都金銀器盒及符牌等一十四局事。至元十四年置。二十四年，以八局改隸工部及金玉府，止領五局一庫，掌氈毯等事。其屬有六：

收支庫，秩正九品。大使一員。掌出納之物。

大都氈局，秩從七品。大使、副使各一員。管人匠一百二十有五戶。

大都染局，秩從九品。大使一員。管人匠六千有三戶。〔一四〕

上都氈局，秩從五品。大使一員，副使一員。管人匠九十有七戶。

隆興氈局，大使一員，副使一員。管人匠一百戶。

剪毛花毯蠟布局，大使一員，副使一員。管人匠一百一十有八戶。

提舉右八作司，秩正六品。提舉二員，同提舉一員，副提舉一員，吏目一人，司吏九人，司庫十三人，譯史一人，秤子一人。掌出納內府漆器、紅甕、捎隻等，并在都局院造作鑌鐵、銅、鋼、鍮石，東南簡鐵，兩都支持皮毛、雜色羊毛、生熟斜皮、馬牛等皮、鬃尾、雜行沙里陀等物。中統三年，始置提領八作司，秩正九品。至元二十五年，改陞提舉八作司，秩正六品。二十九年，以出納委積，分爲左右兩司。

提舉左八作司，秩正六品。掌出納內府氈貨、柳器等物。其設置官員同上。

諸路雜造總管府，秩正三品。至元元年，改提領所爲提舉司。十四年，又改工部尙書行諸路雜造局總管府。定置達魯花赤一員，總管一員，同知一員，副總管一員，知事一員，提控案牘一員，令史六人，譯史一人。其屬二：

簾網局，大使一員，副使一員，並受省劄。至元元年始置。

收支庫，大使一員，副使一員。至元三十年始置。

茶迭兒局總管府，秩正三品。管領諸色人匠造作等事。憲宗朝置。至元十六年，始設總管一員。二十七年，置同知一員。後定置府官，達魯花赤一員，總管一員，同知一員，知事一員，提控案牘一員，司吏四人。其屬二：

諸司局，用從七品印。提領一員，相副官二員。中統三年始置。

收支庫，提領一員，大使、副使各一員。掌造作出納之物。

大都人匠總管府，秩從三品。至元六年始置。達魯花赤一員，總管一員，同知一員，經歷一員，提控案牘一員，令史十人，通事一人。其屬四：

繡局，用從七品印。大使一員，副使一員。掌綉造諸王百官段疋。

紋錦總院，提領一員，大使一員，副使一員。掌織諸王百官段疋。

涿州羅局，提領一員，大使一員。掌織造紗羅段疋。

尙方庫，提領一員，大使、副使各一員。掌出納絲金顏料等物。

隨路諸色民匠都總管府，秩正三品。掌仁宗潛邸諸色人匠。延祐六年，撥隸崇祥院，後又屬將作院。至治三年，歸隸工部。後定置達魯花赤一員，總管一員，同知一員，副總管一員，經歷一員，知事一員，提控案牘一員，照磨一員，令史八人，譯史二人，知印、通事各一人，奏差四人。其屬五：

織染人匠提舉司，秩從七品。至大二年設。達魯花赤一員，提舉一員，同提舉一員，副提舉一員，吏目一員。

雜造人匠提舉司，秩從七品。設置官屬同上。

大都諸色人匠提舉司，秩從五品。達魯花赤一員，提舉一員，同提舉一員，副提舉一員，吏目一員。

大都等處織染提舉司，秩從五品。管阿難答王位下人匠一千三百九十八戶。達魯花赤一員，提舉一員，同提舉一員，副提舉一員，吏目一員。

收支諸物庫，秩從七品。提領一員，大使一員，副使一員，庫子二人。

提舉都城所，秩從五品。提舉二員，同提舉二員，副提舉二員，吏目一員，照磨一員。掌修繕都城內外倉庫等事。至元三年置。其屬一：

左右廂，官四員，用從九品印。至元十三年置。

受給庫，秩正八品。提領一員，大使一員，副使一員。掌京城內外營造木石等事。至元十三年置。

符牌局，秩正八品。大使一員，副使一員，直長一員。掌造虎符等。至元十七年置。

旋匠提舉司，秩從五品。提舉一員，副提舉一員。至元九年置。

撒答剌欺提舉司，秩正五品。提舉一員，副提舉一員，提控案牘一員。至元二十四年，以札馬剌丁率人匠成造撒答剌欺，與絲紬同局造作，遂改組練人匠提舉司爲撒答剌欺提舉司。

別失八里局，秩從七品。大使一員，副使一員。掌織造御用領袖納失失等段。至元十三年始置。

忽丹八里局，大使一員，給從七品印。至元三年置。

平則門窰場，提領一員，大使一員，副使一員，給從六品印。至元十三年置。

光熙門窰場，提領一員，大使一員，副使一員，給從八品印。至元二十五年置。

大都皮貨所，提領一員，大使一員，副使一員，用從九品印。至元二十九年置。

通州皮貨所，提領一員，大使一員，副使一員，用從九品印。延祐六年置。

晉寧路織染提舉司，提舉一員，照略案牘一員。其屬：

提領所一，係官織染人匠局一，雲內人匠東、西局二，本路人匠局一，河中府、襄陵、翼城、潞州、隰州、澤州、雲州等局七。每局各設提領一員，副提領一員，惟澤州、雲州則止設提領一員。

冀寧路織染提舉司、眞定路織染提舉司，各置提舉一員，同提舉一員，副提舉一員，照略案牘一員。其屬二：

開除局，大使一員，副使一員，照略案牘一員。

眞定路紗羅兼雜造局，大使一員，副使一員。

南宮、中山織染提舉司，各設提舉一員，同提舉、副提舉一員，照略案牘一員。

中山劉元帥局，大使一員，副使一員。

中山察魯局，大使一員，副使一員。

深州織染局，大使一員，副使一員，照略案牘一員。

深州趙良局，大使一員，副使一員。

弘州人匠提舉司，提舉一員，同提舉一員，副提舉一員，照略案牘一員。

納失失毛段二局，院長一員。

雲內州織染局，大使一員，副使一員，照略案牘一員。

大同織染局，大使一員，副使一員，照略案牘一員。

朔州毛子局，大使一員。

恩州織染局，大使一員，副使一員，照略案牘一員。

恩州東昌局，提領一員。

保定織染提舉司，提舉一員，同提舉一員，副提舉一員，照略案牘一員。

大名人匠提舉司，提舉一員，同提舉一員，副提舉一員，照略案牘一員。

永平路紋錦等局提舉司，提舉一員，同提舉一員，副提舉一員，照略案牘一員。

大寧路織染局，大使一員，副使一員，照略案牘一員。

雲州織染提舉司，提舉一員，同提舉一員，副提舉一員，照略案牘一員。

順德路織染局，大使一員，副使一員，照略案牘一員。

彰德路織染人匠局，大使一員，副使一員，照略案牘一員。

懷慶路織染局，大使一員，副使一員，照略案牘一員。

別失八里局，官一員。

宣德府織染提舉司，提舉一員，同提舉一員，副提舉一員，照略案牘一員。

東聖州織染局，〔一五〕院長一員，局副一員。

宣德八魯局，提領一員，副使一員。

東平路曈局，直長一員。

興和路蕁麻林人匠提舉司，提舉一員，同提舉一員，副提舉一員，照略案牘一員。

陽門天城織染局，提領一員，副使一員，照磨案牘一員。

巡河提領所，提領二員，副提領一員。

校勘記

〔一〕又有所謂大司徒司徒太尉之屬或置或不置　本書卷一一〇三公表及元文類卷四〇經世大典序錄三公，「太尉」下皆有「司空」，此處疑脫。

〔二〕斷事官秩〔正〕三品　據元典章卷七官制職品補。按本書卷八四選舉志有「晉王位下斷事官，正三品」。新元史已校。

〔三〕二十三年六部尚書侍郎郎中定以二員爲額　前文吏部作「二十三年，定六部尚書、侍郎、郎中、員外郎員額各二員」。後文禮、兵、刑、工各部所載與吏部同。疑此脫。清續通考卷五三職官考元戶部增入「員外郎」。

〔四〕明年以戶部所掌視他部特爲繁劇增置二員　「增置二員」，所指不明，當有脫文。按前文戶部員額爲尚書三，侍郎二，郎中二，員外郎三。至元二十三年置六部尚書、侍郎、郎中、員外郎各二員。下文又云大德五年戶部「省尚書一員，員外郎亦省一員」，核諸前後文，二十四年所增置者當爲尚書、員外郎各二員。疑「增置」下脫「尚書、員外郎各」六字。

〔五〕諸路寶鈔〔都〕提舉司　按下文，至元二十四年改交鈔提舉司爲「諸路寶鈔都提舉司」。本書卷八二、八四選舉志「諸路寶鈔都提舉司」數見。據補。新元史已校。

〔六〕世祖至元二十五年改元寶庫爲寶鈔〔總〕庫　上文作「寶鈔總庫」。本書世祖紀至元二十五年九月癸卯條作「寶鈔總庫」。本書選舉志「寶鈔總庫」數見。據補。

〔七〕惟億倉既盈倉大有倉並係皇慶元年置　按經世大典倉庫，惟億倉、既盈倉均係至元二十六年九月建，惟大有倉建於皇慶。此處既盈倉下當注「並係至元二十六年置」。大有倉下所注「並係」二字衍。

〔八〕(廒)〔廣〕貯倉　本書卷九九兵志宿衞作「廣貯」。經世大典倉庫、元典章卷九倉庫官、南村輟耕錄卷二一公宇亦均作「廣貯」。據改。

〔九〕(榮)〔滎〕陽等綱　從道光本改。按本書卷五九地理志，河南省鄭州有滎陽。

〔一〇〕立清滄課三鹽司　既稱「三鹽司」，其所冠地名應有三。本書卷二〇成宗紀大德五年二月己卯條有「清、滄、深三鹽司」。新元史改「課」爲「深」，疑是。

〔一一〕國初設平陽府以徵課程之利　按本書卷九四食貨志有「太宗庚寅年，始立平陽府徵收課稅所，從實辦課」，另以本書卷二太宗紀二年庚寅十一月史文參證，「平陽府」下當脫「徵收課稅所」。新元史已校。

〔一二〕至元十三年始置　按本書卷七世祖紀，會同舘初立於至元九年十月癸卯，卷八世祖紀至元十年九月壬寅條又見會同舘。此作「十三」誤。

〔一三〕大使二員(正)〔從〕四品　按上文已書「會同舘，秩從四品」。元典章卷七官制職品列會同舘大使爲從四品。據改。新元史已校。

〔一四〕大都染局秩從九品大使一員管人匠六千有三戶　元典章卷七官制職品從七品局大使三百戶下一百戶上，列大都染局。新編改「千」爲「十」，疑是。

〔一五〕東聖州織染局　元無「東聖州」。「東聖」當爲「奉聖」或「東勝」之誤。

元史卷八十六

志第三十六

百官二

樞密院，秩從一品。掌天下兵甲機密之務。凡宮禁宿衞，邊庭軍翼，征討戍守，簡閱差遣，舉功轉官，節制調度，無不由之。世祖中統四年，置樞密副使二員、僉書樞密事一員。至元七年，置同知樞密院事一員、院判一員。二十八年，始置知院一員，增院判一員，又以中書平章商量院事。大德十年，增置知院二員、同知五員、副樞五員、僉院五員、同僉三員、院判二員。至大三年，知院七員，同知二員，副樞二員，僉院一員，同僉一員，院判二員，革去議事平章。延祐四年，以分鎮北邊，增知院一員。五年，增同知一員。後定置知院六員，從一品；同知四員，正二品；副樞二員，從二品；僉院二員，正三品；同僉二員，正四品；院判二員，正五品；參議二員，正五品；經歷二員，從五品；都事四員，正七品；承發兼照磨二員，正八品；架閣庫管勾一員，正九品；同管勾一員，從九品；掾史二十四人，譯史一十四人，通事三人，司印二人，宣使一十九人，銓寫二人，蒙古書寫二人，典吏一十七人，院醫二人。

客省使，秩從五品。大使二員，副使二員。至元十四年，置大使一員。十六年，增一員。二十一年，置副使一員。延祐五年，增一員。天曆元年，又增一員。尋定置大使二員，從五品；副使二員，從六品；令史二人。

斷事官，秩正三品。掌處決軍府之獄訟。至元元年，始置斷事官二員。八年，增二員。十九年，又增一員。二十年，又增二員。大德十一年，又增四員。皇慶元年，省二員。後定置斷事官八員，正三品；經歷一員，從七品；令史六人，譯史一人，通事、知印、奏差、典吏各一人。

行樞密院。國初有征伐之事，則置行樞密院。大征伐，則止曰行院。爲一方一事而設，則稱某處行樞密院，或與行省代設，事已則罷。

西川行樞密院，中統四年始置，設官二員，管四川軍民課稅交鈔、打捕鷹房人匠，及各投下應管公事，節制官吏諸色人等，幷軍官遷授征進等事。始置於成都。至元十年，又於重慶別置東川行樞密院，設官一員。十三年，併爲一院，尋復分東川行院。十六年，罷兩川行院。二十八年，復立四川行院於成都。

江南行樞密院。至元十年，罷河南省統軍司、漢軍都元帥、山東行院，置荆湖等路行院，設官三員；淮西行院，設官二員。掌調度軍馬之事。十二年，罷行院。十九年，詔於揚州、岳州俱立行院，各設官五員。二十一年，立沿江行院。二十二年，立江西行院，馬軍戍江州，步軍戍撫州。二十八年，徙岳州行院於鄂州，徙江淮行院於建康，其後行院悉併歸行省。

甘肅行樞密院。至大四年，置行院於甘州，爲甘肅等處行樞密院，設官四員，提調西路軍馬。後以甘肅省丞相提調，遂罷行院。

河南行樞密院，致和元年分置，專管調遣之事。天曆元年罷。

嶺北行樞密院，天曆二年置。知院一員，同知二員，副樞一員，僉院二員，同僉一員，院判二員，經歷一員，都事二員，蒙古必闍赤四人，掾史二人，怯里馬赤一人，知印一人，宣使四人。掌邊庭軍務，凡大小事宜，悉從裁決。

右衞，秩正三品。中統三年，初置武衞。至元元年，改爲侍衞。八年，改爲左、右、中三衞。掌宿衞扈從，兼屯田。國有大事，則調度之。二十年，增都指揮使一員、副都指揮使一員。〔一〕二十一年，置僉事二員。大德十一年，增都指揮使二員、副都指揮使一員。至大元年，增都指揮使三員、副都指揮使一員。四年，省都指揮使五員、副都指揮使二員。

有五：

後定置都指揮使三員，正三品；副都指揮使二員，從三品；僉事二員，正四品；經歷二員，從七品；知事二員，照磨一員，俱從八品；令史七人，譯史、通事、知印各一人。又其屬十

鎮撫所，鎮撫二員。

行軍千戶所十，秩正五品。達魯花赤十員，副達魯花赤十員，千戶十員，副千戶十員，彈壓二十員，百戶二百員，知事十員。

弩軍千戶所一，秩正五品。達魯花赤一員，千戶一員，彈壓二員，百戶十員。

屯田左右千戶所二，秩正五品。達魯花赤二員，千戶二員，彈壓二員，百戶四十員。

教官二，蒙古字教授一員，儒學教授一員。掌諸屯衞行伍耕戰之暇，使之習學國字，通曉書記。初由樞府選舉，後歸吏部。

左衞，秩正三品。至元八年，以侍衞改置。掌宿衞扈從，兼屯田。國有大事，則調度之。是年，增副指揮使一員。十六年，增副都指揮使一員。二十年，置僉事一員。二十二年，增僉事一員。二十四年，省都指揮使、副都指揮使一員。大德十一年，增都指揮使五員、副都指揮使二員、僉事二員。至大四年，省都指揮使六員、副都指揮使二員。其後定制，衞官：都指揮使三員，正三品；副都指揮使二員，從三品；僉事二員，正四品；經歷二員，從

七品；知事二員，照磨一員，俱從八品，令史七人，譯史、通事、知印各一人。其屬十有五：

鎮府所，鎮撫二員。

行軍千戶所凡十，秩正五品。達魯花赤十員，副達魯花赤十員，千戶十員，副千戶十員，彈壓二十員，百戶二百員，知事十員。

弩軍千戶所一，秩正五品。達魯花赤一員，千戶一員，彈壓二員，百戶十員。

屯田左右千戶所二，秩正五品。達魯花赤二員，千戶二員，〔三〕彈壓二員，百戶四十員。

教官二，蒙古字教授一員，儒學教授一員。

中衞，秩正三品。至元八年，以侍衞改置。掌宿衞扈從，兼營屯田。國有大事，則調度之。是年，置都指揮使一員、副都指揮使一員。二十年，增副都指揮使一員。二十一年，置僉事二員。二十三年，增都指揮使一員。大德十一年，增都指揮使二員、副使三員。至大元年，增都指揮使一員。四年，省都指揮使三員、副都指揮使三員。其後定置都指揮使三員，正三品；副都指揮使二員，從三品；僉事二員，正四品；經歷二員，從七品；知事二員，承發架閣照磨一員，俱從八品；令史七人，譯史、通事、知印各一人。其屬十有五：

鎮撫所，鎮撫二員。

行軍千戶所十，秩正五品。達魯花赤十員，副達魯花赤十員，千戶十員，副千戶十員，彈壓二十員，百戶二百員，知事十員。

弩軍千戶一，秩正五品。達魯花赤一員，千戶一員，彈壓二員，百戶十員。

屯田左右千戶所二，秩正五品。達魯花赤二員，千戶二員，彈壓二員，百戶四十員。

教官二，蒙古字教授一員，儒學教授一員。

前衞，秩正三品。至元十六年，以侍衞親軍創置前、後二衞。掌宿衞扈從，兼營屯田。國有大事，則調度之。是年，置都指揮使一員、副都指揮使二員。十八年，增都指揮使二員。二十年，置僉事一員。大德十一年，增都指揮使五員、副都指揮使一員、僉事三員。至大四年，省都指揮使五員、副都指揮使一員、僉事三員。後定置衞官，都指揮使三員，正三品；副都指揮使二員，從三品；僉事二員，正四品；經歷二員，從七品；知事二員，承發架閣照磨一員，俱從八品；令史七人，譯史、通事、知印各一人。又其屬十有七：

鎭撫所，鎭撫二員。

行軍千戶所十，秩正五品。達魯花赤十員，副達魯花赤十員，千戶十員，副千戶十員，彈壓二十員，百戶二百員。

弩軍千戶一，秩正五品。達魯花赤一員，千戶一員，（壓彈）〔彈壓〕二員，〔三〕百戶十員。

屯田千戶所二，秩正五品。達魯花赤二員，千戶二員，彈壓二員，百戶四十員。

門尉二，平則門尉一員，順承門尉一員。

教官二，蒙古字教授一員，儒學教授一員。

後衞，秩正三品。至元十六年，以侍衞親軍創置。掌宿衞扈從，兼營屯田。國有大事，則調度之。是年，置都指揮使二員、副都指揮使二員，後增設副都指揮使一員。十八年，增都指揮使二員。二十年，置僉事二員。大德十一年，增都指揮使五員、副都指揮使一員、僉事二員。至大四年，省都指揮使五員、副指揮使二員、〔四〕僉事二員。後定置都指揮使三員，正三品；副都指揮使二員，從三品；僉事二員，正四品；經歷二員，從七品；知事二員，照磨一員，俱從八品；令史七人，譯史二人，知印一人，通事二人。其屬十有四：

鎭撫所，鎭撫二員。

行軍千戶所十，秩正五品。達魯花赤十員，副達魯花赤十員，千戶十員，副千戶十員，彈壓二十員，百戶二百員。

弩軍千戶所一，秩正五品。達魯花赤一員，千戶一員，彈壓二員，百戶十員。

屯田千戶所一，秩正五品。達魯花赤一員，千戶二員，彈壓二員，百戶四十員。

教官二，蒙古字教授一員，儒學教授一員。

武衞親軍都指揮使司，秩正三品。掌修治城隍及京師內外工役，兼大都屯田等事。至元二十六年，樞密院以六衞六千人，大都屯田三千人，近路迤南萬戶府一千人，總一萬人，立武衞，設官五員。元貞、大德年間，累增都指揮使四員。至大三年，省都指揮使四員、副都指揮使一員。後定置衞官，達魯花赤一員，正三品；都指揮使三員，正三品；副都指揮使二員，從三品；僉事二員，正四品；經歷二員，從七品；知事二員，照磨一員，俱從八品；令史七人，譯史、通事、知印各一人。其屬十有五：

鎭撫所，鎭撫二員。

行軍千戶所七，秩正五品。達魯花赤七員，副達魯花赤七員，千戶七員，副千戶七員，百戶一百四十員，彈壓一十四員。

屯田千戶所六，秩正五品。達魯花赤各一員，千戶六員，百戶六十員，彈壓六員。

教官二，蒙古字教授一員，儒學教授一員。

隆鎭衞親軍都指揮使司，秩正三品。掌屯軍徼巡盜賊於居庸關南、北口，統領欽察、阿速護軍三千六百九十三人，屯駐東西四十三處。皇慶元年，陞隆鎭萬戶府爲隆鎭衞，置都指揮使三員、副都指揮使二員、僉事二員。延祐二年，又以哈兒魯軍千戶所，併隸東衞。四年，置色目經歷一員。至治二年，置愛馬知事一員。後定置衞官，都指揮使三員，正三品；副指揮使二員，從三品；僉事二員，正四品；經歷二員，從七品；知事二員，承發兼照磨一員，倶從八品；令史七人，譯史、通事、知印各一人。其屬十有二：

鎮撫所，鎮撫二員。

北口千戶所，秩正五品。達魯花赤一員，千戶一員，百戶七員。於上都路龍慶州東口置司。

南口千戶所，秩正五品。達魯花赤一員，千戶一員，百戶一員，彈壓一員。於大都路昌平縣居庸關置司。

白羊口千戶所，秩正五品。達魯花赤一員，千戶一員，百戶二員，彈壓一員。於大都路昌平縣東口置司。

碑樓口千戶所，秩正五品。達魯花赤一員，千戶一員，百戶一員，彈壓一員。於應州金城縣東口置司。

古北口千戶所，秩正五品。達魯花赤一員，千戶一員，百戶六員，彈壓一員。於檀州北面東口置司。

遷民鎮千戶所，秩正五品。達魯花赤一員，〔千戶一員〕，〔五〕百戶六員，彈壓一員。於大寧路東口置司。

黃花鎮千戶所，秩正五品。達魯花赤一員，千戶一員，百戶六員，彈壓一員。於昌平縣東口置司。

蘆兒嶺千戶所，秩五品。達魯花赤一員，千戶一員，百戶六員，彈壓一員。於昌平縣本口置司。

太和嶺千戶所，秩五品。達魯花赤一員，千戶一員，百戶六員，彈壓一員。於大同路（昌）〔馬〕邑縣本隘置司。〔六〕

紫荆關千戶所，秩五品。達魯花赤一員，千戶一員，百戶六員，彈壓一員。於易州易縣本隘置司。

隆鎮千戶所，秩五品。達魯花赤一員，千戶一員，百戶八員，彈壓一員。於龍慶州北口置司。

左右翼屯田萬戶府二，秩從三品。分掌斡端、別十八里迴還漢軍，及大名、衞輝新附之軍，并迤東迴軍，合爲屯田。至元二十六年置。延祐五年，隸詹事院，併入衞率府。復改隸樞密院。定置兩府達魯花赤各一員，萬戶各一員，副萬戶各一員，經歷各一員，知事各一員，提控案牘各一員，令（使）〔史〕各五人。〔七〕屬官鎮撫各二員。

千戶八所，達魯花赤八員，千戶八員，副千戶八員，百戶五十九員，彈壓一十六員。

千戶四所，達魯花赤四員，千戶四員，副千戶四員，百戶五十二員，彈壓八員。

左衞率府，秩正三品。至大元年，撥江南行省萬戶府精銳漢軍爲東宮衞軍，立衞率府，設官十一員。延祐四年，始改爲中翊府，又改爲御臨親軍指揮司，又以御臨非古典，改爲羽林。六年，復隸東宮，仍爲左衞率府。定置率使三員，正三品；副使二員，從三品；僉事二員，正四品；經歷一員，從七品；知事一員，照磨一員，俱從八品；令史七人，譯史、通事、知印各二人。其屬十有五：

鎭撫所，鎭撫二員。

行軍千戶所十，秩正五品。達魯花赤十員，千戶十員，副千戶十員，百戶二百員，彈壓二十員。

弩軍千戶所一，秩正五品。達魯花赤一員，千戶一員，百戶十員。

屯田千戶所三，秩正五品。達魯花赤三員，千戶三員，百戶六十員，彈壓三員。

教官三員，蒙古字教授一員，儒學教授一員，陰陽教授一員。

右衞率府，秩正三品。延祐五年，以速怯那兒萬戶府、〔八〕迤東女直兩萬戶府、右翼屯田萬戶府兵，合爲右衞率府，置官十二員。後定置率使二員，正三品；副使二員，從三品；僉事二員，正四品；經歷二員，從七品；知事二員，照磨一員，俱從八品；令史七人，譯史、通事、知印各二人。其屬七：

鎭撫所，鎭撫二員。

千戶所五，秩正五品。千戶五員，百戶四十五員，彈壓二員。

教官一，儒學教授一員。

河南淮北蒙古軍都萬戶府，秩正三品。至元二十四年，以四萬戶奧魯赤改爲蒙古軍都萬戶府，設府官四員、奧魯官四員。大德七年後，改爲河南淮北蒙古軍都萬戶府。延祐五年，罷奧魯官、副鎭撫等員。定置都萬戶一員，正三品；副都萬戶一員，從三品；經歷一員，從七品；知事一員，提控案牘一員，俱從八品；令史七人，譯史、通事各一人。屬官鎭撫二員。

八撒兒萬戶府，萬戶一員，副萬戶一員，經歷、知事、提控案牘各一員。鎭撫一員。

千戶所一十翼，達魯花赤一十員，千戶十員，副千戶十員，百戶七十三員，彈壓一十員。

札忽兒台萬戶府，萬戶一員，經歷、知事、提控案牘各一員。鎭撫一員。

千戶所七翼，千戶七員，百戶三十八員，彈壓七員。

脫烈都萬戶府，萬戶一員，副萬戶一員，經歷一員，知事一員，提控案牘一員。鎭撫一員。

千戶所九翼，千戶九員，百戶六十二員，彈壓九員。

和尙萬戶府，萬戶一員，副萬戶一員，經歷一員，知事、提控案牘各一員。鎭撫一員。

千戶所六翼，達魯花赤四員，千戶六員，副千戶四員，百戶四十七員，彈壓六員。

砲手千戶所一翼，千戶一員，百戶六員，彈壓一員。

哨馬千戶所一翼，達魯花赤一員，千戶一員，副千戶一員，彈壓二員，百戶九員，奧魯官二員。

右阿速衞親軍都指揮使司，秩正三品。掌宿衞城禁，兼營潮河、蘇沽兩川屯田，供給軍儲。至元九年，初立阿速拔都達魯花赤，置屬官。二十三年，遂名爲阿速之軍。至大二年，改立右阿速衞親軍都指揮使司，置達魯花赤三員、都指揮使三員、副都指揮使二員、僉事二員。四年，省達魯花赤三員。後定置達魯花赤一員，正三品；都指揮使三員，正三品；副都指揮使二員，從三品；僉事二員，正四品；經歷二員，從七品；知事二員，承發架閣照磨一員，從八品；令史七人，譯史、通事、知印各一人。鎭撫二員。其屬五：

行軍千戶所，千戶七員，百戶九員。

把門千戶二員，百戶五員，門尉一員。

本投下達魯花赤一員，長官一員，副長官一員。

廬江縣達魯花赤一員，主簿一員。

教官，儒學教授一員。

左阿速衞親軍都指揮使司，品秩職掌同右阿速衞。至元九年，初立阿速拔都達魯花赤，置屬官。二十三年，遂名爲阿速之軍。至大二年，改立左衞阿速親軍都指揮使司，置達魯花赤二員、都指揮使六員、副都指揮使四員、僉事二員。四年，省達魯花赤一員、都指揮使三員。後定置達魯花赤一員，都指揮使三員，副都指揮使二員，僉事二員，經歷二員，知事二員，照磨一員。鎭撫二員。其屬四：

本投下達魯花赤二員，長官二員。

鎭巢縣達魯花赤二員，主簿一員。

圍宿把門千戶所一十三翼，千戶二十六員，百戶一百三十員，彈壓一十三員。

教官，儒學教授一員。

回回砲手軍匠上萬戶府，秩正三品。至元十一年，置砲手總管府。十八年，始立爲都元帥府。二十二年，改爲萬戶府。後定置達魯花赤一員，萬戶一員，副萬戶一員，經歷、知事、提控案牘各一員，令史四人，譯史一人。鎭撫二員。

千戶所三翼，達魯花赤三員，千戶三員，副千戶三員，百戶三十二員，彈壓六員。

唐兀衞親軍都指揮使司，秩正三品。總領河西軍三千人，以備征討。至元十八年始立，置都指揮使二員、副都指揮使二員。二十二年，增都指揮使一員、僉事一員。大德五年，增指揮使二員。至大元年，增都指揮一員。四年，省都指揮使三員、副都指揮使一員。後定置都指揮使三員，正三品；副都指揮使二員，從三品；僉事二員，正四品；經歷一員，從七品；知事一員，照磨一員，俱從八品；令史七人，通事、譯史、知印各一人。鎮撫二員，奧魯官正副各一員。

千戶所九翼，正千戶九員，副千戶九員，百戶七十五員，彈壓九員，奧魯官正副各九員。門尉三，（建）〔健〕德門一，〔九〕和義門一，肅清門一。

教官二，儒學教授一員，蒙古字教授一員。

貴赤衛親軍都指揮使司，秩正三品。至元二十四年立，置都指揮使二員、副都指揮二員、僉事二員。二十九年，置達魯花赤一員。大德十一年，增達魯花赤一員、都指揮使四員、副都指揮一員。至大元年，省達魯花赤一員、都指揮使四員、副都指揮使三員。後定置達魯花赤一員，正三品；都指揮使二員，（從）〔正〕三品；〔一〇〕副都指揮使二員，從三品；僉事二員，正四品；經歷二員，從七品；知事二員，照磨一員，令史七人，知印一人，通事、譯史各一人。鎮撫二員。

千戶所八翼，每所置達魯花赤一員，千戶一十六員，百戶八十員，彈壓八員，門尉二員。延安屯田打捕總管府，秩從三品。管析居放良人戶，并兀里吉思田地北來蒙古人戶。至元十八年始設，定置達魯花赤一員，總管一員，同知一員，經歷、知事各一員。屬官打捕屯田官一十二員。

大寧海陽等處屯田打捕所，秩從七品。掌北京、平灤等路析居放良不蘭奚等戶。至元二十二年，置總管府。元貞元年，罷總管府，置打捕所。定置達魯花赤一員，長官一員。教官，蒙古字教授一員，儒學教授一員。

忠翊侍衞親軍都指揮使司，秩正三品。至元二十九年，始立屯田府。大德十一年，增軍數，立爲大同等處指揮使司。至大四年，屬徽政院。延祐元年，改中都威衞使司，仍隸徽政院，尋復改屬樞密院。至治元年，改爲忠翊侍衞。後定置都指揮使三員，正三品；副都指揮使二員，從三品；僉事二員，正四品；經歷二員，從七品；知事二員，照磨一員，俱從八品；令史七人，譯史、通事、知印各一人。鎭撫二員。

行軍千戶所一十翼，達魯花赤一十員，副達魯花赤一十員，千戶一十員，副千戶一十員，百戶二百六員，彈壓二十員。

弩軍千戶所一翼，達魯花赤一員，千戶一員，百戶一十員，彈壓一十員。

屯田左右手千戶所二翼，達魯花赤二員，千戶二員，百戶四十員，彈壓四員。

西域親軍都指揮使司，秩正三品。元貞元年始立，設官十一員。大德十一年，增都指揮使二員，又增指揮使三員、副都指揮使二員、僉事二員。至大四年，省都指揮使五員、副都指揮使二員、僉事二員。後定置達魯花赤一員，正三品；都指揮使二員，正三品；副都指揮使二員，從三品；僉事二員，正四品；經歷二員，從七品；知事二員，承發架閣兼照磨一員，並從八品；令史七人，通事、譯史、知印各一人。鎭撫二員。

行軍千戶所，千戶一十三員，百戶二十九員。

把門千戶二員，百戶八員，門尉一員。

教官，儒學教授一員。

宗仁蒙古侍衞親軍都指揮使司，秩正三品。至治二年，以亦乞列思人氏一百戶，與所收蒙古子女通三千戶，及清州匠二千戶，屯田漢軍二千戶，立宗仁衞以統之。定置都指揮使三員，正三品；副都指揮使二員，從三品；僉事二員，正四品；經歷二員，從七品；知事二員，照磨一員，俱從八品；令史七人，知印二人，怯里馬赤二人，譯史二人。鎭撫二員。

蒙古軍千戶所一十翼，千戶二十員，百戶一百員，彈壓一十員。

屯田千戶所，千戶四員，百戶四十員，彈壓四員。

教官二，儒學教授一員，蒙古〔字〕教授一員。〔一〕

山東河北蒙古軍大都督府，秩從二品。掌各路軍民科差征進，及調遣總攝軍馬公事。至元二十一年，罷統軍司都元帥府，立蒙古軍都萬戶府。大德七年，改山東河北蒙古軍都萬戶府。延祐五年罷。天曆二年，改立爲大都督府。定置正官大都督三員，從二品；同知一員，從三品；副使一員，從四品；經歷一員，從六品；都事二員，從七品；承發兼照磨一員，正八品；令史八人，譯史、通事、知印各二人，宣使五人，典吏三人。鎭撫二員。

左手萬戶府，萬戶一員，副萬戶一員，經歷一員，知事一員，提控案牘一員。鎭撫一員。

千戶九翼，千戶一十一員，百戶七十四員，彈壓一十一員。

右手萬戶府，萬戶一員，副萬戶一員，經歷一員，知事一員，提控案牘一員。鎭撫一員。

千戶九翼，千戶九員，百戶六十三員，彈壓九員。

拔都萬戶府，達魯花赤一員，萬戶一員，副萬戶一員，經歷一員，知事一員，提控案牘一員。鎭撫一員。

千戶六翼，千戶七員，百戶四十一員，彈壓五員。

哈答萬戶府，達魯花赤一員，萬戶一員，經歷一員，知事一員，提控案牘一員。鎭撫一員。

千戶八翼，千戶八員，百戶二十四員，彈壓八員。

蒙古回回水軍萬戶府，達魯花赤一員，萬戶一員，副萬戶一員，經歷、知事、提控案牘各一員。鎭撫二員。

千戶八翼，達魯花赤二員，千戶六員，百戶四十六員，彈壓九員。

玘都哥萬戶府，初隸都府七千戶翼，延祐三年樞密院奏，改立萬戶府。達魯花赤一員，萬戶一員，副萬戶一員，經歷、知事、提控案牘各一員。鎭撫二員。

千戶七翼，千戶九員，百戶三十五員，彈壓八員。

哈必赤千戶翼，千戶一員，百戶四員，彈壓一員。直隸大都督府。

洪澤屯田千戶趙國宏翼，達魯花赤一員，千戶一員，副千戶一員，百戶一十四員，彈壓二員。直隸大都督府。

左翊蒙古侍衞親軍都指揮使司，秩正三品。至元十八年，以蒙古侍衞總管府依五衞之例，爲指揮使司，設官十二員，奧魯官二員。大德七年，奏改爲左翊蒙古侍衞親軍都指揮使司。延祐五年，罷奧魯官。後定置司官，都指揮使三員，正三品；副都指揮使二員，從三品；僉事二員，正四品；經歷二員，從七品；知事二員，承發架閣兼照磨一員，並從八品；令史七人，譯史、通事、知印各一人，典吏二人。鎭撫二員。

千戶所七翼，正千戶七員，副千戶七員，知事七員，彈壓七員，百戶六十二員。

教官二，蒙古字教授一員，儒學教授一員。

右翊蒙古侍衞親軍都指揮使司，品秩同左衞。至元十八年，以蒙古侍衞總管府依五衞例，爲指揮使司，設官十二員，奥魯官二員。大德七年，奏改爲右翊蒙古侍衛親軍都指揮使司。延祐五年，罷奥魯官。後定置司官，都指揮使三員，正三品；副都指揮使二員，從三品；僉事二員，正四品；經歷二員，從七品；知事二員，承發兼照磨架閣一員，並從八品；令史七人，譯史、通事、知印各一人，典吏二人。鎭撫二員。

千戶所一十二翼，正千戶一十二員，副千戶一十二員，知事一十二員，彈壓一十二員，百戶一百九員。

教官，蒙古字教授一員，儒學教授一員。

虎賁親軍都指揮使司，秩正三品。管領上都路元籍軍人，兼奥魯之事。至元十六年，立虎賁軍，設官二員。十七年，置都指揮使二員、副都指揮使一員，又增置副都指揮使一員。元貞三年，以虎賁軍改爲虎賁親軍都指揮使司。十一年，〔三〕增置都指揮使六員。至大四年，省都指揮使九員。後定置司官，都指揮使三員，正三品；副都指揮使二員，從三品；僉事二員，正四品；經歷一員，從七品；知事、照磨兼承發各一員，並從八品；令史七人，譯史、通事、知印各一人，典吏二人。鎭撫二員，都目一員。

撒的赤千戶翼，正達魯花赤一員，副達魯花赤一員，正千戶一員，副千戶一員，知事一員，百戶二十員，彈壓二員。

不花千戶翼，正達魯花赤一員，副達魯花赤一員，正千戶一員，副千戶一員，百戶二十二員，彈壓二員。

脫脫木千戶翼，正達魯花赤一員，副達魯花赤一員，正千戶一員，副千戶一員，知事一員，百戶二十八員，彈壓二員。

大忽都魯千戶翼，正達魯花赤一員，副達魯花赤一員，正千戶一員，副千戶一員，知事一員，百戶二十四員，彈壓二員。

楊千戶翼，正達魯花赤一員，副達魯花赤一員。正千戶一員，副千戶一員，知事一員，百戶二十二員，彈壓二員。

迷里火者千戶翼，正達魯花赤一員，副達魯花赤一員，正千戶一員，副千戶一員，知事一員，百戶二十員，彈壓二員。

大都督府，正二品。管領左右欽察兩衞、龍翊侍(御)〔衞〕、〔一三〕東路蒙古軍元帥府、東路蒙古軍萬戶府、哈剌魯萬戶府。天曆二年，始立欽察親軍都督府，秩從二品。後改大都督府。置大都督三員，正二品；同知二員，正三品；副都督三員，從三品；僉都督事二員，正四品；經歷二員，從六品，都事二員，從七品；管勾一員，照磨一員，俱正八品；令史八人，蒙古必闍赤二人，怯里馬赤二人，知印二人，宣使六人。

右欽察衞，秩正三品。至元二十三年，依河西等衞例，立欽察衞，設官十員。至治二年，分爲左右衞。天曆二年，撥隸大都督府。定置達魯花赤一員，正三品；都指揮二員，正三品；副使二員，從三品；僉事二員，正四品；經歷二員，從七品；知事二員，照磨二員，並從八品；令史七人，譯史、通事、知印各一人。鎭撫一員。

行軍千戶十八所，達魯花赤各一員，千戶三十六員，百戶一百八十員，彈壓一十八員。

屯田千戶所二，達魯花赤二員，千戶二員，百戶二十員，彈壓二員。

門尉二員。

儒學教授一員，至大四年始置。蒙古字教授一員，延祐四年始置。

左欽察衞，秩正三品。至治二年，依阿速衞例，分爲兩衞，設官十員。天曆二年，撥隸大都督府。定置衞官，都指揮使三員，正三品；副都指揮二員，從三品；僉事二員，正四品；經歷二員，從七品；知事二員，照磨一員，從八品；令史七人，譯史、通事、知印各一人。屬官鎭撫二員。

行軍千戶所一十翼，千戶一十員，百戶八十二員，彈壓九員，奧魯官四員。

守城千戶所一翼，達魯花赤一員，千戶一員，百戶九員，彈壓一員。

屯田千戶所一翼，達魯花赤一員，千戶一員，百戶十員，彈壓一員。

教官，儒學教授一員。

龍翊侍衞親軍都指揮使司，秩正三品。天曆元年始立，設官十四員。二年，又置愛馬知事一員，又以左欽察衞唐吉失九千戶隸本衞。定置官，都指揮使三員，正三品；副都指揮使二員，從三品；僉事二員，正四品；經歷一員，從七品；知事一員，照磨一員，並從八品；令史七人，譯史二人，怯里馬赤二人，知印二人。鎮撫二員。

行軍千戶所九翼，達魯花赤一員，千戶六員，副千戶一員，百戶四十五員，彈壓五員。

屯田一翼欽察千戶所，達魯花赤一員，千戶一員，百戶二十二員，彈壓二員。

教官二，蒙古字教授一員，儒學教授一員。

哈剌魯萬戶府，掌守禁門等處應直宿衞。至元二十四年，招集哈剌魯軍人，立萬戶府。尋移屯襄陽。後征交趾。大德二年置司南陽。天曆二年，奏隸大都督府。定置官，達魯花赤一員，萬戶一員，經歷、知事各一員，提控案牘一員。鎮撫一員，吏目一員。

千戶所三翼，千戶三員，百戶九員，彈壓三員。

御史臺，秩從一品。大夫二員，從一品；中丞二員，正二品；侍御史二員，從二品；治書侍御史二員，（從二）〔正三〕品。〔一四〕掌糾察百官善惡、政治得失。至元五年，始立臺建官，設官七員。大夫從二品，中丞從三品，侍御史從五品，治書侍御史從六品，典事從七品，檢法二員，獄丞一員。七年，改典事爲都事。十九年，罷檢法、獄丞。二十一年，陞大夫爲從一品，中丞爲正三品，侍御史爲正五品，治書爲正六品。二十七年，大夫以下品從各陞一等，始置〔蒙古〕經歷一員。〔一五〕大德十一年，陞中丞爲正二品，侍御史爲從二品，治書侍御史爲正三品。皇慶元年，增中丞爲三員。二年，減一員。至治二年，大夫一員。後定置御史大夫二員、中丞二員、侍御史二員、治書侍御史二員，品秩如上。經歷一員，從五品；都事二員，正七品；照磨一員，正八品；承發管勾兼獄丞一員，正八品；架閣庫管勾兼承發一員，正九品；掾史一十五人，譯史四人，知印二人，通事二人，宣使十人，臺醫二人，蒙古書寫二人，典吏六人，庫子二人。其屬有二：

殿中司，殿中侍御史二員，正四品。至元五年始置，秩正七品，後陞正四品。凡大朝會，百官班序，其失儀失列，則糾罰之；在京百官到任假告事故，出三日不報者，則糾舉之；大臣入內奏事，則隨以入，凡不可與聞之人，則糾避之。知班四人，通事、譯史各一人。

察院，秩正七品。監察御史三十二員。司耳目之寄，任刺舉之事。至元五年，始置御史十(一)〔二〕員，〔一六〕悉以漢人爲之。八年，增置六員。十九年，增置一十六員，〔一七〕始參用蒙古人爲之。至元二十二年，參用南儒二人。書吏三十二人。

江南諸道行御史臺，設官品秩同內臺。至元十四年，始置江南行御史臺于揚州，尋徙杭州，又徙江州。二十三年，遷于建康，以監臨東南諸省，統制各道憲司，而總諸內臺。初置大夫、中丞、侍御史、治書侍御史各一員，統淮東、淮西、湖北、浙東、浙西、江東、江西、湖南八道提刑按察司。十五年，增江南湖北、嶺南廣西、福建廣東三道。二十三年，以淮東、淮西、山南三道，撥隸內臺。三十年，增海北海南一道。大德元年，定爲江南諸道行御史臺，設官九員，以監江浙、江西、湖廣三省，統江東、江西、浙東、浙西、湖南、湖北、廣東、廣西、福建、海南十道。大夫二員，中丞二員，侍御史二員，治書侍御史二員，經歷一員，都事二員，照磨一員，架閣庫管勾一員，承發管勾兼獄丞一員，令史一十六人，譯史四人，回回掾史、通事、知印各二人，宣使十人，典吏、庫子、臺醫各有差。

察院，品秩如內察院。至元十四年，置監察御史十員。〔書吏十員〕。〔一八〕二十三年，增蒙古御史十四員、書吏十四人，又增漢人御史四員、書吏四人。後定置御史二十八員、書吏二十八人。

陝西諸道行御史臺，設官品秩同內臺。至元二十七年，始置雲南諸路行御史臺，官止四員。大德元年，移雲南行臺於京兆，爲陝西行臺，而雲南改立廉訪司。延祐元年罷。二年復立，統漢中、隴北、四川、雲南四道。定置大夫一員、御史中丞二員、侍御史二員、治書侍御史二員、經歷一員、都事二員、照磨一員、架閣庫管勾一員、承發司管勾兼獄丞一員、掾史二十二人、蒙古必闍赤二人、回回掾史一人、通事二人、知印一人、宣使十人、典吏五人、庫子二人。

察院，品秩同內察院。監察御史二十員，書吏二十人。

肅政廉訪司。國初，立提刑按察司四道：曰山東東西道，曰河東陝西道，曰山北東西道，曰河北河南道。至元六年，以提刑按察司兼勸農事。八年，置河東山西道、陝西四川道。十二年，分置燕南河北道。十三年，以省併衙門，罷按察司。十四年復置，增立八道：曰江北淮東道，曰淮西江北道，曰山南江北道，曰浙東海右道，曰江南浙西道，曰江東建康道，曰江西湖東道，曰嶺北湖南道。十五年，復增三道：曰江南湖北道，曰嶺南廣西道，曰福建廣東道。十九年，增西蜀四川道。二十年，增海北廣東道，改福建廣東道曰福建閩海道。以雲南七路，置雲南道。以女直之地，置海西遼東道。二十三年，以淮東、淮西、山南三道，撥隸內臺。二十四年，增河西隴右道。是年，罷雲南道。二十五年，罷海西遼東。二十七年，以雲南按察司所治，立雲南行御史臺。二十八年，改按察司曰肅政廉訪司。大德元年，徙雲南行臺于陝西，復立雲南道。三十年，增海北海南道，其後遂定爲二十二道。〔一九〕每道廉訪使二員，正三品；副使二員，正四品；僉事四員，兩廣、海南止二員，正五品；經歷一員，從七品；知事一員，正八品；照磨兼管勾一員，正九品；書吏十六人，譯史、通事各一人，奏差五人，典吏二人。

內道八，隸御史臺

山東東西道，濟南路置司。

河東山西道，冀寧路置司。

燕南河北道，眞定路置司。

江北河南道，汴梁路置司。

山南江北道，中興路置司。

淮西江北道，廬州路置司。

江北淮東道，揚州路置司。

山北遼東道，大寧路置司。

江南十道，隸江南行臺：

江東建康道，寧國路置司。

江西湖東道，龍興路置司。

江南浙西道，杭州路置司。
浙東海右道，婺州路置司。
江南湖北道，武昌路置司。
嶺北湖南道，天臨路置司。
嶺南廣西道，靜江府置司。
海北廣東道，廣州路置司。
海北海南道，雷州路置司。
福建閩海道，福州路置司。
陝西四道，隸陝西行臺：
陝西漢中道，鳳翔府置司。
河西隴北道，甘州路置司。
西蜀四川道，成都路置司。
雲南諸路道，中慶路置司。

校勘記

〔一〕至元元年改爲侍衞八年改爲左右中三衞掌宿衞扈從兼屯田國有大事則調度之二十年增都指揮使一員副都指揮使一員　道光本考證云：「按經世大典，至元三年改武衞爲侍衞親軍，已分左右翼，置都指揮使，唯無中衞耳。至元八年乃增設。」按此處失書置都指揮使事。下左衞同。

〔二〕達魯花赤一員千戶二員　按兩千戶所各有達魯花赤，此處「一」當爲「二」之誤。

〔三〕（壓彈）〔彈壓〕二員　從北監本改正。

〔四〕省都指揮使五員副指揮使二員　按上文所述始置、增置之官，均爲都指揮使、副都指揮使，此處疑「副」下脫「都」。

〔五〕〔千戶一員〕　從道光本補。

〔六〕大同路（昌）〔馬〕邑縣　按本書卷五八地理志，昌邑縣屬益都路濰州，與大同路無涉，大同路朔州有馬邑縣。據改。

〔七〕令（使）〔史〕　從北監本改。

〔八〕速怯那兒萬戶府　本書卷二六仁宗紀延祐五年二月戊午、六年七月壬戌條皆作「者連怯耶兒萬戶府」。卷一〇〇兵志有「折連怯呆兒」。按此地名漢譯「黄羊川」。此處脫「者」字，「連」誤爲「速」，「耶」誤爲「那」。

〔九〕（建）〔健〕德門一　據本書卷五八地理志改。

〔一〇〕都指揮使二員（從）〔正〕三品　從道光本改。按上文已書「貴赤衞親軍都指揮使司，秩正三品」。

〔一一〕蒙古〔字〕教授　從道光本補。

〔一二〕十一年　上有「元貞三年」，下有「至大四年」，此處「十一年」上當脫「大德」二字。

〔一三〕龍翊侍（御）〔衞〕　據後文及本書卷九九兵志改。

〔一四〕治書侍御史二員（從二）〔正三〕品　按下文及經世大典御史臺均稱大德十一年治書侍御史定爲「正三品」。下文又稱定置時「品秩如上」，卽與大德十一年同。證「從二」爲「正三」之誤。今改。

〔一五〕始置〔蒙古〕經歷一員　本書卷一六世祖紀至元二十七年三月庚申條有「增蒙古經歷一員，從五品」。經世大典御史臺云至元二十七年三月「蒙古都事一員，改陞經歷」。據補。

〔一六〕始置御史十（一）〔二〕員　據經世大典御史臺改。按經世大典列有首任御史王炳等十二人姓名，此作「十一」誤。

〔一七〕十九年增置一十六員　經世大典御史臺有「十九年三月省二員，十二月增置一十六員」。此處「十九年」下當有「省二員，又」等字，始合定置三十二員之數。

〔一八〕置監察御史十員〔書吏十員〕　據經世大典御史臺補。如此前後相加，始能得下文定置書吏二十八人之數。

〔一九〕大德元年徙雲南行臺于陝西復立雲南道三十年增海北海南道其後遂定爲二十二道　按本書卷一七世祖紀至元三十年十一月丁巳條有「立海北海南道肅政廉訪司」，卷二〇成宗紀大德三年十一月甲寅條有「復立海北海南道肅政廉訪司」。此處三十年事當在大德元年之前。

元史卷八十七

志第三十七

百官三

大宗正府，秩從一品。國初未有官制，首置斷事官，曰札魯忽赤，會決庶務。凡諸王駙馬投下蒙古、色目人等，應犯一切公事，及漢人姦盜詐僞、蠱毒厭魅、誘掠逃驅、輕重罪囚，及邊遠出征官吏、每歲從駕分司上都存留住冬諸事，悉掌之。至元二年，置十員。三年，置八員。九年，降從一品銀印，止理蒙古公事。以諸王爲府長，餘悉御位下及諸王之有國封者。又有怯薛人員，奉旨署事，別無頒受宣命。十四年，置十四員。十五年，置十三員。二十一年，置二十一員。二十二年，增至三十四員。二十八年，增至四十六員。大德四年，省五員。十一年，四十一員。皇慶元年，省二員，以漢人刑名歸刑部。泰定元年，復命兼理，置札魯忽赤四十二員，令史改爲掾史。致和元年，以上都、大都所屬蒙古人并怯薛軍站色目與漢人相犯者，歸宗正府處斷，其餘路府州縣漢人、蒙古、色目詞訟，悉歸有司刑部掌管。正官札魯忽赤四十二員，從一品；郎中二員，從五品；員外郎二員，從六品；都事二員，從七品；承發架閣庫管勾一員，從八品；掾史十人，蒙古必闍赤十三人，通事、知印各三人，宣使十人，蒙古書寫一人，典吏三人，庫子一人，醫人一人，司獄二員。

大司農司，秩正二品。凡農桑、水利、學校、饑荒之事，悉掌之。至元七年始立，置官五員。十四年罷，以按察司兼領勸農事。十八年，改立農政院，置官六員。二十年，又改立務農司，秩從三品，置達魯花赤一員、務農使一員、同知二員。是年，又改司農寺，達魯花赤一員，司農卿二員，司丞一員。二十三年，仍為大司農司，秩仍正二品。大德元年，增領大司農事一員。皇慶二年，陞從一品，增大司農一員。定置大司農四員，從一品；大司農卿二員，正二品；少卿二員，從二品；大司農丞二員，從三品；經歷一員，從五品；都事二員，從七品；架閣庫管勾一員，照磨一員，並正八品；掾史十二人，蒙古必闍赤二人，回回掾史一人，知印二人，通事一人，宣使八人，典吏五人。

籍田署，秩從六品。掌耕種籍田，以奉宗廟祭祀。至元七年始立，隸大司農。十四年，罷司農，隸太常寺。二十三年，復立大司農司，仍隸焉。署令一員，從六品；署丞一員，從七品；司吏一人。

供膳司，秩從五品。掌供給應需，貨買百色生料，幷桑哥籍入貲產。至元二十二年始置，隸司農。置達魯花赤一員，提點一員，並從五品；司令一員，正六品；丞一員，正七品；吏一人。

輔用庫，秩正九品。掌規運息錢，以給供需。大使一員，副使一員。

興中州等處油戶提領所，秩從九品。提領一員，大使一員，副使一員。歲辦油十萬斤，以供內庖。至元二十九年始置。

蔚州麵戶提領所，提領一員，副使一員。掌辦白麵葱菜，以給應辦，歲計十餘萬斤。

右屬供膳。

永平屯田總管府，秩從三品。達魯花赤一員，總管一員，同知一員，知事一員，司吏四人。至元二十四年，始立於永平路南馬城縣，以北京採木三千人隸之。所轄昌國、濟民、豐贍三署，各置署令一員、署丞一員、直長一人、吏目二人、吏二人。

翰林兼國史院，秩正二品。中統初，以王鶚爲翰林學士（承旨），〔一〕未立官署。至元元年始置，秩正三品。六年，置承旨三員、學士二員、侍讀學士二員、侍講學士二員、直學士二員。八年，陞從二品。十四年，增承旨一員。十六年，增侍讀學士一員。十七年，增承旨二員。二十年，省併集賢院爲翰林國史集賢院。二十一年，增學士二員。二十二年，復分立集賢院。二十三年，增侍講學士一員。二十六年，置官吏五員，掌管教習亦思替非文字。二十七年，增承旨一員。大德九年，陞正二品，改典簿爲司直，置都事一員。至大元年，置承旨九員。皇慶元年，陞從一品，改司直爲經歷。延祐元年，別置回回國子監學，以掌亦思替非官屬歸之。五年，置承旨八員。後定置承旨六員，從一品；學士二員，正二品；侍讀學士二員，從二品；侍講學士二員，從二品；直學士二員，從三品。屬官：待制五員，正五品；修撰三員，從六品；應奉翰林文字五員，從七品；編修官十員，正八品；檢閱四員，正八品；典籍二員，正八品；經歷一員，從五品；都事一員，從七品；掾史四人，譯史、通事、知印各二人，蒙古書寫五人，書寫十人，接手書寫十人，典吏三人，典書二人。

蒙古翰林院，秩從二品。掌譯寫一切文字，及頒降璽書，並用蒙古新字，仍各以其國字副之。至元八年，始立新字學士於國史院。十二年，別立翰林院，置承旨一員、直學士一員、待制二員、修撰一員、應奉四員、寫聖旨必闍赤十有一人、令史一人、知印一人。十八年，增承旨一員、學士三員，省漢兒令史，置蒙古必闍赤四人。二十九年，增承旨一員、侍讀學士一員，知印一人。三十年，增管勾一員。大德五年，陞正二品。九年，置司直一員、都事一員。皇慶元年，改陞從一品，設官二十有八，吏屬二十有四。延祐二年，改司直爲經歷。後定置承旨七員、學士二員、侍讀學士二員、侍講學士二員、直學士二員、待制四員、修撰二員、應奉五員、經歷一員、都事一員，品秩並同翰林國史院。承發架閣庫管勾一員，正九品；必闍赤一十四人，掾史三人，通事一人，譯史一人，知印二人，書寫一人，典吏三人。

蒙古國子監，秩從三品。至元十四年始立，置司業一員。二十九年，准漢人國學例，置祭酒、司業、監丞。延祐四年，陞正三品。七年，復降爲從三品。後定置祭酒一員，從三品；司業二員，正五品；監丞一員，正六品；令史一人，必闍赤一人，知印一人。

蒙古國子學，秩正七品。博士二員，助教二員，教授二員，學正、學錄各二員。掌教習諸生。於隨朝百官、怯薛台、蒙古、漢兒官員家，選子弟俊秀者入學。至元八年，置官五員。後以每歲從駕上都，教習事繁，設官員少，增學正二員、學錄二員。三十一年，增助教一員，典給一人。後定置博士二員，正七品；助教二員，教授二員，並正八品；學正、學錄各二員，典書一人，典給一人。

內八府宰相，掌諸王朝覲儐介之事。遇有詔令，則與蒙古翰林院官同譯寫而潤色之。謂之宰相云者，其貴似侍中，其近似門下，故特寵之以是名。雖有是名，而無授受宣命，品秩則視二品焉。大德九年，以滅怯禿等八人爲之。天曆元年，爲內八府宰之職，故附見于此云。

集賢院，秩從二品。掌提調學校、徵求隱逸、召集賢良，凡國子監、玄門道教、陰陽祭祀、占卜祭遁之事，悉隸焉。國初，集賢與翰林國史院同一官署。至元二十二年，分置兩院，置大學士三員、學士二員、直學士二員、典簿一員、吏屬七人。二十四年，增置學士一員、侍讀學士一員、待制一員。尋陞正二品，置院使一員，正二品；大學士二員，從二品；學士三員，從二品；〔三〕侍讀學士一員，從三品；侍講學士一員，從三品；直學士二員，從四品；司直一員，從五品；待制一員，正五品。二十五年，增都事一員，從七品；修撰一員，從六品。元貞元年，增院使一員。大德十一年，陞從一品，置院使六員、經歷二員。至大四年，省院使六員。皇慶二年，省漢人經歷一員。後定置大學士五員，從一品；學士二員，正二品；侍讀學士二員，侍講學士二員，並從二品；直學士二員，從三品；經歷一員，從五品；都事二員，從七品；待制一員，正五品；修撰一員，從六品；兼管勾承發架閣庫一員，正八品；掾史六人，譯史、知印各二人，通事一人，宣使七人，典吏三人。

國子監。至元初，以許衡爲集賢館大學士、國子祭酒，教國子與蒙古大姓四怯薛人員。選七品以上朝官子孫爲國子生，隨朝三品以上官得舉凡民之俊秀者入學，爲陪堂生伴讀。至元二十四年，始置監祭酒一員，從三品，司業二員，正五品，掌學之教令，皆德尊望重者爲之。監丞一員，正六品，專領監務。典簿一員，令史二人，譯史、知印、典吏各一人。國子學，秩正七品。置博士二員，掌教授生徒、考較儒人著述、教官所業文字。助教四員，分教各齋生員。大德八年，爲分職上都，增置助教二員、學正二員、學錄二員，督習課業。典給一員，掌生員膳食。至元二十四年，定置生員額二百人、伴讀二十人。至大四年，生員三百人。延祐二年，增置生員一百人、伴讀二十人。

興文署，秩從六品。署令一員，以翰林修撰兼之。署丞一員，以翰林應奉兼之。至治二年罷，置典簿一員，從七品，掌提調諸生飲膳，與凡文牘簿書之事。仍置典吏一人。

宣政院，秩從一品。掌釋教僧徒及吐蕃之境而隸治之。遇吐蕃有事，則爲分院往鎭，亦別有印。如大征伐，則會樞府議。其用人則自爲選。其爲選則軍民通攝，僧俗並用。至元初，立總制院，而領以國師。二十五年，因唐制吐蕃來朝見於宣政殿之故，更名宣政院。置院使二員、同知二員、副使二員、參議二員、經歷二員、都事四員、管勾一員、照磨一員。二十六年，置斷事官四員。二十八年，增僉院、同僉各一員。元貞元年，增院判一員。大德四年，罷斷事官。至大初，省院使一員。至治三年，置院使六員。天曆二年，罷功德使司歸宣政，定置院使一十員，從一品；同知二員，正二品；副使二員，從二品；僉院二員，正三品；同僉三員，正四品；院判三員，正五品；參議二員，正五品；經歷二員，從五品；都事三員，從七品；照磨一員，管勾一員，並正八品；掾史十五人，蒙古必闍赤二人，回回掾史二人，怯里馬赤四人，知印二人，宣使十五人，典吏有差。

斷事官四員，從三品。經歷、知事各一員，令史五人，知印、奏差、譯史、通事各一人。至元二十五年始置。

客省使，秩從五品。大使二員，副使一員。至元二十五年置。

大都規運提點所，秩正四品。達魯花赤一員，提點一員，大使一員，副使一員。至元二十八年置。

上都規運提點所，秩正四品。達魯花赤一員，提點一員，大使一員，副使一員，知事一員。至元二十八年置。

大都提舉資善庫，秩從五品。達魯花赤一員，提舉一員，同提舉一員，副提舉一員。掌錢帛之事。至元二十六年置。

上都利貞庫，秩從七品。提領一員，副使一員。掌飲膳好事金銀諸物。元貞元年置。

大濟倉，監支納一員，大使一員。

興教寺，管房提領一員。

吐蕃等處宣慰司都元帥府，秩從二品。宣慰使五員，經歷二員，都事二員，照磨一員，捕盜官三員，儒學教授一員，鎮撫二員。其屬二：

脫思麻路軍民萬戶府，秩正三品。達魯花赤一員，萬戶一員，副達魯花赤一員，副萬戶一員，經歷一員，知事一員，鎮撫一員。

西夏中興河州等處軍民總管府，秩正三品。達魯花赤一員，總管一員，同知一員，治中一員，府判一員，經歷一員，知事一員。屬官：稅務提領，寧河縣官，寧河脫脫禾孫五員，寧河弓甲匠達魯花赤。

洮州元帥府，秩從三品。達魯花赤一員，元帥二員，知事一員。

十八族元帥府，秩從三品。達魯花赤一員，元帥一員，同知一員，知事一員。

積石州元帥府，達魯花赤一員，元帥一員，同知一員，知事一員，脫脫禾孫一員。

禮店文州蒙古漢軍西番軍民元帥府，秩正三品。達魯花赤一員，元帥一員，同知一員，經歷、知事各一員，鎮撫二員，蒙古奧魯官一員，蒙古奧魯相副官一員。

禮店文州蒙古漢軍奧魯軍民千戶所，秩從五品。達魯花赤一員，千戶一員，副千戶一員，總把五員，百戶八員。

禮店文州蒙古漢軍西番軍民上千戶所，秩正四品。達魯花赤一員，千戶一員，百戶一員，新附千戶二員。

禮店階州西水蒙古漢軍西番軍民總把二員。

吐番等處招討使司，秩正三品。招討使二員，知事一員，鎮撫一員。其屬附：

脫思麻探馬軍四萬戶府，秩正三品。萬戶五員，千戶八員，經歷一員，鎮撫一員。

脫思麻路新附軍千戶所，秩從五品。達魯花赤一員，千戶一員，副千戶一員。

文扶州西路南路底牙等處萬戶府，秩從三品。達魯花赤一員，萬戶二員。

鳳翔等處千戶所，秩從五品。達魯花赤一員，千戶一員，百戶二員。

慶陽寧環等處管軍總把一員。

文州課程倉糧官一員。

岷州十八族週迴捕盜官二員。

常陽帖城阿不籠等處萬戶府，秩從三品。達魯花赤一員，千戶一員。

階文扶州等處番漢軍上千戶所，秩正五品。達魯花赤一員，千戶二員。

貴德州，達魯花赤、知州各一員，同知、州判各一員，脫脫禾孫一員，捕盜官一員。

必呈萬戶府，達魯花赤二員，萬戶四員。

松潘〔客〕〔宕〕疊威茂州等處軍民安撫使司，〔三〕秩正三品。達魯花赤一員，安撫使一員，同知一員，僉事一員，經歷、知事、照磨各一員，鎭撫一員。威州保寧縣，茂州〔文〕〔汶〕山縣、〔四〕〔文〕〔汶〕川縣皆隸焉。〔五〕

靜州茶上必里溪安鄉等二十六族軍民千戶所，達魯花赤一員，千戶一員。

龍木頭都留等一十二族軍民千戶所，達魯花赤一員，千戶一員。

岳希蓬蘿葡村等處二十二族軍民千戶所，達魯花赤一員，千戶一員。

折藏萬戶府，達魯花赤一員，萬戶一員。

土蕃等路宣慰使司都元帥府，宣慰使四員，同知二員，副使一員，經歷、都事各二員，捕盜官三員，鎭撫二員。

朶甘思田地裏管軍民都元帥府，都元帥一員，經歷一員，鎭撫一員。

剌馬兒剛等處招討使司，達魯花赤一員，招討使一員，經歷一員。

奔不田地裏招討使司，招討使一員，經歷一員，鎭撫一員。

奔不兒亦思剛百姓，達魯花赤二員。

碉門魚通黎雅長河西寧遠等處軍民安撫使司，秩正三品。達魯花赤一員，安撫使一員，同知一員，副使一員，僉事一員，經歷、知事、照磨各一員，鎮撫二員。

六番招討使司，達魯花赤一員，招討使一員，經歷一員，知事一員。雅州嚴道縣、名山縣隸之。

天全招討使司，達魯花赤一員，招討二員，經歷、知事各一員。

魚通路萬戶府，達魯花赤一員，萬戶二員，經歷、知事各一員。黎州隸之。

碉門魚通等處管軍守鎮萬戶府，達魯花赤一員，萬戶二員，經歷、知事各一員，鎮撫二員，千戶八員，百戶二十員，彈壓四員。

長河西管軍萬戶府，達魯花赤一員，萬戶二員。

長河西裏管軍招討使司，招討使二員，經歷一員。

朵甘思招討使一員。

朵甘思哈答李唐魚通等處錢糧總管府，達魯花赤一員，總管一員，副總管一員，答剌答脫脫禾孫一員，哈裏脫脫禾孫一員，朵甘思瓮吉剌滅吉思千戶一員。

亦思馬兒甘萬戶府，達魯花赤一員，萬戶二員。

烏思藏納里速古魯孫等三路宣慰使司都元帥府，宣慰使五員，同知二員，副使一員，經歷一員，鎮撫一員，捕盜司官一員。其屬附見：

納里速古兒孫元帥二員。
烏思藏管蒙古軍都元帥二員。
擔裏管軍招討使一員。
烏思藏等處轉運一員。
沙魯(思)〔田〕地裏管民萬戶一員。〔一〕
搽里八田地裏管民萬戶一員。
烏思藏田地裏管民萬戶一員。
速兒麻加瓦田地裏管民官一員。
撒剌田地裏管民官一員。
出蜜萬戶一員。
嗸籠答剌萬戶一員。
思答籠剌萬戶一員。
伯木古魯萬戶一員。
湯卜赤八千戶四員。
加麻瓦萬戶一員。

札由瓦萬戶一員。

牙里不藏思八萬戶府，達魯花赤一員，萬戶一員，千戶一員，擔裏脫脫禾孫一員。

迷兒軍萬戶府，達魯花赤一員，萬戶一員，初厚江八千戶一員，卜兒八官一員。

宣徽院，秩正三品。掌供玉食。凡稻粱牲牢酒醴蔬菓庶品之物，燕享宗戚賓客之事，及諸王宿衞、怯憐口糧食，蒙古萬戶、千戶合納差發，係官抽分，牧養孳畜，歲支芻草粟菽，羊馬價直，收受闌遺等事，與尚食、尚藥、尚醞三局，皆隸焉。所轄內外司屬，用人則自爲選。至元十五年置院使一員，同知、同僉各二員，主事二員，照磨一員。二十年，陞從二品，增院使一員，置經歷二員、典簿三員。二十三年，陞正二品，置院判二員，省典簿，置都事三員。三十一年，院使四員。大德二年，增同知二員。三年，陞從一品。四年，置副使二員。皇慶元年，增院使三員，始定怯薛丹一萬人，本院掌其給授。後定置院使六員，從一品；同知二員，正二品；副使二員，從二品；僉院二員，正三品；同僉二員，正四品；院判二員，正五品；經歷二員，從五品；都事三員，從七品；照磨一員，承發架閣庫一員，並正八品；掾史二十人，蒙古必闍赤六人，回回掾史二人，怯里馬赤二人，知印二人，典吏六人，蒙古書寫二人。其屬附見：

光祿寺，秩正三品。掌起運米麴諸事，領尚飲、尚醞局，沿路酒坊，各路布種事。至元十五年，罷都提點，置寺。設卿一員、少卿三員、主事一員、照磨一員、管勾一員。二十年，改尚醞監，正四品。二十三年，復爲光祿寺，卿二員，少卿、丞各一員。二十四年，增少卿一員。二十五年，撥隸省部。三十一年，復隸宣徽。延祐七年，降從三品。後復正三品。定置卿四員，正三品；少卿二員，從四品；丞二員，從五品；主事二員，從七品；令史八人，譯史、知印各二人，通事一人，奏差二十四人，典吏三人，蒙古書寫一人。

大都尚飲局，秩從六品。中統四年始置。設大使、副使各一員，俱帶金符。掌醞造上用細酒。至元十二年，增副使二員。十五年，陞從五品，置提點一員。後定置提點一員，從五品；大使一員，正六品；副使二員，正七品。

上都尚飲局，秩正五品。〔七〕皇慶中始置。提點一員，大使、副使各一員，品秩同上。

大都尚醞局，秩從六品。掌醞造諸王百官酒醴。中統四年，立御酒庫，設金符宣差。至元十一年，始設提點。十六年，改尚醞局，從五品。置提點一員，從五品；大使一員，正六品；副使二員，正七品；直長一員，正八品。

上都尚醞局，秩從五品。至元二十九年始置。設提點一員，大使一員，副使、直長各一員，品秩同上。

大都醴源倉，秩從六品。掌受香莎蘇門等酒材糯米，鄉貢麴藥，以供上醞及歲賜諸王百官者。至元二十五年始置。設提舉一員，從六品；大使一員，從七品；副使一員，正八品。

上都醴源倉，秩從九品。掌受大都轉輸米麴，幷醞造車駕臨幸次舍供給之酒。至元二十五年始置。設大使一員，直長一員。

尚珍署，秩從五品。掌收濟寧等處田土子粒，以供酒材。至元十三年始立。十五年，罷入有司。二十三年復置。設達魯花赤一員，令一員，並從五品；丞一員，正七品；吏目一員。

安豐懷遠等處稻田提領所，秩從九品。掌稻田布種，歲收子粒，轉輸醴源倉。定置提領二員。

尚舍寺，秩正四品。掌行在帷幙帳房陳設之事，牧養駱駝，供進愛蘭乳酪。至元三十一年，始置監。至大元年，改爲寺，陞正三品。四年，仍爲監，尋復爲寺。延祐三年，復降爲正四品。定置太監二員、少監二員、監丞二員、知事一員。

諸物庫，秩從七品。掌出納。大德四年置。設提領一員、大使一員、副使一員。

闌遺監，秩正四品。掌不闌奚人口、頭匹諸物。至元二十年，初立闌遺所，秩九品。二十五年，改爲監，正四品。二十八年，陞正三品。至大四年，復正四品，尋復正三品。延祐七年，復爲正四品。定置太監一員，正四品；少監二員，正五品；監丞二員，正六品；知事一員，從八品；提控案牘一員，從九品；令史五人，譯史一人，知印兼通事一人，奏差五人。

尙食局，秩從五品。掌供御膳，及出納油麪酥蜜諸物。至元二年置提點，領進納百色生料。二十年，省併尙藥局爲尙食局，別置生料庫。本局定置提點一員，從五品；大使一員，正六品；副使二員，正七品；直長一員，正八品。

大都生料庫，秩從五品。至元十一年，置生料野物庫，隸尙食局。二十年，別置庫，擬內藏庫例，置提點二員，從五品；大使二員，正六品；副使三員，正七品。

上都生料庫，秩從五品。掌受弘州、大同虎賁、司農等歲辦油麪，大都起運諸物，供奉內府，放支宮人宦者飲膳。提點一員，大使一員，副使二員，品秩同上；直長一人，正八品。

大都太倉、上都太倉，秩正六品。掌內府支持米豆，及酒材米麴藥物。至元五年初立，設官三員，俱受制國用使司劄付。十二年，改立提舉太倉，設官三員，隸宣徽。二十五年，陞正六品。定置二倉各設提舉一員，正六品；大使一員，從六品；副使一員，從七品。

大都、上都柴炭局各一，至元十二年置，秩從六品。十六年，改提舉司，陞五品。大德八年，仍爲局，降正七品。置達魯花赤各一員，正七品；大都大使一員，上都大使二員，各正七品；副使各二員，正八品；直長各一人，掌葦場；典吏各一人。

尙牧所，秩從五品。至大四年始置。設提舉二員，從五品；同提舉一員，從六品；副提舉一員，從七品；吏目一員。

沙糖局，秩從五品。掌沙糖、蜂蜜煎造，及方貢菓木。至元十三年始置，秩從六品。十七年，置提點一員。十九年，陞從五品，置達魯花赤一員，從五品；提點一員，從五品；大使一員，正六品；副使一員，正七品。

永備倉，秩從五品。至元十四年始置，給從九品印。掌受兩都倉庫起運省部計置油麪諸物，及雲需府所辦羊物，以備車駕行幸膳羞。二十四年，陞從五品，置提點一員，從五品；大使一員，正六品；副使（各）一員，〔八〕正七品。

豐儲倉，秩從九品。大使一員。掌出納車駕行幸支持膳羞。

淮東淮西屯田打捕總管府，秩正三品。掌獻田歲入，以供內府，及湖泊山場漁獵，以供內膳。至元十四年，始立總管府，幷管（連）〔漣〕海高郵湖泊提舉司、〔九〕沂州等處提舉司事。十六年，置揚州鷹房打捕達魯花赤總管府。二十二年，省併爲淮東淮西屯田打捕總管府。二十五年，以兩淮新附手號軍千戶所隸本府，及分置提舉司一十處。定置達魯花赤一員，正三品；總管一員，正三品；同知一員，正五品；府判一員，正六品；經歷一員，從七品；知事一員，從八品；提控案牘一員，從九品；司吏六人。

淮安州屯田打捕提舉司，高郵屯田打捕提舉司，招泗屯田打捕提舉司，安東海州屯田打捕提舉司，揚州通泰屯田打捕提舉司，安豐廬州等處打捕提舉司，鎭巢等處打捕提舉司，塔山徐邳沂州等處山場屯田提舉司，凡九處，秩俱從五品。每司各設達魯花赤一員，提舉一員，並從五品；同提舉一員，從六品；副提舉一員，從七品；吏目二人。

抽分場提領所，凡十處：曰柴墟東西口，曰海州新壩，曰北砂太倉，曰安河桃源，曰大湖東西口，曰時堡興化，曰高郵寶應，曰汶湖等處，曰雲山白水，曰安東州。每所各設提領一員、同提領一員、副提領一員，俱受宣徽院劄付。

滿浦倉，秩正八品。掌收受各處子粒米麪等物，以待轉輸京師。至元二十五年始置。設大使一員，正八品；副使一員，正九品。

圓米棋子局、軟皮局，各置提領一員、同提領一員、副提領一員，俱受宣徽院劄付。

手號軍人打捕千戶所，秩從四品。管軍人打捕野物皮貨。至元二十五年始置。設達魯花赤一員、上千戶一員、上副千戶一員、彈壓一員。

上百戶七所，各置百戶二員。

鍾離縣，定遠縣，眞揚州，安慶，安豐，招泗，和州。

下百戶二所，各置百戶一員。

漣海，懷遠軍。

龍慶栽種提舉司，秩從五品。管領縉山歲輸粱米，幷易州、龍門、淨邊官園瓜菓桃梨等物，以奉上供。至元十七年，始置提舉司。延祐七年，縉山改爲龍慶州，因以名之。定置達魯花赤一員，提舉一員，並從五品；同提舉一員，從六品；副提舉一員，從七品。

弘州種田提舉司，秩正六品。掌輸納麥麪之事，以供內府。定置達魯花赤一員，提舉一員，並正六品；同提舉一員，正七品；副提舉一員，正八品；直長一員。

豐(潤)〔閏〕署，〔一〇〕秩從五品。掌歲入芻粟，以給飼養駝馬之事。定置達魯花赤一員，令一員，並從五品；丞一員，從六品；直長一員，正八品。

常湖等處茶園都提舉司，秩正四品。掌常、湖二路茶園戶二萬三千有奇，採摘茶芽，以貢內府。至元十三年置司，統提領所凡十有三處。十六年，陞都提舉司。又別置平江等處榷茶提舉司，掌歲貢御茶。二十四年，罷平江提舉司，倂掌其職。定置達魯花赤一員，提舉一員，俱從五品；同提舉一員，從六品；副提舉一員，從七品；提控案牘一員，都目一員。提領所七處，每所各設正、同、副提領各一員，俱受宣徽院劄付，掌九品印。

烏程，武康德清，長興，安吉，歸安，湖汶，宜興。

建寧北苑武夷茶場提領所，提領一員，受宣徽院劄。掌歲貢茶芽。直隸宣徽。

太禧宗禋院，秩從一品。掌神御殿朔望歲時諱忌日辰禋享禮典。天曆元年，罷會福、殊祥二院，改置太禧院以總制之。初，院官秩正二品，陞從一品，置參議二員，改令史爲掾史。二年，改太禧宗禋院，置院使六員，增副使二員，立諸總管府爲之屬。凡錢糧之出納，營繕之作輟，悉統之。定置院使都典制神御殿事六員，同知兼佐儀神御殿事二員，副使兼奉贊神御殿事二員，僉院兼祗承神御殿事二員，同僉兼肅治神御殿事二員，院判供應神御殿事二員，參議二員，經歷二員，都事二員，管勾、照磨各一員，掾史二十人，譯史四人，知印二人，怯里馬赤二人，宣使一十五人，斷事官四員，客省使大使、副使各二員。

隆禧總管府，秩正三品。至大元年，建立南鎭國寺，初立規運提點所。二年，改爲規運都總管府。三年，陞爲隆禧院。天曆元年，罷會福、殊祥二院，以隆禧、殊祥併立殊祥總管府，尋又改爲隆禧總管府。定置達魯花赤一員，總管一員，副達魯花赤一員，同知一員，治中一員，判官一員，經歷一員，知事、照磨各一員，令史六人，譯史、知印各一人，怯里馬赤一人，奏差四人。

福元營繕司，秩正五品。達魯花赤一員，司令一員，大使一員，副使一員，吏目一人，司吏一人。天曆元年，以南鎭國寺所立怯憐口事產提舉司，改爲崇恩福元提點所。三年，又改爲福元營繕司。

普安智全營繕司，秩五品。〔一〕達魯花赤一員，司令一員，大使、副使各一員，吏目一人，司吏一人。天曆元年，以太玉山普安寺、大智全寺兩規運提點所併爲一，置提點二員。三年，又改爲營繕司。

祐國營繕都司，秩〔正〕(五)〔四〕品。〔二〕達魯花赤一員，司令一員，大使、副使各一員，知事一員，提控案牘一員。天曆元年，初置萬聖祐國營繕提點所。三年，改爲營繕都司。

平松等處福元田賦提舉司，秩五品。置達魯花赤一員，提舉一員，同提舉、副提舉各一員。

田賦提舉司，〔三〕秩五品。置提舉一員、同提舉一員、副提舉一員。

資用庫，提領一員，大使一員。

萬聖庫，提領一員，大使一員，副使一員。

會福總管府，秩正三品。至元十一年，建大護國仁王寺及昭應宮，始置財用規運所，秩正四品。十六年，改規運所爲總管府。至大元年，改都總管府，從二品。尋陞會福院，置院使五員。延祐三年，陞正二品。天曆元年，改爲會福總管府，正三品。定置達魯花赤一員，總管一員，同知一員，治中一員，府判一員，經歷、知事、提控案牘各一員，令史八人，譯史、通事、知印各一人，奏差四人。

仁王營繕司，正五品。至元八年，立護國仁王寺鎭遏提舉司。十九年，改鎭遏所。二十八年，併三提領所爲諸色人匠提領所。天曆元年，改爲鎭遏民匠提領所。三年，改爲仁王營繕司。置達魯花赤一員、司令一員、大使一員、副使一員。

襄陽營田提舉司，秩從五品。初置襄陽等處水陸地土人戶提領所，設官四員。大德元年，改提舉司。天曆二年，仍爲襄陽營田提舉司。定置達魯花赤一員、提舉一員、同提舉一員、副提舉一員。

江淮等處營田提舉司，秩從五品。至元二十七年始置。達魯花赤一員，提舉一員，同提舉一員，副提舉一員。

大都等路民佃提領所，至元二十九年，以武淸等一十處，併立大都水陸地土種田人民提領所。十五年，又設隨路管民都提領所。天曆元年，併爲大都等路民佃提領所。定置提領一員，大使、副使各一員。

會福財用所，秩從七品。掌大護國仁王寺糧草諸物。至元十七年，始立財用庫。二十六年，立盈益倉。天曆元年，併財用、盈益爲所。提領一員，大使一員，副使二員。

崇祥總管府，秩正三品。至大元年，立大承華普慶寺都總管府。二年，改延禧監，尋改崇赤一人，奏差四人。

府判各一員，經歷、知事、提控案牘兼照磨各一員，令史六人，譯史、知印各一人，怯里馬

曆元年，改爲崇祥總管府。定置達魯花赤一員，總管一員，副達魯花赤一員，同知、治中、

祥監。四年，陞爲崇祥院，秩〔正〕二品。〔一四〕泰定四年，復改爲大承華普慶寺總管府。天

都目一員。

福營繕提點所。三年，改營繕司。設達魯花赤一員、司令一員、大使一員、副使一員、

永福營繕司，秩正五品。延祐三年，以起建新寺，始置營繕提點所。天曆元年，改爲永

置達魯花赤一員，司令一員，大使、副使各一員。

昭孝營繕司，秩正五品。天曆元年，立壽安山規運提點所。三年，改昭孝營繕司。定

定置達魯花赤一員，司令一員，大使、副使各一員。

普慶營繕司，〔秩正五品〕。〔一五〕天曆元年，始置普慶營繕提點所。三年，改爲營繕司。

改爲崇祥財用所。定置官，提領一員，大使、副使各一員。

崇祥財用所，至大二年，始置諸物庫。四年，置普贍倉。天曆二年，併諸物庫、普贍倉，

永福財用所，掌出納顏料諸物。延祐三年，始置諸物庫，又置永積倉。天曆二年，以諸

物庫、永積倉併改置爲所，設提領、大使、副使各一員。

鎭江稻田提舉司，達魯花赤、提舉、同提舉、副提舉各一員。

汴梁稻田提舉司，達魯花赤、提舉、同提舉、副提舉各一員。

平江等處田賦提舉司，達魯花赤、提舉、同提舉、副提舉各一員。

冀寧提領所，提領二員。

隆祥使司，秩正三品。天曆二年，中宮建大承天護聖寺，立隆祥總管府，設官八員。至順二年，陞爲隆祥使司，秩從二品。置官：司使四員，同知、副使、司丞各二員，經歷一員，都事二員，照磨兼架閣一員，令史十人，譯史、通事、知印各二人，宣使十人，典吏六人。

普明營繕都司，秩正四品。天曆元年，創大（龍興）〔興龍〕普明寺于海南，〔一六〕置規運提點所，設官六員。二年，撥隸（龍）〔隆〕祥總管府。〔一七〕三年，改爲都司，品秩仍舊，以掌營造出納錢糧之事。定置達魯花赤、司令、大使、副使各一員，知事一員，提控案牘一員。

集慶萬壽營繕都司，秩正四品。天曆二年，建龍翔、萬壽兩寺于建康，立龍翔萬壽營繕提點所，爲隆祥總管府屬。三年，改爲營繕都司，秩仍舊，以掌營造錢糧之事。定置達魯花赤、司令、大使、副使各一員，知事、提控案牘各一員。

元興營繕都司，秩正四品。掌營造錢糧之事。天曆元年，始置大元興規運提點所，置官五員。三年，改都司，置達魯花赤一員，司令、大使、副使各一員，知事、提控案牘各一員。

宣農提舉司，秩從五品。達魯花赤、提舉、同提舉、副提舉各一員。掌徵收田賦子粒之事。天曆二年，以大都等處田賦提舉司隸隆祥總管府。三年，改提舉司。

護聖營繕司，秩正五品。達魯花赤、司令、大使、副使各一員。掌營造工匠、寺僧衣糧、收徵房課之事。天曆二年，始立大承天護聖營繕提點所。三年，改爲司。

平江善農提舉司，秩從五品。達魯花赤、提舉、同提舉、副提舉各一員。天曆二年，立田賦提舉司，設官四員。三年，改爲善農提舉司。

善盈庫，天曆二年，隸隆祥總管府。置提領一員，大使、副使各一員。掌金銀錢糧之事。

荆襄等處濟農香戶提舉司，秩正五品。天曆三年，以荆襄提舉司所領河南、湖廣田土爲大承天護聖寺常住，改爲荆襄濟農香戶提舉司，隸隆祥總管府。置達魯花赤、司令、提舉、同提舉、副提舉各一員。

龍慶州等處田賦提領所，秩九品。提領、副提領各一員。天曆二年置。掌龍慶州所有土田歲賦。

平江集慶崇禧田賦提領所，提領、同提領、副提領各一員。天曆三年始置。

集慶崇禧財用所，大使、副使各一員。天曆三年始置。

壽福總管府，掌祭供錢糧之事，秩正三品。至大四年，因建大聖壽萬安寺，置萬安規運提點所，秩正五品。延祐三年，陞都總管府，秩正三品。尋陞爲壽福院，正二品。天曆元年，改立總管府，仍正三品。定置官：達魯花赤、總管、副達魯花赤、同知、治中、府判各一員，經歷、知事、案牘照磨各一員，令史六人，知印、通事、譯史各一人，奏差四人，典吏二人。

萬安營繕司，秩正五品。〔天曆〕三年，〔六〕以萬安規運提點所既廢，復立萬安營繕司。定置達魯花赤、司令、大使、副使、都目各一人。

萬寧營繕司，秩正四品。大德十年，始置萬寧規運提點所。天曆元年，改營繕司。定置達魯花赤，司令、大使、副使、都目各一員。

收支庫，提領一員，大使一員。

延聖營繕司，秩正五品。初立天源營繕提點所，天曆三年，改營繕司。定置達魯花赤、司令、大使、副使、都目各一員。

諸物庫，提領一員，大使一員。

校勘記

〔一〕以王鶚爲翰林學士〔承旨〕 據本書卷四世祖紀中統元年七月癸酉條、卷一六〇王鶚傳及王惲中堂事記補。

〔二〕大學士二員從二品學士三員從二品 疑學士當作「正三品」，此處涉上文而誤。按學士品秩，當低於大學士。元典章卷七官制所載集賢職品，自集賢院使至直學士，除學士外，均與此處所記至元二十四年之品秩相同，其中學士作「正三品」。

〔三〕松潘（客）〔宕〕疊威茂州等處軍民安撫使司 道光本與本書卷二三武宗紀至大二年七月壬辰條合，從改。

〔四〕（文）〔汶〕山縣 見卷六〇校勘記〔一五〕。新編已校。

〔五〕（文）〔汶〕川縣 據本書卷二三武宗紀至大二年七月壬辰條及卷六〇地理志改。新編已校。

〔六〕沙魯（思）〔田〕地裏管民萬戶一員 「沙魯」爲烏思藏地名，此處「思」字誤，今改。

〔七〕上都尚飲局秩正五品 下文云「品秩同上」，卽同大都尚飲局。按前文大都尚飲局，「十五年，陞從五品」，「後定置提點一員，從五品」。元典章卷七官制職品尚飲局提點亦列爲從五品。據此，則上都尚飲局秩當爲「從五品」。疑此處「正」字誤。

〔八〕副使（各）一員 王圻續通考卷九四職官考作「副使一員」，從删。

〔九〕（連）〔漣〕海高郵湖泊提舉司　從道光本改。按此處「連」指漣水，宋曾置軍，廢軍時復爲縣，前後分別隸於楚州、海州。下文有「漣海百戶」，本書「漣海」多見。

〔一〇〕豐（潤）〔閏〕署　據本書卷一六世祖紀至元二十七年正月辛未條、卷一〇〇兵志改。

〔一一〕普安智全營繕司秩五品　「秩五品」，正、從不明。按本書卷三四文宗紀至順元年二月庚寅條，改萬安規運、普慶營繕等八提點所並爲營繕司，「秩正五品」。本卷所載福元、仁王、永福、昭孝、護聖、萬安、延聖等營繕司，凡天曆三年改司者，秩均爲正五品惟普慶營繕司秩品脫書，與文宗紀合。此處疑「秩」下脫「正」。

〔一二〕祐國營繕都司秩〔正〕（五）〔四〕品　道光本與本書卷三四文宗紀至順元年二月庚寅條及後文普明營繕都司、集慶萬壽營繕都司秩品合，從改。

〔一三〕田賦提舉司　按本書卷三四文宗紀至順元年正月戊寅條有「賜隆禧總管府田千頃，立荆襄等處、平松等處田賦提舉司，並隸太禧宗禋院」。上文已見平松等處福元田賦提舉司，未見荆襄等處田賦提舉司，疑此處「田賦」上脫「荆襄等處」。

〔一四〕陞爲崇祥院秩〔正〕二品　據本書卷二四仁宗紀皇慶元年正月己未條補。新元史已校。

〔一五〕普慶營繕司〔秩正五品〕　道光本與本書卷三四文宗紀至順元年二月庚寅條合，從補。

〔一六〕大（龍興）〔興龍〕普明寺　據本書卷三四、三五文宗紀至順元年正月丁丑、二月庚寅、二年十一月癸未條改正。

〔一七〕（龍）〔隆〕祥總管府　道光本與本書卷三三文宗紀天曆二年九月己未條合，從改。

〔一八〕〔天曆〕三年　道光本與本書卷三四文宗紀至順元年二月庚寅條合，從補。

元史卷八十八

志第三十八

百官四

太常禮儀院，秩正二品。掌大禮樂、祭享宗廟社稷、封贈諡號等事。中統元年，中都立太常寺，設寺丞一員。至元二年，翰林兼攝太常寺。九年，立太常寺，設卿一員，正三品；少卿以下五員，品秩有差。十三年，省併衙門，以侍儀司併入太常寺。十四年，增博士一員。十六年，又增法物庫子，掌公服法服之藏。二十年，陞正三品，別置侍儀司。至大元年，改陞院，設官十二員，正二品。四年，復爲太常寺，正三品。延祐元年，復改陞院，正二品，以大司徒領之。七年，降從二品。天曆二年，復陞正二品。定置院使二員，正二品；同知二員，正三品；僉院二員，從三品；同僉二員，正四品；院判二員，正五品；經歷一員，從五品；都事一員，從七品；照磨兼管勾承發架閣一員，正八品。屬官：博士二員，正七品；奉禮郎二員，奉禮兼檢討一員，並從八品；協律郎二員，從八品；太祝十員，從八品；禮直管勾一員，從九品；令史四人，通事、知印、譯史各二人，宣使四人，典吏三人。

大廟署，秩從六品。掌宗廟行禮，兼廩犧署事。至元三年始置。令二員，從六品；丞一員，從七品。

郊祀署，秩從六品。大德九年始置。掌郊祀行禮，兼廩犧署事。令二員，從六品；丞二員，從七品。

社稷署，秩從六品。大德元年始置。令二員，從六品；丞一員，從七品。

大樂署，秩從六品。中統五年始置。令二員，從六品；丞一員，從七品。掌管禮生樂工四百七十九戶。

典瑞院，秩正二品。掌寶璽、金銀符牌。中統元年，始置符寶郎二員。至元十六年，立符寶局，給六品印。十七年，陞正五品。十八年，改典瑞監，秩正三品。二十年，降爲正四品，省卿二員。二十九年，復正三品，仍置監卿二員。大德十一年，陞典瑞院，正二品。置院使四員，正二品；同知二員，正三品；僉院二員，從三品；同僉二員，正四品；院判二員，正五品；經歷二員，從五品；都事二員，從七品；照磨兼管勾承發架閣庫一員，正八品；令史四人，譯史四人，知印、通事各一人，宣使四人，典吏三人。

太史院，秩正二品。掌天文曆數之事。至元十五年，始立院，置太史令等官七員。至大元年，陞從二品，設官十員。延祐三年，陞正二品，設官十五員。後定置院使五員，正二品；同知二員，正三品；僉院二員，從三品；同僉二員，正四品；院判二員，正五品；經歷一員，從五品；都事一員，從七品；管勾一員，從九品；令史三人，譯史一人，知印二人，通事一人，宣使二人，典吏二人。

春官正兼夏官正一員，正五品。

秋官正兼冬官〔正〕中官正一員，〔一〕正五品。

保章正五員，正七品。

保章副五員，正八品。

掌曆二員，正八品。

腹裏印曆管勾一員，從九品。

各省司曆十二員，正九品。

印曆管勾二員，從九品。

靈臺郎一員，正七品。
監候六員，從八品。
副監候六員，正九品。
星曆生四十四員。
挈壺正一員，從八品。
司辰郎二員，正九品。
燈漏直長一人。
教授一員，從八品。
學正一員，從九品。
校書郎二員，正八品。

太醫院，秩正二品。掌醫事，製奉御藥物，領各屬醫職。中統元年，置宣差，提點太醫院事，給銀印。〔至元〕二十年，〔三〕改爲尚醫監，秩正四品。二十二年，復爲太醫院，給銀印，置提點四員，院使、副使、判官各二員。大德五年，陞正二品，設官十六員。十一年，增院使二員。皇慶元年，增院使二員。二年，增院使一員。至治二年，定置院使一十二員，正二品；同知二員，正三品；僉院二員，從三品；同僉二員，正四品；院判二員，正五品；經歷二員，從七品；都事二員，從七品；照磨兼承發架閣庫一員，正八品；令史八人，譯史二人，知印二人，通事二人，宣使七人。

廣惠司，秩正三品。掌修製御用回回藥物及和劑，以療諸宿衞士及在京孤寒者。至元七年，始置提舉二員。十七年，增置提舉一員。延祐六年，陞正三品。七年，仍正五品。至治二年，復爲正三品，置卿四員，少卿、丞各二員。後定置司卿四員，少卿二員，司丞二員，經歷、知事、照磨各一員。

大都、上都回回藥物院二，秩從五品。掌回回藥事。至元二十九年始置。至治二年，撥隸廣惠司。定置達魯花赤一員，大使二員，副使一員。

御藥院，秩從五品。掌受各路鄉貢、諸蕃進獻珍貴藥品，修造湯煎。至元六年始置。達魯花赤一員，從五品；大使二員，從五品；副使三員，正七品；直長一員，都監二員。

御藥局，秩從五品。掌兩都行篋藥餌。至元十年始置。大德九年，分立行御藥局，掌行篋藥物。本局但掌上都藥倉之事。定置達魯花赤一員，從五品；局使二員，從五品；副使二員，正七品。

行御藥局，秩從五品。達魯花赤一員，大使二員，副使三員，品秩同上。掌行篋藥餌。大德九年始置。

御香局，秩從五品。提點一員，司令一員。掌修合御用諸香。至大元年始置。

大都惠民局，秩從五品。掌收官錢，經營出息，市藥修劑，以惠貧民。中統二年始置，受太醫院劄。至元十四年，定從六品秩。二十一年，陞從五品。

上都惠民司，提點一員，司令一員。中統四年始置。品秩並同上。

醫學提舉司，秩從五品。至元九年始置。十三年罷，十四年復置。掌考較諸路醫生課義，試驗太醫敎官，校勘名醫撰述文字，辨驗藥材，訓誨太醫子弟，領各處醫學。提舉一員，副提舉一員。

官醫提舉司，秩從五品。掌醫戶差役、詞訟。至元二十五年置。

大都、保定、彰德、東平四路，設提舉、同提舉、副提舉各一員。

河間、大名、晉寧、大同、濟寧、廣平、冀寧、濟南、遼陽、興和十路，設提舉、副提舉各一員。

衞輝、懷慶、大寧，設提舉一員。

奎章閣學士院，秩正二品。天曆二年，立於興聖殿西，命儒臣進經史之書，考帝王之治。大學士二員，正三品。尋陞爲學士院。大學士，正二品；侍書學士，從二品；承制學士，正三品；供奉學士，正四品；參書，從五品。多以它官兼領其職。至順元年，增大學士二員，共四員。侍書學士二員，承制學士二員，供奉學士二員。首領官：參書二員，典籤二員，照磨一員，內掾四人，譯文內掾二人，知印一人，怯里馬赤一人，宣使四人，典書五人。屬官：授經郎二員。

羣玉內司，秩正三品。天曆二年始置。掌奎章圖書寶玩，及凡常御之物。監司一員，正三品；司尉一員，從三品；亞尉二員，正四品；僉司二員，從四品；司丞二員，正五品；典簿一員，正七品；令史二人，知印一人，怯里馬赤一人，奏差、典吏各二人，給使八人，司膳四人。

藝文監，秩從三品。天曆二年置。專以國語敷譯儒書，及儒書之合校讎者俾兼治之。太監檢校書籍事二員，從三品；少監同檢校書籍〔事〕二員，〔三〕從四品；監丞參檢校書籍事二員，從五品；典簿一員，照磨一員，令史四人，譯史一人，怯里馬赤一人，奏差二人，典吏三人。

監書博士，秩正五品。天曆二年始置。品定書畫，擇朝臣之博識者爲之。博士二員，正五品；書吏一人。

藝林庫，秩從六品。提點一員，從六品；大使一員，副使一員，正七品；庫子二人，本把二人。掌藏貯書籍。天曆二年始置。

廣成局，秩七品。掌傳刻經籍，及印造之事。天曆二年始置。大使一員，從七品；副使一員，正八品；直長二人，正九品；司吏二人。

侍正府，秩正二品。至順二年置。侍正一十四員，正二品；同知二員，正三品；僉府二員，從三品；侍判二員，正四品；經歷一員，從六品；都事一員，從七品；照磨一員，從八品。掌內廷近侍之事，領速古兒赤四百人、奉御二十四員，拱衞直都指揮使司爲其屬。掾史八人，譯史四人，通事、知印各二人，宣使八人，典吏五人。

奉御二十四員，秩五品。尙冠奉御二員，從五品；尙冠副奉御二員，從六品；尙衣奉御二員，從五品；尙衣副奉御二員，從六品；尙鞶奉御二員，從五品；尙鞶副奉御二員，從六品；尙沐奉御二員，從五品；尙沐副奉御二員，從六品；尙飾兼尙輦奉御二員，正六品；尙飾兼尙輦副奉御二員，正七品；奉御掌簿四員，從七品。天曆初置，以四怯薛之速古兒赤爲之。

給事中，秩正四品。至元六年，始置起居注、左右補闕，掌隨朝省、臺、院、諸司凡奏聞之事，悉紀錄之，如古左右史。十五年，改陞給事中兼修起居注，左右補闕改爲左右侍儀奉御兼修起居注。皇慶元年，陞正三品。延祐七年，仍〔正〕四品。〔四〕後定置給事中兼修起居注二員、右侍儀奉御同修起居注一員、左侍儀奉御同修起居注一員、令史一人、譯史四人、通事兼知印一人。

將作院，秩正二品。掌成造金玉珠翠犀象寶貝冠佩器皿，織造刺繡段疋紗羅，異樣百色造作。至元三十年始置。院使一員，經歷、都事各一員。三十一年，增院使一員。元貞元年，又增二員。延祐七年，省院使二員。後定置院使七員，正二品；同知二員，正三品；同僉二員，正四品；院判二員，正五品；經歷一員，從五品；都事一員，從七品；照磨管勾一員，正八品；令史六人，譯史、知印各二人，宣使四人。

諸路金玉人匠總管府，秩正三品。掌造寶貝金玉冠帽、繫腰束帶、金銀器皿，幷總諸司局事。中統二年，初立金玉局，秩正五品。至元三年，改總管府，置總管一員，經歷、提控案牘各一員。十二年，又置同知、副總管各一員。二十五年，置達魯花赤一員。大德四年，又置副達魯花赤、副總管各一員。後定置達魯花赤二員，正三品；總管二員，正三品；副達魯花赤二員，正四品；同知二員，從四品；副總管二員，正五品；經歷一員，從七品；知事一員，從八品；照磨、管勾各一員，令史五人，譯史一人，奏差二人。

玉局提舉司，秩從五品。提舉一員，正七品；〔五〕同提舉一員，從七品；〔六〕副提舉一員，正八品。中統二年，以和林人匠置局造作，始設直長。至元三年，立玉匠局，用正七品印。十五年，改提舉司。

金銀器盒提舉司，秩從五品。提舉一員，同提舉一員，副提舉一員，品秩同上；吏目一員。至元十五年，始置金銀局，秩從七品。二十四年，改爲提舉司，秩正六品。大德間，陞從五品。

瑪瑙提舉司，秩從五品。提舉一員，同提舉一員，吏目一員。至元九年，置大都等處瑪瑙局，秩從七品，管領瑪瑙匠戶五百有奇，置提舉三員，受金玉府劄。十五年，改立提舉司，領大都、弘州兩處造作，陞從五品。三十年，減副提舉一員，定置如上。

陽山瑪瑙提舉司，秩從五品。至元十五年置。提舉一員，同提舉一員，副提舉一員，品秩同前。

金絲子局，秩從五品。大使一員，從五品；副使一員，正七品；直長一員。中統二年，設二局。二十四年，併爲一。

鞓帶斜皮局，秩從八品。至元十五年置。大使、副使各一員。

瓘玉局，秩從八品。至元十五年置。大使一員。

浮梁磁局，秩正九品。至元十五年立。掌燒造磁器，幷漆造馬尾椶藤笠帽等事。大使、副使各一員。

畫局，秩從八品。掌描造諸色樣製。至元十五年置。大使一員。

管領珠子民匠官，正七品。掌採撈蛤珠於楊村、直沽等處。中統二年立。管領官子孫世襲。

粧釘局，從八品。至元十五年置。大使一員。

大小雕木局，秩從八品。至元十五年置。大使一員。

宣德隆興等處瑪瑙人匠提舉司，秩正六品。至元十五年置。提舉一員，從七品；副提舉一員，從八品。〔七〕

溫犀玳瑁局，秩從八品。至元十五年置。大使一員。

上都金銀器盒局，秩從六品。至元十六年置。大使一員，副使一員，直長一員。

漆紗冠冕局，至元十五年置。大使、副使各一員。

大同路採砂所，至元十六年置。管領大同路撥到民一百六戶，歲採磨玉夏水砂二百石，起運大都，以給玉工磨礲之用。大使一員。

管匠都提領所，秩從七品。至元十三年置。掌金玉府諸人匠詞訟。都提領一員。

監造諸般寶貝官，秩正五品。至元二十一年置。達魯花赤二員。

收支諸物庫，秩從八品。至元十五年置。大使、副使各一員。

行諸路金玉人匠總管府，秩從三品。至大間，始置于杭州路。〔六〕達魯花赤、總管各一員，並從三品；同知一員，正五品；副總管一員，從五品；經歷一員，從七品；知事一員，從八品；提控案牘一員。

異樣局總管府，秩正三品。中統二年，立提點所。至元六年，改爲總管府，總管一員。十四年，置同知、副總管各一員。二十一年，增總管一員。二十九年，置達魯花赤一員。三十年，減同知、副總管各一員。後定置達魯花赤一員，總管一員，並正三品；同知一員，從四品；副總管一員，從五品；經歷一員，從七品；知事一員，從八品。

異樣紋綉提舉司，秩從五品。中統二年立局。至元十四年，改提舉司。提舉一員，從五品；同提舉一員，正七品；副提舉一員，正八品。

綾錦織染提舉司，秩從五品。至元二十四年，改局置提舉司。提舉一員，同提舉一員，副提舉一員，品秩同上。

紗羅提舉司，秩從五品。至元十二年，改局置提舉司。提舉、同提舉、副提舉各一員，品秩同上。

紗金顏料總庫，秩從九品。中統二年置。大使、副使各一員，從九品。

大都等路民匠總管府，秩正三品。府官：總管一員，從三品；同知一員，正五品；副總管一員，從五品；經歷一員，從七品；知事一員，從八品；提控案牘一員。至元七年，初立府，秩從三品。十四年，改陞正三品。

備章總院，秩正六品。大使、副使各一員。至元十三年，省併楊藺等八局爲總局。

尚衣局，秩從五品。至元二年置。達魯花赤一員，從五品；提舉一員，從五品；同提舉一員，正七品；副提舉一員，正八品；都目一人。

御衣局，秩從五品。至元二年置。達魯花赤、提舉各一員，從五品；同提舉一員，正七品；副提舉一員，正八品；都目一人。

御衣史道安局，秩從六品。至元二年置。以史道安掌其職，因以名之。大使、副使各一員。

高麗提舉司，秩從五品。至元二十二年置。提舉一員。

織佛像提舉司，秩從五品。延祐四年，改提領所爲提舉司。提舉、副提舉各二員。

通政院，秩從二品。國初，置驛以給使傳，設脫脫禾孫以辨奸僞。至元七年，初立諸站都統領使司以總之，設官六員。十三年，改通政院。十四年，分置大都、上都兩院。二十九年，又置江南分院。大德七年罷。至大元年，陞正二品。四年罷，以其事歸兵部。是年，兩都仍置，止管達達站赤。延祐七年，復從二品，仍兼領漢人站赤。大都院使四員，從二品；同知二員，正三品；副使二員，從三品；僉院一員，正四品；同僉一員，從四品；院判一員，正五品；經歷一員，從五品；都事一員，從七品；照磨兼管勾承發架閣一員，正八品；令史十三人，通事一人，知印二人，宣使十人。上都院使、同知、副使、僉院、判官各一員，經歷、都事各一員，品秩並同大都；令史四人，譯史三人，通事一人，知印一人，宣使十人。

廩給司，秩從七品。掌諸王諸蕃各省四方邊遠使客飲食供張等事。至元十九年置。提領、司令、司丞各一員。

中政院，秩正二品。院使七員，正二品；同知二員，正三品；僉院二員，從三品；同僉二員，正四品；院判二員，正五品。掌中宮財賦營造供給，幷番衞之士，湯沐之邑。元貞二年，始置中御府，秩正三品。大德四年，陞中（正）〔政〕院，〔九〕秩正二品。至大三年，陞從一品，院使七員，同知、僉院、同僉、院判各二員。四年，省併入典內院。皇慶二年，復爲中政院，設官如舊。其幕職則司議二員，從五品；長史二員，正六品；照磨兼管勾承發架閣一員，正八品。吏屬：蒙古必闍赤四人，掾史十二人，回回掾史二人，怯里馬赤二人，知印二人，宣使十人。

中瑞司，秩正三品。掌奉寶册。卿五員，正三品；丞二員，正四品；典簿二員，從七品；寫懿旨必闍赤四人，譯史一人，令史四人，知印一人，通事一人，奏差二人，典吏二人。

內正司，秩正三品。掌百工營繕之役，地產孳畜之儲，以供膳服，備賜予。卿四員，正三品；少卿二員，正四品；丞二員，從五品；典簿一員，從七品；照磨兼管勾一員，正九品。吏屬各有差。領署二、提舉司一，及其司屬凡十有六。歲賦之額，工作之程，終歲則會其數以達焉。

尙工署，秩從五品。令一員，從五品；丞二員，從六品；書史一人，書吏四人。掌營繕雜作之役，凡百工名數，興造程式，與其材物，皆經度之，而責其成功。皇慶元年始置，隷內正司。

玉列赤局，秩從七品。提領一員，大使一員，副使一員，直長二員。掌裁製縫綫之事。延祐六年始置，隸尚工署。

贊儀署，秩正五品。提領一員，大使一員，副使一員，直長二員。掌車輿器備雜造之事。皇慶二年始置，隸內正司。

管領六盤山等處怯憐口民匠都提舉司，秩正四品。達魯花赤一員，都提舉一員，同提舉二員，副提舉二員，知事一員，提控案牘一員，吏四人，奏差二人。至大四年始置。

國初，未有官署，賦無所稽。後遣使覈實，始著爲籍，設司以領之。

奉元等路、平涼等處、開（城）〔成〕等處、〔一〇〕甘肅寧夏等路、察罕腦兒等處長官司，凡五處，秩正五品。各設達魯花赤一員，長官一員，副長官一員，提控案牘一員，都目一員，吏十人。延祐二年，以民匠提舉司所領，地里闊遠，人戶散處，於政不便，乃酌遠近衆寡，立長官司提領所，以分理之。

提領所凡十，並正七品，奉元等路、鳳翔等處、平涼寧環等處、開（城）〔成〕等處、察罕腦兒等處、甘州等路、肅沙等路、永昌寧夏等路、長城等路，各設提領一員、同提領一員、副提領一員、典史一人，分掌怯憐口地方隸各長官司。

翊正司，秩正三品。令五員，正三品；丞四員，正四品；典簿二員，從七品；照磨一員，從八品；譯史二人，令史六人，知印二人，通事、奏差、典吏各二人。掌怯憐口民匠五千餘戶，歲辨錢糧造作，以供公上。至元三十一年，始置御位下管領隨路民匠打捕鷹房納綿等戶總管府，正三品，復隸正宮位下。延祐六年，改翊正司。歲終，會其出納以達于院，而糾其弊。領提舉司二、提領所一：

管領上都等處諸色人匠提舉司，秩從五品。達魯花赤一員，提舉一員，並從五品；同提舉一員，從六品；副提舉一員，從七品，直長一員，都目一員，吏目一員，司吏四人，部役二人。元貞元年始置，管戶二千五百有奇，隸翊正司。

管領隨路打捕鷹房納綿等戶提舉司，秩從五品。達魯花赤一員，提舉一員，同提舉一員，副提舉一員，品秩同上；直長一員，都目一員，吏目一員，司吏四人，部役二人。元貞元年始置，隸翊正司。

管領歸德亳州等處管民提領所，秩從七品。提領一員，同提領一員，副提領一員，典史一員，司吏一人。國初平江南，收附歸德楚通等三百五十六戶，令脫忽伯管領。大德二年，始置提領所，隸翊正司。

典飲局，秩正七品。大使二員，副使二員，典史一員，攢典二人。掌醖造酒醴，以供內府，及祭祀宴享賓客賜頒之給。初置嘉醖局，秩六品，隸家令。至大二年，改典飲，兩都分置。皇慶元年，撥隸中宮。

管領大都等路打捕民匠等戶總管府，秩正三品。達魯花赤一員，總管一員，並正三品；同知一員，正四品；副總管一員，正五品；經歷一員，從七品；知事一員，從八品；提控案牘照磨一員，譯史一人，令史、奏差各四人。掌錢糧造作之事。國初平定河南諸郡，收聚人戶一萬五千有奇，置官管領。至元八年，屬有司。二十年，改隸中尙監。二十六年，始置總管府。領提舉司十有一，提領所二十有五。

在京提舉司二，秩從五品。達魯花赤一員，提舉一員，從五品；同提舉一員，從六品；副提舉一員，從七品；都目一員。分管各處人戶。至元十六年，給從七品印。大德四年，省併爲十一處，改提舉司，陞從五品。

涿州、保定、眞定、冀寧、河南、大名、東平、東昌、濟南等路提舉司，凡九處。各設達魯花赤一員、提舉一員、同提舉一員、副提舉一員、都目一員。

提領所凡二十五處：大都等路、東安州、濟寧、曹州、祈州、〔一〕完州、河間、濟南、濟陽、大同、元氏、冀寧、晉寧、歸德、南陽、懷孟、汝寧、衞輝、曹州、〔二〕涿州、眞定、中山、平山、大名、高唐等。每處各設提領一員、同提領一員、副提領一員、典史一員。

管領諸路打捕鷹房民匠等戶總管府，秩正三品。達魯花赤一員，總管一員，正三品；同知一員，正五品；副總管二員，從五品；經歷一員，從七品；知事一員，從八品；提控案牘一員，照磨一員，譯史一人，令史四人，奏差二人。掌錢糧造作之事。大德三年始置。元貞元年，撥隸中宮位下，〔一三〕領提舉司四、提領所十有一。

管民提舉司，大都等路、冀寧等路、南陽唐州等處、河南（路府）〔府路〕等處，〔一四〕凡四司。秩從五品。每司設達魯花赤一員、提舉一員、同提舉一員、副提舉一員、都目一員、吏二人。

提領所凡十有一：〔一五〕大都保定、河間眞定、南陽鄧州、濟南嵩汝、〔一六〕汴梁裕州、汝濟陳州、〔一七〕唐州泌陽、襄陽湖陽、晉寧、冀寧等處各設所，秩正七品。每所提領二員，同提領一員，副提領一員，典史一員，司吏二人。至元十六年置。至大元年，改提領所。

江浙等處財賦都總管府，秩正三品。達魯花赤一員，都總管一員，並正三品；同知一員，正五品；副總管一員，從五品；經歷一員，從七品；知事一員，從八品；照磨一員，提控案牘一員，從九品；譯史一人，令史一十五人，奏差一十五人，典吏二人。掌江南沒入貲產，課其所賦，以供內儲。至大元年置。領提舉司三，庫、局各一。

平江、松江、建康等處提舉司凡三處，秩並正五品。每司各設達魯花赤一員、提舉一員、同提舉一員、副提舉一員、都目一員、吏目一員、司吏六人。

豐盈庫，提領一員，大使一員，副使一員，典吏一人，掌收本府錢帛。

織染局，局使一員，典史一人。掌織染歲造段匹。

管領種田打捕鷹房民匠等戶萬戶府，秩正三品。掌歸德、亳州、永、宿二十餘城各蒙古、漢軍種田戶差稅。中統二年置。初隸塔察兒王位下，其後改屬中宮。萬戶一員，經歷一員，知事一員，提控案牘一員，令史四人。領司屬凡十處。

管領大名等處種田諸色戶總管府，秩正五品。總管一員，副總管一員，都目一員。中統二年置。至元二十三年，置府大名。

管領本投下大都等處諸色戶計都達魯花赤，秩正五品。達魯花赤一員，提控案牘一員，都目一員。中統二年置。至元十五年，置司大都。

管領大都河間等路打捕鷹房總管府，秩正五品。總管一員，副總管一員，都目一員，司吏二人。中統二年置，三年給印。

管領東平等路管民官，秩正五品。總管一員，相副官一員，都目一員，吏一人。中統二年置，至元二十二年給印。

管領大名等路宣撫司、燕京路管民千戶所，秩從七品。提領一員，副提領一員。中統二年置。

管領曹州等處本投下民戶、管領東明等處本投下戶計、管領蒲城等處本投下諸色戶計、管領汴梁等路本投下種田打捕軀戶四提領所，秩正七品。提領各二員，同提領、副提領各一員，典史各一人，司吏各一人。中統二年置，至元十四年頒印。

海西遼東哈思罕等處鷹房諸色人匠怯憐口萬戶府，秩正三品。達魯花赤一員，萬戶一員，副萬戶一員，經歷一員，知事一員，提控案牘兼照磨一員，譯史一人。掌錢糧造作之事，管領哈思罕等處、肇州、朶因溫都兒諸色人匠四千戶，仍領鎮撫所、千戶所。

鎮撫司，鎮撫一員，吏一人。延祐四年始置。

哈思罕等處打捕鷹房怯憐口千戶所，秩從五品。達魯花赤一員，千戶一員，副千戶一員，吏目一員，司吏四人，彈壓一人，部役二人。至大三年，置提舉司。延祐六年，改千戶所。

諸色人匠怯憐口千戶所，秩從五品。達魯花赤一員，千戶一員，副千戶一員，都目一員，司吏四人，部役二人。初為提舉司，後改千戶所。

肇州等處女直千戶所，達魯花赤一員，千戶一員，副千戶一員，吏目一員，司吏四人。延祐三年置。

朶因溫都兒(乃)〔兀〕良哈千戶所，〔一〕延祐三年置。

灰亦兒等處怯憐口千戶所，至治元年置。

開元等處怯憐口千戶所，至治元年置。

古州等處怯憐口千戶所，延祐七年置。

瀋陽等處怯憐口千戶所，至治元年置。

遼陽等處怯憐口千戶所，至治二年置。

蓋州等處怯憐口千戶所，延祐五年置。

幹盤等處怯憐口千戶所，至治元年置。

遼陽等處金銀鐵冶都提舉司，秩正四品。都提舉一員，同提舉一員，副提舉一員，提控案牘一員，譯史一人，吏六人，奏差二人。掌辦金銀硔鐵等課，分納中書省及中政院。〔延祐〕七年，〔一九〕以其賦盡歸中宮。

管領本位下怯憐口隨路諸色民匠打捕鷹房都總管府，秩正三品。達魯花赤一員，都總管一員，並正三品；同知一員，正五品；副總管一員，從五品。掌怯憐口二萬九千戶，田萬五千餘頃，出賦以備供奉營繕之事。中統二年置府。大德十年，隸詹事院。至大三年，隸徽政院。延祐三年，改善政司。至治二年，徽政院及其屬盡廢。天曆三年，復立府，仍正三品，設官如上。其首領官則經歷一員，從七品；知事一員，從八品；照磨一員，從九品。吏屬：令史一十二人，譯史四人，通事、知印各二人，奏差一十人，典吏六人。

管領諸路打捕鷹房民匠等戶總管府，〔三〕秩正三品。達魯花赤一員，總管一員，同知一員，副總管一員，品秩如上；經歷一員，知事一員，提控案牘一員，照磨一員，令史四人，譯史一人，奏差二人。大德三年置。其屬附見：

大都等路管民提舉司，達魯花赤一員，同提舉一員，副提舉一員，〔三〕都目一員。

大都保定提領所，提領二員，同提領一員，副提領一員，典史一員。

河間眞定提領所，提領二員，同提領一員，副提領一員，典史一員。

唐州提舉司，達魯花赤一員，提舉一員，同提舉一員，副提舉一員，都目一員。

南陽鄧州提領所，提領二員，同提領一員，副提領一員，典史一員。

唐州泌陽提領所，提領二員，同提領一員，副提領一員，典史一員。

襄陽湖陽提領所，提領二員，同提領一員，副提領一員，典史一員。

汝寧陳州提領所，提領二員，同提領一員，副提領一員，典史一員。

河南提舉司，達魯花赤一員，提舉一員，同提舉一員，都目一員。

汴梁裕州提領所，提領二員，同提領一員，副提領一員，典史一員。

河南嵩汝提領所，提領二員，同提領一員，副提領一員，典史一員。

南陽唐州提領所，提領二員，同提領一員，副提領一員，典史一員。

冀寧提舉司，達魯花赤一員，提舉一員，都目一員。

冀寧提領所，提領二員，同提領一員，副提領一員，典史一員。

晉寧提領所，提領二員，同提領一員，副提領一員，典史一員。

寶昌庫，提領一員，大使一員，掌受金銀甜鐵之課，以待儲運。

金銀場提領所凡七，梁家寨銀場、明世銀場、密務銀場、寶山銀場、燒炭峪銀場、胡寶峪金場、七寶山甜炭場，俱從七品。每所各設提領一員、同提領一員、副提領一員。

鐵冶管勾所凡二處，各設管勾一員、同管勾一員、副管勾一員。

奉宸庫，秩五品。提點四員，副使二員，提控案牘一員，庫子六人。掌中藏寶貨錢帛給納之事。大德元年置。

廣禧庫，達魯花赤一員，提舉一員，大使一員，副使二員，提控案牘一員，庫子四人。大德八年置。掌收支御膳野物，職視生料庫。

校勘記

〔一〕秋官正兼冬官〔正〕中官正　從北監本補。

〔二〕〔至元〕二十年　原脫年號。中統、大德間之「二十年」爲「至元」，今補。本證已校。

〔三〕少監同檢校書籍〔事〕　據南村輟耕錄卷二宣文閣補。

〔四〕延祐七年仍〔正〕四品　據本書卷二七英宗紀延祐七年三月庚子條補。新元史已校。

〔五〕提舉一員正七品　按上文有「秩從五品」，元典章卷七官制職品、事林廣記別集卷一官制類皆作「從五品」。此作「正七品」，誤。

〔六〕同提舉一員從七品　按元典章卷七官制職品、事林廣記別集卷一官制類皆作正七品，疑此誤。

〔七〕提舉一員從七品副提舉一員從八品　按元典章卷七官制職品，本提舉司提舉爲正六品，同提舉爲從七品，副提舉爲從八品。疑此處「提舉一員」下脫「正六品；同提舉一員」等字。

〔八〕至大間始置于杭州路　本證云：「案紀，至元十七年立杭州路金玉總管府。此至大疑至元之誤。」

〔九〕中(正)〔政〕院　據前後文及本書卷二〇成宗紀大德四年九月甲子條改。

〔一〇〕開(城)〔成〕等處　見卷一〇校勘記〔一〇〕。下同。

〔一一〕祈州　史無「祈州」其地。王圻續通考改作「沂州」，新編、新元史改作「祁州」。

〔一二〕曹州　按上文已書「曹州」，此處「曹州」重出，如刪則提領所之數與上文所云「二十五處」不符。「曹」字有誤。新元史改作「濬州」。

〔一三〕大德三年始置元貞元年撥隸中宮位下　按此「元貞」在「大德三年」後，當是訛文。

〔一四〕河南(路府)〔府路〕　據本書卷五九地理志改正。

〔一五〕提領所凡十有一　按下文列舉者僅十所。與後文重出者對勘，缺「南陽唐州提領所」。下文中脫「南陽唐州」四字。

〔一六〕濟南嵩汝　後文重出者作「河南嵩汝」。按本書卷五九地理志，嵩州、汝州屬南陽府，與河南府比隣，與濟南不相涉。作「河南」是。

〔一七〕汝濟陳州　後文重出者作「汝寧陳州」。按本書卷五九地理志，陳州屬汴梁路，與汝寧府接壤。「濟」當爲「寧」之誤。

〔一八〕朶因溫都兒(乃)〔兀〕良哈千戶所　按華夷譯語載脫兒豁察兒書有「吾兀良罕林木百姓，自國主成吉思汗之世以降，至今未離多延溫都兒、搠河之地」。原爲蒙語，今漢譯。朶因溫都兒爲兀良哈部累世駐地之一。此處「乃」係「兀」之誤，今改。新編已校。

〔一九〕〔延祐〕七年　據本書卷二七英宗紀延祐七年七月辛丑條補。本證已校。

〔二〇〕管領諸路打捕鷹房民匠等戶總管府　考異云：「此總管府及所領四提舉司、十一提領所，俱與前一條無別。雖繁簡不同，其實重出也。」

〔二一〕達魯花赤一員同提舉一員副提舉一員　按前文，管民提舉司「設達魯花赤一員、提舉一員、同提舉一員、副提舉一員」，後文重出之「唐州提舉司」所置官員與前文合。此處「達魯花赤一員」下當脫「提舉一員」。